惠能南行

每日一則，《指月錄》、《續指月錄》的
禪宗故事與人生智慧

印順法師俗家皈依弟子—台灣最知名佛學研究者
楊惠南——著

目錄

作者序

當你的手指向明月

清·瞿汝稷的《指月錄》，是一部禪師的傳記，記述釋迦牟尼、印度歷代禪師，以及從南北朝到明朝的禪師生平、師承和所傳禪法。而清·聶先的《續指月錄》，從書名就知道是繼《指月錄》而寫的一部禪師傳記，記錄的是南宋孝宗皇帝之後到清代康熙十八年為止的禪師。

一九九二年，筆者曾在「國文天地雜誌社」，出版過一本以《指月錄》為主的禪門故事（公案）書——《水月小札》。前年，也在「掃葉工坊」出版一本《有一天，禪》，那是以《續指月錄》為主的一本與花和禪詩有關的小書。

兩、三個月前，覺得《指月錄》和《續指月錄》這兩本禪籍裡，還有很多發人深省的故事（公案），因此開始著手撰寫《惠能南行：每日一則，《指月錄》、《續指月錄》的禪宗故事與人生智慧》一書，把這些小故事、小公案，寫出來，稍加解釋、評論。

許多人聽到禪宗公案，就退壁三舍，以為它們深奧得難以理解。但其實，只要把握下面幾個禪宗的主要思想，一大部分的禪宗公案就變得易懂。這些禪宗思想是：

一、人人本來是佛：因為人人都有一顆清淨、至善的真如本心，也就是佛性。

二、觸類是道：我們所接觸到的萬類，都是真如本心所生，因此萬類都有佛性，都是佛、都是道。

三、平常心是道：因為萬類都有佛性，都是佛，都是道，因此以平常心來修行即可，不必刻意修行。即所謂「搬柴、運水都是（修）道」。

四、禪道無法用言語描述：即所謂的「不立文字，教外別傳」。至高的禪道超越世間的任何事物，因此無法用世間的言語來傳達。

五、常用比喻的方式來闡述禪道：因為禪道無法用言語來表達，因此常用比喻的方式來闡述。

六、常用喝斥、棒打、比手畫腳等身體動作，來傳達無法用言語描述的禪道。

只要讀者們把握這六項禪宗的主要思想，相信即能愉快地閱讀這些禪門小故事。佛經說：菩薩用手指指向明月時，鈍根之人執著在手指上，只看到手指；利根之人，則透過手指，看到了明月。這本小書只是手指，希望各位讀者透過書中的小故事，看到像明月一樣的禪道。這是本篇序言標題為「當你的手指向明月」的原因。

在筆者的宗教生活中，曾有多年浸淫在淨土宗的唸佛當中。在一次「打（佛）七」（七天六夜不許說話，只專心禮佛、唸佛的法會）時，還自以為見到了阿彌陀佛來摸我的頭。也有多年修習西藏密宗四臂觀音法門。有一次，修法一個小時，修完後，卻覺得只過了一兩分鐘。佛經中所說的「剎那即永恆、永恆即剎那」，乃至《仁王經》中提到的「一彈指六十剎那，一剎那九百生滅」的時間空幻觀，才稍稍信受。但這些深刻烙印在我心中的宗教體驗，卻都比不上我對禪宗的熱愛。我是透過日本禪學大師鈴木大拙的中文譯本，而進入禪門的。大學部和研究所，我所學的是西洋邏輯。我的邏輯啟蒙師是殷海光教授，從他那裡，我學得了不畏懼權威的珍貴品德；這種品德正附合邏輯的精神。當我第一次讀到鈴木大拙的禪學作品時，我就驚訝地喃喃自語：「禪學怎麼這麼像西洋邏輯！」

不畏權威是華人文化所欠缺的品德。古時，在帝王的大力推廣下，注重權威的儒家，成了顯學。即使在今日，注重權威的儒家還是主導華人的生活。而禪宗，痛罵佛陀是「乾屎橛」（乾掉的一小塊大便）、達摩祖師是「老臊胡」（又老又臭的胡人）、佛經是「鬼神簿、拭瘡疣紙」等等，這些在儒家看起來是大逆不道的詞語，屢屢出現在禪籍當中。臨濟義玄禪師就說：「夫大善知識，始敢毀佛、毀祖，是非天下！」禪宗的不畏懼權威，實是保守的華人社會裡，極為珍貴的文化。

禪宗的不畏懼權威，不但表現在對佛陀、祖師和佛經的揶揄上，還表現在師父和徒弟之間的關係上。《指月錄（卷十）．洪州黃檗希運禪師》就曾記載：一日，黃檗希運禪師的師父——百丈懷海禪師，問黃檗：「從哪裡來？」黃檗答：「從大雄山上，採香菇回來。」百丈又問：「你見到老虎了嗎？」黃檗一句話也不說，只是裝出老虎的叫聲來。百丈拿起拈斧，做出要砍殺老虎的樣子。黃檗則打百丈一個耳光。身為老師的百丈不但沒有生氣，還吟吟而笑，回到了他的方丈室。不一會兒，百丈來到禪堂，對著眾弟子們說：「大雄山上有一隻老虎。大家要小心。百丈老漢我呀，剛剛才被這隻老虎咬了一口呢！」噯！華人社會的師徒關係，哪天才能像百丈和黃檗這樣呢！

楊惠南

寫於國立臺灣大學教職員宿舍

二〇一九年十月二十二日

001

天上天下，惟吾獨尊

釋迦牟尼[1]剛從母親摩耶夫人的脇下出生時，地上就湧出金蓮花。釋迦踩在金蓮花上走了七步，一手指天，一手指地說：「天上天下，惟吾獨尊。」

雲門文偃[2]禪師讀到這則傳說，評論說：「當時，如果我在場，我就一棒把他打死，好圖個天下太平！」

而當瑯覺[3]禪師讀到雲門文偃的評論之後，則讚美說：「雲門禪師可以說是，將此深心奉塵剎，是則名為報佛恩。」

的確，禪道平平常常，怎能像釋迦那樣，驚世駭俗呢！

放下 002

有一天，黑氏梵志[4]雙手拿著合歡梧桐花，來到釋迦牟尼的跟前，想要把花獻給釋迦。

釋迦說：「放下吧！」梵志聽了，就放下右手的合歡梧桐花。釋迦又說：「放下吧！」梵志又把左手的合歡梧桐花放下。釋迦接著繼續說：「放下吧！」這時，梵志說：「我已經放下左、右兩手的合歡梧桐花。現在兩手空空，要我放下什麼？」釋迦說：「我不是叫你放下合歡梧桐花。我是叫你放下身外的六塵、身內的六根和中間的六識呀！」

誠然，我們所放不下的是：用六種認識器官（眼根、耳根、鼻根、舌根、身根、意根等「六根」），所看到、聽到、嗅到、嚐到、接觸到、想到的六種外在事物——色塵、聲塵、香塵、味塵、觸塵、法塵等「六塵」；以及因為六根和六塵接觸到而產生的六種知覺：眼識、耳識、鼻識、舌識、身識、意識等「六識」。釋迦要黑氏梵志放下的，正是這六根、六塵和六識。

003 老婆禪

城東，有一個老婆婆，和佛陀同一天生，卻不願看見佛陀。每一次看見佛陀來了，就躲了起來。但說也奇怪，不管她怎麼躲，卻都看見佛陀。有一次，佛陀又來了，她就用兩手摀住臉，卻看見兩手的十指全都是佛陀。

雪竇重顯[5]禪師讀到這則故事之後，評論說：「看看這個老婆婆，雖然是個女生，卻宛然有大丈夫的模樣。既然你不願意見佛，那就切忌不要用手摀住臉。為什麼？因為你還是有眼睛可以看見（手指上的）佛。你就來我門下，我教你老婆禪吧！」

的確，佛無所不在，怎能摀住臉就看不到佛呢！還是學學雪竇禪師的老婆禪吧！或許就看不到佛了。

004

雨打梨花蛺蝶飛

《圓覺經》說：「居一切時，不起妄念。於諸妄心，亦不息滅。住妄想境，不加了知。於無了知，不辨真實。」

的確，修行中最煩惱的事是：妄念紛飛。然而，《圓覺經》卻要我們：不要理會這些妄念，就讓這些妄念來來去去，最後自然止歇。換句話說，所謂修行，就是要以「平常」心，來看待一切事物，包括內心的煩惱。

徑山宗杲[6]禪師讀到了這幾句經文，寫了下面的這首詩：

荷葉團團團似鏡。
菱角尖尖尖似錐。
風吹柳絮毛毬走。
雨打梨花蛺蝶飛。

而寶覺[7]禪師也寫了一首詩：

黃花熳熳，翠竹珊珊。
江南地煖，塞北春寒。
遊人去後無消息，
留得雲山到老看。

兩位禪師的詩作，寫的都是「平常」的事物和風景。可見「平常」二字，對修行者來說，是多麼重要呀！

005

廣額屠兒

有一個屠夫，叫廣額[8]。他在聽聞佛陀宣說《涅槃經》時，突然放下屠刀，立地成佛，並大聲宣稱：「我是賢劫（即現在劫）一千個佛陀當中的一個！」

另外，文殊思業[9]禪師，原本也是個屠夫。有一天，正在殺豬時，忽然洞徹心源，於是決心出家。他這樣自述自己當時的心情：

昨日夜叉心，今朝菩薩面；
菩薩與夜叉，不隔一條線。

006 夜夜抱佛眠

善慧大士傅翕[10]，南北朝時代的一位在家居士。他寫過許多詩偈，其中有一首是這樣的：

夜夜抱佛眠，朝朝還共起。
起坐鎮相隨，語默同居止。
纖毫不相離，如身影相似。
欲識佛去處，祇這語聲是。

保寧[11]禪師則這樣讚頌這首詩偈：

要眠時即眠，要起時即起。
水洗面皮光，啜茶溼卻嘴。
大海紅塵飛，平地波濤起。
呵呵呵呵呵，囉哩囉囉哩。

傅翕說：我們人人心中都有一尊佛。我們夜夜和祂一起睡覺，天天和祂一起起床。不管是坐著或是站著（鎮，都的意思。），祂都和我們在一起。就像身體和影子一般，永遠不相離。「人人本來是佛」，這是傅翕這首詩的大意。

而保寧禪師的頌，則以睡覺、起床，乃至起床後的洗臉、喝茶，來闡述自己本有的佛陀，永遠和我們在一起。這麼神奇美妙的事情，像是大海紅塵飛揚，平地起了波濤一樣奇妙。這麼神奇美妙的事情，應該唱歌讚嘆呀！於是他唱歌讚嘆說：「呵呵呵呵呵，囉哩囉囉哩！」

007

空手把頭

下面是善慧大士傅翕[12]另一首詩偈：

空手把鋤頭，步行騎水牛；
人從橋上過，橋流水不流。

《金剛經》用了三十幾句矛盾句，來闡述「一切皆空」的道理；例如：「世界非世界，是名世界。」「般若波羅蜜，即非般若波羅蜜，是名般若波羅蜜。」「一切皆空」的意思是：一切東西都不（真實地）存在。而一個不存在東西，無法用任何語言來描述的。你能描述龜毛是黑色的嗎？不能，因為根本沒有龜毛。同樣，你也不能描述龜毛是白色。一般人認為，不是黑就是白。但闡述「一切皆空」的《金剛經》，一定會說：既不是黑，也不是白。表面看起來，這是矛盾的，但其實「諸法實相」就是如此。而傅翕大士，只不過是用更為淺顯、動人的詩句，來闡述「一切皆空」的道理罷了！

當斷橋倫[13]禪師讀到傅翕的矛盾詩時，寫了一首有趣的詩：

狗走抖擻口，猴愁摟搜頭；
瑞巖門外水，自古向西流。

狗走路的時候，原本就是張開嘴巴。猴子發愁時，原本就是縮著脖子。瑞巖寺（斷橋倫所住的禪寺）門外的流水，從古到今都是向西流。從古到今，「諸法實相」就是「一切皆空」呀！

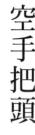

008 彌勒真彌勒

五代時的布袋和尚[14]，不知何許人也。他長得很是可愛，胖嘟嘟，笑咪咪，人人見了都歡喜。他常常背著一個大布袋，到處化緣，因此人們稱他為布袋和尚。可別小看他那背上的布袋，他曾寫了一首詩，來描述他背上的布袋：

我有一布袋，虛空無罣礙；
展開徧十方，八時觀自在。

這個「展開徧十方，八時（一天二十四小時）觀自在」的布袋，顯然不是一般的布袋。他就背著這個布袋，到處化緣。如果化得玩具、糖果，就分給小朋友，小朋友都很喜歡他，爬滿他的身上。

他在臨終前，唱了一首詩：

彌勒真彌勒，分身百千億；
時時示時人，時人自不識。

這首詩，透露他就是彌勒菩薩[15]的化身。因此，後人塑造彌勒像時，就以他的樣子而塑造。這是為什麼現在所看到的彌勒菩薩像，都是胖嘟嘟、笑咪咪，背上背著一個大布袋的緣故。

009 問路白雲頭

被視為彌勒菩薩[16]化身的布袋和尚[17]，還寫了這樣的一首詩偈：

吾有一軀佛，世人皆不識；
不塑亦不裝，不雕亦不刻。
無一滴灰泥，無一點彩色；
人畫畫不成，賊偷偷不得。
體相本自然，清淨非拂拭；
雖然是一軀，分身千百億。

這首詩偈，所讚嘆的是一尊不塑不裝、不雕不刻、沒有灰泥、沒有彩色，「體相本自然，清淨非拂拭」的佛陀，那正是自己心中的佛陀。「人人本來是佛」，正是這首詩所要闡述的。

但我更喜歡布袋和尚的另一首詩：

一缽千家飯，孤身萬里遊；
青目覩人少，問路白雲頭。

這是多麼超凡脫俗的一首詩呀！

010

不從諸聖求解脫

青原行思[18]禪師是六祖惠能的弟子。六祖將要往生時，命剛入門不久的弟子希遷[19]，到行思那裡學禪。因此，後人也有將希遷禪師視為行思的弟子。

有一天，行思命希遷送一封信到六祖的另一位高徒——南嶽懷讓那裡。並對希遷說：「你速去速回，我有一個鈯斧子，要送給你，讓你可以好好當一方的住持。」希遷拿著行思師父的信，來到懷讓禪師這裡，卻沒有將信交給懷讓。他只是向懷讓禪師問：「不欽羨聖人，也不重視自己的靈魂。這樣的人怎麼樣？」懷讓回答：「你問的問題，不會太高深嗎？為什麼不問比較淺顯的問題？」希遷則唱了兩句詩，作為回答：

寧可永劫受沉淪，
不從諸聖求解脫！

的確，人人都想往高處爬，往虛玄的聖賢之路、解脫之路走，卻忘了眼前的事物，才是最為重要的。把握當下，不正是最好的禪道嗎？

011 負一槲柴來

希遷[20]禪師在南嶽，也就是湖南省衡陽市附近的衡山傳法時，問一個新來的僧人：「你從哪裡來？」僧人答：「從江西來。」希遷又問：「既然從江西來，見過馬祖[21]大師了沒？」（原來馬祖大師住在江西。）僧人答：「見過了。」希遷聽了，手指一堆槲柴（木柴），說：「噯！馬祖大師怎麼像這個呢！」僧人聽了莫明其妙，回到江西向馬祖報告。馬祖聽了就問：「那堆槲柴有多大？」僧人答：「很大。」馬祖說：「你的力氣好大呀！」僧人問：「怎麼說？」馬祖說：「你從南嶽背著一大堆槲柴來到這裡，力氣還不夠大嗎？」

馬祖沒把這個僧人教好，以致讓他大老遠跑到南嶽禮拜希遷。因此，希遷數落馬祖像一堆槲柴，不是什麼了不起的料。馬祖是一代大師，怎麼可能像一堆槲柴！希遷也不是真的在數落馬祖，他是在教導僧人；但僧人卻依然不悟，像是背著那堆槲柴回到江西一樣，所以馬祖又憐又愛地責備他，還說他力氣好大。

當馬祖這麼責備時，這個僧人應該大徹大悟了吧？

012

吹布毛

道林[22]禪師看見位於上海市金山區的秦望山，上有一棵松樹，枝葉茂盛，像傘蓋一樣。於是就在松樹上築屋居住，因此人們稱他為鳥巢禪師。他有一個侍者，名叫會通。有一天，會通來到鳥巢禪師跟前說：「師父，我要向您拜別。」鳥巢問：「為什麼？」會通答：「因為您都不對我宣說佛法，所以想到別的禪師那裡去學佛。」鳥巢說：「說到佛法，我這裡也有一些些。」會通聽了就問：「什麼是師父您的佛法？」鳥巢一句話不說，只是拈起一些布毛，然後嘴巴吐氣吹它。會通見了，開悟了！的確，佛法就在日常的事物當中，當然也在吹布毛當中。

有一天，溈潭準禪師的侍者，來辭行，像會通辭別鳥巢禪師一樣，想要到別的禪師那裡去學禪。溈潭禪師就寫了下面這首長詩，傳授給侍者：

鳥巢吹布毛，老婆為侍者；
今古道雖同，寶峰不然也。
二月三月時，和風滿天下；
在處百花開，遠近山如畫。
歧路春禽鳴，高巖春水瀉；
頭頭三昧門，虛明周大野。
如個真消息，書送汝歸舍；
衲僧末後句，噓是何言歟！

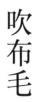

頭兩句是說：鳥巢禪師像老太婆對待自己的孫子一樣，以吹布毛來教導弟子。二、三句則說：從古到今，禪道都相同，但傳授禪道的方法卻不盡相同；例如住在寶峰的我，就不同。

怎麼個不同法呢？無所不在的禪道，不必在像鳥巢禪師吹布毛那樣希奇古怪的動作之上，它就在處處盛開的百花上，就在像圖畫一般的遠近山巒之上，就在啼叫的春禽之上。能夠讓人悟入禪道的三昧（禪定的一種），到處都是呀！

但是，可以讓人大徹大悟的「末後句」（大徹大悟前的最後一句）在哪裡呢？「噓！」它是無法用言語說出來的。

013

龍生龍子，鳳生鳳兒

慧忠[23]是六祖惠能[24]的弟子，備受唐朝三代皇帝唐玄宗、唐肅宗和唐代宗的禮遇，受封國師，因此被尊稱為慧忠國師。因為他住在南陽（河南省西南部）的白崖山，因此也有人尊他為南陽國師。

有一天，丹霞[25]禪師探訪國師，碰到國師正在睡覺，丹霞問侍者：「國師在嗎？」侍者說：「在是在，但是不方便見客。」丹霞就說：「這也太拒人千里之外了吧！」侍者說：「不要說上座您不見，就是佛陀來了，也不見！」丹霞說：「真的是龍生龍子，鳳生鳳兒呀！」

國師睡醒，侍者一五一十向國師報告。國師聽了，就打侍者二十棒，還把侍者趕出去。而當丹霞聽到這事，則讚嘆說：「真不愧是南陽國師！」

「真的是龍生龍子，鳳生鳳兒呀！」這彷彿是在讚美侍者，但其實是在諷刺呢！

014

鬱鬱黃花無非般若

一個僧人問慧忠國師[26]：「古德說：『青青翠竹盡是法身，鬱鬱黃花無非般若。』有的人聽了，認為這是錯的，以為這是邪說。但也有人聽了，相信這話，認為不可思議。不知國師以為如何？」

國師答：「這是普賢菩薩[27]和文殊菩薩[28]的境界，不是一般人所能信受的。和佛經的道理，也很契合。例如《華嚴經》就說：『佛身充滿整個法界，時時顯現在一切眾生的面前。』翠竹既然是法界中的東西，豈不是就是法身！另外，《般若經》也說：『色法無邊，因此般若也是無邊。』黃花既然是色法，豈不就是般若！」

的確，佛身充遍整個宇宙，何處何物不是佛陀呢！般若無邊無際，何處何物不是般若呢！

015 將無佛處來與某甲唾

有個道士，背對著佛殿而坐。一個僧人就說：「道士！請不要背對著佛像坐。」道士說：「大德！你們佛教說：佛身充滿整個法界，那麼我要向哪裡坐，才能不背對佛陀？」僧人聽了，無言而對。

又有一個尚未出家的修行人，跟隨一位法師，走入佛殿。修行人向佛像吐了一口痰。法師說：「修行人！放尊重點，怎麼可以向佛像吐痰呢！」修行人說：「佛身充滿整個法界，請你指出沒有佛陀的地方，好讓我可以吐痰！」法師聽了，無言以對。

噯！佛身充滿整個法界，哪裡沒有佛？哪裡可以背對著而坐？哪裡可以讓人吐痰呢！

而當仰山禪師[29]讀到了後面這則故事之後，則說：「就把痰吐向修行者吧！」的確，雖然佛身到處都是，但也不能因此就將痰吐在佛像之上吧！

016

百尺竿頭更進一步

茶陵山主[30]，不曾參訪任何禪師。有一天，從廬山來了一個禪師，和他討論到禪門的事情，並教茶陵山主參究下面的公案：

有個僧人問法燈[31]禪師：「百尺竿頭，如何更進一步？」法燈一句話也不說，只「噁」的一聲。

廬山禪師對茶陵山主說：「你就參究一下，法燈『噁』的一聲，是什麼旨意？」

茶陵山主為這則公案，參了三年，無法悟入。有一天，騎著驢子，過一座橋，橋板突然下陷，茶陵山主因此從驢背上跌了下來，忽然大悟，吟出下面這首詩來：

我有神珠一顆，久被塵勞關鎖；
今朝塵盡光生，照破山河萬朵。

僧人問法燈：一個人爬到了竹竿的最頂端，要如何再爬上一點呢？這個問題的答案也許只有：放下身心的恐懼，把手鬆開，往竹竿上一跳，不就更進一步了！

的確，修行已到了最後關頭，如何更進一步呢？那就放下雙手、放下一切吧！這時，久被塵勞關鎖的神珠（真如本心），就會塵盡光生，光彩奪目呀！

017

將頭臨白刃，猶似斬春風

南北朝時有位高僧——僧肇[32]，自幼家貧，小的時候以抄書為生。後來在讀了《維摩經》後便剃髮為僧，並拜譯經大師——鳩摩羅什[33]為師。因為徹底體悟了「一切皆空」的道理，因此被譽為「中土解空第一」（相對印度「解空第一」的佛陀弟子須菩提[34]。）。

僧肇寫了許多名著，其中一篇叫〈涅槃無名論〉，後秦君王姚興讀了之後，大加讚賞，並規勸僧肇還俗，但僧肇不從，因此被殺。臨刑前，僧肇吟了下面這首詩：

四大元無主，五陰本來空；
將頭臨白刃，猶似斬春風！

這種視生死為「空」的氣慨，真不愧是「中土解空第一」的僧肇！詩中的「四大」，指地、水、火、風；「五陰」指色（物質）、（苦樂等感）受、想（思維、推理等心理活動）、行（動機、意志）、識（綜合判斷）。它們都是組成我人身心的元素。僧肇說：這些元素都是空的，其中沒有「主」（我）。因此，姚興殺我，就像斬春風一樣，沒有感覺，無所畏懼！

018 野鴨子飛過去了

住在洪州百丈山的懷海[35]禪師，拜馬祖[36]大師為師，並做了馬祖大師的侍者。每每送齋飯來給馬祖大師時，才掀開碗蓋，馬祖大師就拈起一片胡餅，問大眾說：「這是什麼？」大眾無語以對。

像這樣，經過了三年。有一天，懷海侍立在馬祖大師身旁，見到一群野鴨子飛了過去，馬祖大師就指著那群飛過去的鴨子，問懷海：「那是什麼？」懷海答：「野鴨子。」馬祖大師又問：「到哪裡去？」懷海答：「飛過去了。」這時，馬祖大師用力捏住懷海的鼻子，懷海被捏得疼痛失聲。馬祖大師說：「還說『飛過去了』！」懷海聽了，因此大徹大悟。

的確，禪道就在日常的事物當中，胡餅是禪道，飛過去的野鴨子也是禪道。雪竇重顯[37]禪師就寫了下面的這首詩，來讚嘆這則故事：

野鴨子，知何許？馬祖見來，相共語；
話盡雲山水月情，依然不會還飛去。
卻把住，道！道！

馬祖大師見到飛過去的野鴨子，並且和牠們說了許多話，包括「雲山水月情」，但懷海還是沒有悟入。於是馬祖用力「把住」懷海的鼻子，叫懷海說呀，說呀！懷海終於大徹大悟了！

各位讀者們！而你呢？

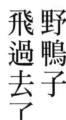

019 三日耳聾

有一天，當百丈懷海[38]禪師侍立在馬祖大師[39]身旁時，馬祖眼睛注視著繩床（坐禪用的床）角落的拂子。懷海看了就說：「就是在它的用途之上，但也不在它的用途之上。」懷海說的顯然是禪道。禪道在萬物之上，當然也在拂子之上。因此懷海說：「禪道就在拂子的作用之上。」但迷者卻無法體會這個道理。因此，懷海又說：「禪道不在拂子的作用之上。」

馬祖聽了懷海的話，就說：「你以後會為什麼人，張開兩片皮？」馬祖大師所謂張開兩片皮，指的就是張開上下嘴唇說話。懷讓聽了，就拿起拂子，把它豎了起來。意味著說給那些有緣的上根之人。而馬祖則說：「就是在它的用途之上，但也不在它的用途之上。」馬祖重複了懷讓剛才所說的話。他的意思當然是：當一個人覺悟時，他就知道禪道就在豎起拂子上面；但迷昧的眾生，卻不知道這個道理。

懷海聽到馬祖重複了他剛才所說的話，就把拂子掛回原處。馬祖這時突然大喝一聲，這使得懷讓耳聾三日！

馬祖為什麼大喝一聲呢？他是肯定懷讓的作為，或是不認同懷讓的作為？讀者們！大家參一參吧！

020 隨分納些些

俗姓王，因而被尊為王老師的南泉普願[40]禪師，有一天，在禪堂上對弟子們說：「王老師從小養了一頭水牯牛（母牛），想要到溪東放牧，又怕犯了吃到國王的水草。想要到溪西放牧，還是害怕吃到國王的水草。那就隨分納些些吧！」

隨分納些些，就是安份一點、收斂一點的意思。往東放牧不行，往西放牧也不行。因為禪道不在東也不在西。

住在翠巖的雲峰文悅[41]禪師，讀到這則公案，評論說：

說什麼納些子！盡乾坤大地，色空明暗，情與無情，總在翠巖這裏。放行，則隨緣有地；把住，則逃竄無門。且道放行好，把住好？

雲峰說：說什麼收斂一點！宇宙中的萬事萬物，包括禪道（水牯牛），都在我翠巖這裡。如果讓禪道（水牯牛）自由自在活動，那就到處都有牠活動的地方。如果將牠綁得緊緊的，牠就不自在，沒有地方逃竄。那是要放牠自由，或是把牠綁住呢？

的確，要讓禪道自由自在，但卻又不能太過放縱牠。噯！真是兩難呀！

021

親者不問，問者不親

夾山[42]和定山[43]這兩位師兄弟，走在路上時，定山說：「生死中無佛，即無生死。」夾山卻說：「生死中有佛，即不迷生死。」定山說「空」，夾山說「（妙）有」。兩人互不相讓，於是來到師父大梅[44]禪師跟前，夾山便問：「我們兩人，哪個才對？」大梅禪師答：「一個和真理較親，另一個和真理較疏。」夾山又問：「哪一個較親？」大梅禪師答：「你們先退下，明天再來。」

第二天，夾山大早來到大梅禪師的房間，問說：「師父！我和定山兩人，到底哪個和真理比較親？」大梅禪師說：「親的那個不來問，問的那個不親。」

夾山後來回憶說：「當時，我缺了一隻眼睛。」

佛門講求「（一切皆）空」，這也是夾山所說的「無佛」。但佛門還說「妙有」。空，如果沒有妙有，空即成頑空。夾山雖然說對了，但卻還來問大梅，顯示他心中還是有疑問。這是為什麼大梅會說「親的那個不來問，問的那個不親」的原因。

022 鎮海明珠

仰山[45]禪師來參訪如會禪師，如會[46]問：「你是哪裡人？」仰山答：「我是廣南人。」如會問：「聽說廣南有一顆鎮海明珠，是真的嗎？」仰山答：「是真的。」如會又問：「這顆鎮海明珠，長得什麼樣子？」仰山答：「它在沒有月亮的時候，就隱藏起來；在有月亮的時候，就顯現出來。」如會又問：「你帶來了沒有？」仰山答：「帶來了。」如會又說：「為什麼不拿出來給老僧看看？」仰山叉手，近前說：「昨天我到溈山[47]禪師那裡，也被他討索這顆明珠。當時我沒有話說，也不知道用什麼道理來回答他。」如會說：「你真是隻好獅子，很會吼叫。」仰山聽了，向如會禮拜，然後退了下去。

人人本有真如本心。讀者們！你本心中的那顆鎮海明珠，找到了沒？拿出來給大家看看吧！

023 是個大蟲

有一天，智堅[48]禪師和歸宗[49]、南泉[50]兩位禪師，一起走在路上，碰到了一隻老虎。南泉問歸宗：「剛才你見到老虎，像個什麼？」歸宗答：「像一隻貓兒。」歸宗問智堅：「像個什麼？」智堅答：「像一隻狗。」歸宗又問南泉，南泉回答：「我看見的是一隻大蟲。」

大溈智[51]禪師讀到了這則公案，評論說：「三個老漢聚在一起說夢話。但如果想要開悟解脫，就必須參究這隻大蟲才可以。」

的確，所謂開悟解脫，就是如實地看待萬事萬物，決不扭曲它們。當你碰到可怕的老虎時，決不想要壯膽，把牠貶低，看成小貓或小狗。牠是大蟲，就如實地把牠看作大蟲吧！

024

當胸踏倒

水潦和尚[52]，問馬祖[53]大師：「什麼是（達摩祖師[54]）從西域而來的意旨？」馬祖一腳把水潦踢倒在地，然後踏在他的胸膛上。水潦因此大徹大悟，站起來哈哈大笑說：「太奇妙了，太奇妙了！百千種三昧（禪定）、無量的妙義，就在一毛頭上，被我認識到了。」說完，向馬祖禮拜，然後退了下來。

後來，水潦告訴他的徒眾說：「自從我被馬祖大師踏倒在地之後，一直到今天，還是笑個不停。」

的確，「（達摩祖師）從西域而來的意旨」，就是傳授最高禪道。但最高禪道無法用言語解說，這是馬祖一句話也不說，一腳踢倒水潦、踏在他胸膛上的原因吧！

025

山僧常念觀世音

裴休[55]曾官拜唐朝的宰相。他在當觀察使時，曾去拜訪華林善覺[56]禪師，他問華林：「禪師有侍者嗎？」華林答：「有一兩個，只是不見訪客。」裴休又問：「在什麼地方？」華林於是大聲呼喚：「大空、小空！」這時，有兩隻老虎從後頭出來，裴休見了非常驚怕。華林對老虎說：「這裡有客人，進去吧！」兩隻老虎哮吼而去。裴休問：「禪師修了什麼法門，才能感動這兩隻老虎？」華林默然無語好一陣子，然後問：「懂了嗎？」裴休說：「不懂。」於是華林解釋說：「山僧常念觀世音[57]。」

其實，華林之所以能夠感動兩隻老虎，真正原因不是常念觀世音，而是那默然無語中，所透露的禪機。至高無上的禪機不可說，但裴休畢竟不是利根，因此只好退而求其次，說是常念觀世音了。

026

打地和尚

打地和尚[58]，馬祖[59]大師的弟子，不知姓名和法號。凡是有人來請教他問題，他都用楞杖打地，因此人們稱他打地和尚。

有一天，有個僧人，把他打地的楞杖藏了起來，湊巧有人來請教他問題。他沒有楞杖可以打地，只好張開大嘴巴，但卻一句話也不說。

有個僧人問他的徒弟，只要是有人問他問題，他就打地，是什麼意旨？徒弟也是一句話不說，便從灶裡拿了一片木柴，將它投入鍋裡。妙喜[60]禪師讀到這則故事之後，評論說：「養子不及父，家門一世衰！」

禪道原本無法用言語來描述，打地也好，張開大嘴巴也好，都是要表明禪道的不可描述。然而，打地和尚的弟子，卻動作頻頻，先是從灶裡拿了一片木柴，後來又把它投入鍋裡。別忘了，身體的動作，也是言語的一種，所謂「身體語言」呀！

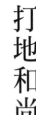

027

饑來喫飯，睏來睡

有一天，龐蘊[61]居士在庵中獨坐時，感嘆說：「難！難！難得像是要把十石的油麻，在樹上攤開來一樣！」他的夫人卻唱反調說：「易！易！百草頭上就有祖師西來的意旨。」這時，他們的女兒靈照則說：「也不難，也不易，饑來喫飯，睏來睡就對了。」

的確，修道真難呀！難得就像要把十石的油麻，攤開在樹上一樣呀！但禪門不是說嗎？「觸類是道」，禪道就在萬類之上，就在百草頭上呢！有什麼難的呢！

然而，道理是如此，要能親身體會這道理，則要從「平常心」下手，因此喫飯、睡覺就是修道呀！

028

明明百草頭，明明祖師意

有一天，龐蘊問他的女兒靈照[62]：「古人說：『明明百草頭，明明祖師意。』這句話怎麼樣呀？」靈照答：「老老大大的，所有人都這麼說呀！」靈照的意思顯然是：這話太普通了，所有的禪師都會這麼說。因此龐蘊聽了，就問：「那你怎麼說呀？」龐蘊是問：既然你認為這話很普通，那你有什麼比較高明的說法呢？而靈照卻答：「明明百草頭，明明祖師意。」龐蘊聽了，笑了起來。

祖師意，達摩祖師來中土的意旨。這是許多禪師都會被問到的問題。「什麼是祖師西來意？」儘管被問的禪師，都有各自不同的回答，但總歸一句：不可說，不可說！的確，達摩祖師來中土的意旨，就是要傳禪道。但禪道不可說，因此祖師西來意也不可說。

然而，萬物都是真如本心所生，因此萬物，包括百草頭上，都有禪道，都有祖師意呀！

029

雲在青天，水在瓶

朗州（湖南常德）刺史李翺[63]，久聞藥山惟儼[64]禪師的大名，因此屢次邀請禪師到府作客，都被禪師婉拒。李翺氣沖沖，親自到禪師的禪寺拜訪。

來到禪師的方丈室，看見禪師手拿經卷，完全不理會李翺。李翺更氣了，帶著諷刺口吻說：「見面不如聞名！」說完，拂袖想要走出方丈室。這時，禪師說話了：「太守怎麼能夠貴耳賤目呢？」李翺轉過身來，問：「什麼是禪道？」禪師一句話也不說，舉起手來，指天又指地。然後問：「懂嗎？」李翺搖頭說：「不懂。」禪師說：「雲在青天，水在瓶。」李翺聽了，歡喜地向禪師行禮，還吟了一首詩：

> 鍊得身形似鶴形，千株松下兩函經；
> 我來問道無餘話，雲在青天水在瓶。

宋朝宰相張無盡[65]，讀到這則故事之後，作了下面的詩：

> 雲在青天水在瓶，眼光隨指落深坑；
> 溪花不耐風霜苦，說甚深深海底行！

李翺的詩，頭兩句是描寫禪師的模樣，後兩句讚嘆禪師所說的禪道。而張商英的詩，則在叮嚀我們：不要執著在禪師指天指地的手指上，要體悟手指所指的是無形無相的禪道。就像不要執著在指月的手指上，才能看到明月。

030 月下披雲笑一聲

有一天夜晚，藥山惟儼[66]禪師來到一座山上，正巧雲開見月，禪師於是大嘯一聲，嘯聲傳了九十里，山下的人家都聽到了。家家戶戶都在打聽，嘯聲從何而來？他們一直追察，終於察到山上的佛寺。禪師的徒眾，對村民們說：「那是昨天夜晚，師父在山頂上，所發出來的嘯聲。」

李翺[67]（唐代進士、官員）知道這事，就寫了下面這首詩，來讚嘆禪師的嘯聲：

選得幽居愜野情，終年無送亦無迎；
有時直上孤峰頂，月下披雲嘯一聲。

前兩句讚嘆禪師愜意地隱居在山寺裡，既不迎接，也不送別來訪的客人。後兩句則讚嘆禪師的嘯聲。

031 丹霞燒佛

有一天，丹霞[68]禪師經過慧林寺（位於河南省洛陽市），遇到大寒，於是把佛龕上的木頭佛像，拿下來，劈成木片，燃燒取暖。寺主看了呵斥說：「怎麼可以燒佛像取暖！」丹霞拿起一根棍子，撥了撥灰燼，說：「我想燒出舍利子來。」寺主說：「那是木頭佛，又不是真佛，怎麼可能燒出舍利子！」丹霞說：「既然不是真佛，那就再取下一尊來燒吧！」寺主聽了之後，眉鬚墮落（開悟解脫了）。

有個僧人問雲峰[69]禪師：「丹霞為什麼燒木頭佛？」雲峰答：「因為橫三豎四。」僧人又問：「寺主為什麼眉鬚墮落？」雲峰答：「因為七通八達。」

的確，許多人執著在木頭佛像上，卻見不到真正的佛。如此橫三豎四的，就必須把木頭佛燒掉，才能讓他七通八達地開悟解脫。

文殊道[70]禪師讀到這則公案之後，寫了這樣的一首詩：

彭祖[71]八百乞延壽，秦皇[72]登位便求仙；
昨夜天津橋上過，石崇[73]猶自送窮船！

噯！人心真的是不足呀！已經活了八百歲的彭祖，還想要延壽；已經當上皇帝的秦始皇，還想求長生不老之術；富可敵國的石崇，還想把窮人之船送走呀！真佛就在自己心中，何必再去追求心外的木頭佛呢！

032

大雄山上一大蟲

有一天，百丈[74]禪師問他的徒弟黃檗希運[75]說：「你剛剛從哪裡來？」黃檗答：「剛從大雄山上採香菇回來。」百丈又問：「見到大蟲（老虎）了嗎？」黃檗聽了，就發出老虎的叫聲。而百丈則拿起斧頭，做出要砍殺黃檗（老虎）的姿勢。這時，黃檗也不顧師生之情，打了百丈一個耳光。百丈沒有生氣，反而笑呵呵地回到他的方丈室去。

稍後，百丈在禪堂上對徒眾們說：「大雄山上有一隻大蟲，大家要小心。百丈老漢我，今天被牠咬了一口呢！」

大雄山在哪裡不重要，重要的是山上的那隻大蟲。那隻大蟲就是解脫者黃檗呀！解脫者自自在在，甚至還可以摑打師父呢！

033

不著佛求，不著法求，不著僧求

有一天，黃檗[76]禪師在佛殿上禮佛。那時，唐宣宗[77]出家當沙彌，問黃檗：「不執著佛而求佛，不執著法而求法，不執著僧而求僧。長老你禮佛，求什麼？」黃檗答：「不執著佛而求佛，不執著法而求法，不執著僧而求僧。我常年這樣禮佛。」唐宣宗又問：「禮佛做什麼？」黃檗打了唐宣宗一掌。唐宣宗說：「你太粗魯了！」黃檗說：「這裡是什麼地方，怎麼可以說粗魯不魯的！」說了，又打唐宣宗一掌。

的確，真正修道人，要無所求地禮敬佛、法、僧三寶。然而，無所求豈是容易做到的事！黃檗做到了，但沙彌唐宣宗雖貴為皇族，也只是嘴巴說說罷了，沒能真正做到無所求。黃檗打他兩掌，想來也是該打！

034

靈羊無蹤

有六個僧人，來到黃檗[78]禪師所住的禪寺。其中五個，向黃檗禮拜；另一個則拿起坐墊，然後手指在空中畫了一個圓圈。黃檗說：「我聽說有一隻獵犬，很凶惡。」這個僧人就說：「獵犬是跟著靈羊的叫聲而來。」黃檗說：「靈羊無聲，你怎麼找得到！」僧人說：「獵犬是跟著靈羊的足跡而來。」黃檗說：「靈羊沒有足跡，你怎麼找得到！」僧人又說：「獵犬是跟著靈羊的行蹤而來。」黃檗說：「靈羊沒有行蹤，你怎麼找得到！」僧人說：「靈羊無聲、無跡，也無蹤，那豈不是不隻死羊！」黃檗聽了，就回方丈室休息。

第二天，黃檗在禪堂上說：「昨天那個要找靈羊的人是誰？」僧人便走出來。黃檗說：「昨天我們所談的公案，還沒有結束，老僧就去休息。你認為為什麼這樣？」僧人不知如何回答。黃檗就說：「我還以為你是個本色僧人，原來卻只是個喜歡搞搞義理的和尚！」說完，黃檗把僧人打了幾下，然後將他趕出禪堂。

的確，佛教講求「一切皆空」，空要空得徹底；但空到徹底，不是死羊，不是虛無主義的頑空呀！

035

大唐國裏無禪師

黃檗[79]禪師有一天，在禪堂上，對徒眾們說：「你們大家想求個什麼？」說完，用枴杖想把徒眾趕走，但徒眾都不走。於是又坐下來說：「你們都是噇酒糟漢！」（噇，無節制地吃。）這樣修行，會讓人取笑。你們看到某禪師的門下，有八百、一千個徒弟，就盲目地跑去跟從。不要湊熱鬧呀！老漢我到處走走參禪的時候，如果碰到一個漢子，便將他的頂門一鑽，看他是不是知道痛。如果知道痛，就可以用布袋盛米，好供養他。你們既然學禪，就要提起精神來。你們不知道大唐國裏無禪師嗎？」這時，有個徒弟出來問：「大唐國裡，有許許多多的禪師，聚集眾僧禪師，怎麼可以說無禪師呢？」黃檗說：「我不說大唐國裡無禪，只說無師。」

的確，禪道無上，但明師難尋。不要以為徒眾多的禪師，就是明師。禪修，不要湊熱鬧，不要做個貪吃酒糟的漢子呀！

徑山杲[80]禪師讀到這則故事時，寫了這樣的一首詩：

身上著衣方免寒，口邊說食終不飽；
大唐國裏老婆禪，今日為君註破了。

徑山杲把黃檗叮嚀徒弟的話，說成老婆禪，那是像老婆婆，嘮嘮叨叨囑咐子女一樣的，既親切又充滿關懷的禪法。他還奉勸我們，禪道是要腳踏實地修行的，就像要穿衣服才不會冷一樣，就像要吃飯才會飽一樣。

而佛鑑懃[81]禪師，也寫了一首詩，來讚嘆黃檗的叮嚀：

黃檗山中明示眾，大唐國裏暗藏身；
袈裟一角猶拖地，誰是叢林有眼人？

佛鑑懃禪師的詩，旨在讚嘆黃檗是大唐國裡的真禪師。說他雖然藏在大唐國裡，但卻露出了袈裟的一角，他是禪門的「有眼人」呀！

另外，佛慧泉[82]禪師也寫了一首詩，來讚嘆黃檗禪師：

無師充塞大唐國，噇酒糟漢會不得；
竹寺閒過春已深，落花亂點莓苔色。

前兩句感嘆大唐國裡很少有明師，因此，那些貪圖熱鬧的漢子，無法開悟解脫。然而，禪道就在眼前、身旁，就在春色盎然的竹寺裡，就在莓（霉）苔色的落花上呀！

036 樹倒藤枯

大安[83]禪師常問弟子：「有句和無句，就像爬藤依靠樹木往上爬一樣。你以為如何？」大安禪師這則公案，常被禪師拿來問後學：石霜[84]向溈山[85]禮拜告辭，才剛站起來，溈山就問：「有句和無句，就像爬藤依靠樹木往上爬。你以為如何？」石霜不說一句話，來到道吾[86]禪師這裡。道吾問：「從什麼地方來？」石霜答：「從溈山那裡來。」道吾又問：「溈山說了什麼話？」石霜就把辭別溈山的情形，告訴道吾。道吾說：「你為什麼不回答他？」石霜說：「我不知道怎麼回答。」道吾說：「那好，替我照顧寺庵，我為你報仇去。」

道吾來到時，正在糊壁的溈山，問：「怎麼到我這裡來了？」道吾答：「不為別的事情，只為確認一下，你是否常問弟子：『有句和無句，就像爬藤依靠樹木往上爬一樣。你以為如何？』」溈山答：「是呀，沒錯。」這時，道吾就問：「樹倒藤枯時，怎麼樣？」溈山丟去泥板，呵呵大笑走回方丈室。

有、無兩邊要超越，不有、不無的中道，才是最高境界。有和無，就像藤和樹相互依靠而生一樣，所有的煩惱都因這種對立、矛盾而生。而「樹倒藤枯」，則指解脫後，不再為有、無的對立、矛盾而煩惱罷了。

解脫是喜悅，卻無法用言語描述。這是溈山呵呵大笑的原因。

037

百年鑽故紙，何日出頭時？

古寧神贊[87]禪師，離開他原本所住的大中寺，來到百丈懷海[88]禪師這裡，向百丈學禪。領悟後，回到了大中寺。寺裡的住持師父問他：「你到百丈禪師那裡，學到了什麼？」神贊答：「沒學到什麼。」住持師父說：「既然沒學到什麼，那就去當雜役吧！」

有一天，住持師父洗澡時，要神贊幫他洗背。神贊一邊幫師父洗背，一邊想要點化師父，他說：「好好一座佛堂，可惜裡面的佛不靈光。」師父回頭瞪了他一眼，神贊又說：「這尊佛雖然不靈，卻偶爾也會放光。」師父還是沒有因此而開悟。

原來，佛堂就是住持師父的身體，佛就是住持師父身體中本有的真如本心。人人本來是佛，住持師父並沒有因為神贊的點化，而開悟。

又有一天，住持師父正在窗下讀佛經，神贊看到有一隻蜜蜂，想要鑽破紙窗，飛到屋外。他又想要點化師父，於是大聲說：「大門那麼大，不肯從大門飛出去，卻盡向紙窗鑽，要鑽到什麼時候呢！」說了，又大聲吟了一首詩：

空門不肯出，投窗也太癡；
百年鑽故紙，何日出頭時！

這看起來像是在罵蜜蜂，但其實是在點化住持師父。這回，住持師父終於有所悟入。

038

千尺井中

有個僧人問石霜性空[89]禪師：「什麼是達摩[90]祖師從西域來中土的意旨？」石霜答：「就像有人掉落在千尺的古井中，不可用繩子（當然也不可用梯子），把他救出來，我再回答你。」僧人說：「最近，湖南暢和尚[91]出來傳禪，他和你一樣，東語西話的，說了一大堆道理。」石霜叫沙彌仰山[92]：「把這死屍拖出去！」

後來沙彌仰山跑去問躭源[93]：「怎樣才能救出古井中的人？」躭源罵了一聲「咄！」然後說：「癡漢！誰在古井中？」仰山還是沒有開悟，於是又跑去問溈山[94]。溈山叫了一聲仰山的名字：「慧寂！」仰山應：「諾！」溈山說：「古井中的人被救出來了。」仰山從此悟入，自己開始傳禪後，常舉這則公案，來教導徒弟們。

原來這則公案包含兩個問題：一是「什麼是祖師西來意？」，另一則是「古井中的人是誰？」。前者問的是不可言說的禪道，因此石霜不回答這個問題，他說：等有人不用繩子，把掉落在千尺古井中的人救出來，再跟你說。不用繩子，把人從千尺井中救出，那是不可能的。因此，他的回答等於說：什麼是禪道（祖師西來意）？無法用言語回答。

而第二個問題則是：掉落在古井中的人，就是被困在煩惱中的人。就仰山慧寂來說，就是他自己。因此當溈山叫了聲「慧寂」，而慧寂應「諾」時，就把答案告訴仰山慧寂了。

039 洗鉢盂去

有一天，一個僧人對趙州從諗[95]禪師說：「弟子剛剛進入禪門，請師父指示。」趙州問：「喫粥了沒有？」僧人答：「喫粥了。」趙州說：「那就洗鉢盂去吧！」僧人聽了之後，大徹大悟。

而當湛堂準[96]禪師讀到這則公案時，作了下面首詩頌：

之乎者也，衲僧鼻孔，大頭向下。

禪人若也不會，問取東村王大姊。

的確，禪道雖然像之、乎、者、也這些難懂的古文一樣，極為艱深。但是，禪道就在喫粥、洗鉢這種平常的事物當中。這麼簡單的禪道，就像僧人的鼻孔大頭向下一樣簡單。（咿！哪個人的鼻孔不是大頭向下？何必一定是衲僧的鼻孔！）這麼平常簡單的禪道，如果還不會，那就去問問沒什麼學問的村姑吧！

040 庭前柏樹子

有個僧人問趙州從諗[97]禪師：「什麼是祖師（從）西（域）來（到中土的）意（旨）？」趙州答：「（寺）庭前（的）柏樹子。」僧人說：「我問的是內心的境界，請不要拿外在的東西來告訴我！」趙州說：「好吧！我不拿外在的境界來回答，你再問問看。」於是僧人又問：「什麼是祖師西來意？」趙州答：「庭前柏樹子。」

這則禪門有名的公案，受到後世許多禪僧的重視。例如，有一個僧人問住在葉縣（今河南省中部偏西南）的省和尚[98]：「什麼是庭前柏樹子的意旨？」省和尚反問：「我不會不說給你聽，你相信嗎？」僧人說：「禪師的話，我怎敢不信！」省和尚說：「那麼，你聽到屋簷頭的雨滴聲嗎？」僧人突然開悟，大叫起來。省和尚問：「你悟到什麼道理？」僧人用一首詩，來述說他所悟到的道理：

簷頭雨滴，分明歷歷；
打破乾坤，當下心息。

禪道（祖師西來意）無所不在，就在庭前柏樹子上，就在簷頭雨滴聲上呀！

041 喫茶去

趙州從諗[99]禪師問一個新來的僧人：「你曾經來過我這裡嗎？」僧人答「曾經來過。」趙州說：「那就喫茶去吧！」他又問另一個僧人同樣的問題，僧人答：「不曾來過。」趙州說：「喫茶去吧！」這時，院主就問趙州：「為什麼新來的僧人叫他喫茶去，舊住的僧人也叫他喫茶去？」趙州說：「你也喫茶去吧！」

這也是一則禪門討論甚多的公案。例如有一天，有個僧人來到睦州[100]禪師這裡，睦州問：「你曾到過趙州那裡嗎？」僧答：「到過。」睦州又問：「趙州說了什麼道理？」僧人就把趙州的「喫茶去」說了一遍。睦州聽了說：「我感到很慚愧。」說完又問僧人：「趙州說『喫茶去』的用意是什麼？」僧人答：「只不過是一種方便說罷了。」睦州聽了便說：「苦呀苦！趙州被你潑了一杓屎了！」說完，便打僧人。

睦州又問沙彌：「你認為如何？」沙彌聽了，就向睦州禮拜。而睦州也打了沙彌。睦州聽了，也打沙彌。僧人問沙彌：「師父為什麼打你？」沙彌答：「如果不是我，師父您就不打我了。」

如果不是我，不就是解脫者了嗎？睦州自然不打他了。

喫茶，是一件很平常的事情。但，平常心就是道呀！

042 狗子佛性

有個僧人問趙州從諗[101]禪師：「狗子有無佛性？」趙州答：「無。」僧人說：「上至諸佛，下至螻蟻，都有佛性。為什麼狗子無佛性？」趙州答：「因為牠有業識在。」（業識，造業的心識，即凡心。）

又有僧人問趙州：「狗子有無佛性？」趙州答：「有。」僧人問：「既然有佛性為什麼掉入皮袋裡？」答：「因為牠明知故犯。」

眾生（當然包括狗子）皆有佛性，這是《涅槃經》明白說到了；但趙州卻說無，因為牠有凡心（業識）的緣故。的確，有了凡心，哪怕有佛性，也等於沒有。

眾生既然皆有佛性，為什麼不成佛，而掉入皮袋（肉體）裡，成為平凡的人或狗呢？那是因為眾生「明知故犯」，明明知道自己會成佛，但卻不肯好好修行。

妙喜禪師（大慧宗杲禪師）[102]，把趙州所說的狗子有、無佛性，截取前半，令弟子們參究「（狗子）無（佛性）」字的公案，只要把「無」字擺在心裡，生起疑心問自己：為什麼是「無」？最後就會大徹大悟。這即是後代所謂的公案禪，或看話禪（話，即話頭，一則公案中最重要的一句話。例如狗子無佛性這則公案中的「無」字。）。他還對弟子們說：「禪門中有許許多多的禪師，造了許許多多千差萬別的公案。但只要透徹體悟『無』字，就不用思量，不用註解，不用去理會它了。」

043

佛之一字吾不喜聞

有一天，趙州從諗[103]禪師對徒眾們開示說：「『佛』這個字，我不喜歡聽到。」

幻菴覺[104]禪師讀到這則公案時，說：「各位！千萬不要（像趙州）這樣了解。」接著又說：「既然不要這樣了解，那麼要如何了解呢？」說完，吟了下面這首詩：

佛之一字不喜聞，去年依舊今年春；
今年春間降大雪，陸墓烏盆變白盆。

詩的前兩句說：不喜歡聽到「佛」這一句，應該年年都如此。佛是尊貴的，「佛」這一字也因而變得尊貴。但禪修貴在以平常心來看待萬物，因此太過執著在尊貴的「佛」之上，就違背了禪修的目的。因此，應該年年都不喜聞「佛」這一字才對。

後兩句的字面意思極為明顯，即因下大雪，把陸墓的烏盆變成雪色的白盆了。其中陸墓為地名，在蘇州。相傳三國時的陸遜[105]（一說唐朝的陸贄[106]）死後葬在這裡，所以這地方便叫陸墓。這兩句詩的意思是：不喜歡聽到「佛」這個字，乃是極為平常的事情，就像大雪把烏盆變成白盆一樣的平常。

044 驀直去

有個僧人想到五臺山遊覽，途中遇到一個老婆婆，他就向老婆婆問：「五臺山怎麼走？」老婆婆說：「驀直去（直直走）。」僧人便直直走去。老婆婆說：「好個和尚，又那樣直直走去了！」

有人把這件事告訴趙州從諗[107]禪師，趙州說：「待我去勘察一下。」

於是，趙州來到老婆婆這裡，問說：「五臺山怎麼走？」老婆婆說：「驀直去！」

趙州回到禪寺，對徒弟們說：「五臺山的老婆婆，為你們勘破了！」

蒙菴嶽[108]禪師讀到了這則公案，吟了一首詩，來讚嘆五臺山的老婆婆：

本是山中人，愛說山中話；
五月賣松風，人間恐無價。

老婆婆原本就是山中人，她雖是一個住在五臺山的人，卻是個解脫者。她愛說「驀直去」這種解脫者的話。她在通往五臺山的路上，說了些話；這話，恐怕是無價之寶呀！

的確，禪修的工夫無他，就是要直直走去（驀直去），不可拐彎抹角。

045

始從芳草去，又逐落花回

有一天，景岑招賢[109]禪師從外面回來，他的首座弟子問：「師父去哪裡了？」招賢答：「去遊山了。」首座又問：「哪座山？」招賢答：「始從芳草去，又逐落花回。」首座說：「好像春天一樣。」招賢說：「總比秋露滴芙蓉好。」

雪竇重顯[110]禪師讀到這則公案後，寫了這樣的一首詩：

大地絕纖埃，何人眼不開？
始隨芳草去，又逐落花回。
羸鶴翹寒木，狂猿嘯古臺；
長沙無限意，咄！

的確，不個解脫者，不管是遊山，或是戲水，都是春意盎然，不會有秋天寒露的情形。眼睛所接觸到的景色，都沒有一點纖埃。看呀！那隻寒木上羸瘦的鶴鳥，還有那隻在古臺上狂嘯的猿猴，不是平平常常、自自然然在那裡嗎？

046

師姑原是女人做

智通[111]禪師原本是歸宗[112]禪師的弟子。有一夜，連聲大叫：「我大徹大悟了！」師兄弟們聽了都感到驚訝。

第二天，在禪堂上，歸宗說：「昨晚大喊大徹大悟的出來。」智通便站出來。歸宗問：「你悟到什麼？」智通答：「我悟到師姑原來是女人。」歸宗聽了也感訝異。

隨後，智通拜別了歸宗，歸宗送到門口，並拿給他斗笠。智通接過斗笠，戴在頭上，然後不回頭地離去。

智通後來住在五臺山法華寺。臨終時，吟了下面這首詩：

舉手攀南斗，回身倚北辰；
出頭天外看，誰是我般人！

禪道貴乎平常。禪道就在萬物之上，當然也在女人做的師姑身上。體悟這個道理的人，就能氣象萬千地捉住南斗星和北斗星，把頭伸出天外，愜意地觀看整個宇宙！

047

虛空來，連架打

普化[113]和尚，不知何許人也。他是盤山寶積[114]禪師的徒弟，總是假裝瘋子，說一些莫明其妙的話。他常拿著一把鐸，鈴鈴鈴振動起來，一邊在街市、鄉村、墳墓行走，一邊大聲說：「從明亮的那一頭來，我就棒打明亮的那一頭。從黑暗的那一頭來，我就棒打黑暗的那一頭。從四面八方來，我就旋風打。從虛空來，我就連著打。」

臨濟[115]禪師聽說這件事後，就叫弟子，去捉住普化，然後問：「如果什麼都不來時，你要怎麼樣？」普化答：「那就大悲院裡有齋飯吃了。」臨濟的弟子回來向臨濟報告，臨濟說：「我從來就懷疑這傢伙！」

五祖演[116]禪師知道普化和臨濟的事情之後，就評論說：「如果是五祖我，就不是這樣了。如果有人問：『什麼都不來時，怎麼樣？』我就一邊大聲叫，一邊棒打問問題的人。」

的確，當煩惱從明頭、暗頭、四面八方、虛空來時，就要把煩惱打掉。當所有煩惱都被打掉時，你就是解脫者。那時，你就可以像端坐在大悲院裡的佛菩薩一樣，有人用齋飯供養你了。

因此，普化的回答並沒有錯。錯在他用語言文字把它說出來。還不如五祖一邊大聲叫，一邊棒打問問題的人呢！

048 乞我一個直裰

有一天，普化[117]和尚走進城市，向人乞討直裰（直直沒有腰身的袍子）。有人就給他披襖，他卻不接受。又有人給他布裘，他也不接受。

臨濟[118]禪師聽說這件事情後，就命弟子送一副棺材給普化。普化收到後，說：「臨濟這廝，太饒舌了！」說完，又向身邊的眾人辭別，說他明天要去城的東門外死。

第二天，大家送普化到東門，普化卻說：「今天不是良辰吉日，改明天在南門死。」到了明天，大家又送他到城的南門，普化卻又說：「明天到西門去死，才吉祥。」眾人上了兩次當，因此第二天送他到西門的人變少了。

到了第四天，普化獨自一人擎著臨濟送他的棺材，走出北門，然後鈴鈴鈴，振動一下手中的鐸鈴，走進棺材裡，入滅了！

唉！解脫者竟如此生死自在，真是令人感動！

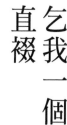

049

和尚莫謾良遂

有一天，良遂[119]去參拜麻谷[120]禪師。當時麻谷正在鋤草，看見良遂來了，卻不理他，自己走回方丈室，還把方丈室的大門關上。

第二天，良遂又去方丈室，想見麻谷。良遂敲門，麻谷問：「誰呀？」良遂答：「良遂。」良遂剛說完自己的名字，就開悟了，然後對麻谷說：「師父您不要再矇騙良遂了。良遂如果不來禮拜師父，就會被佛經騙過一生了。」麻谷聽了，便開門相見。

人人本來是佛，本是解脫者，不必去他處遠求呀！

050 溈山水牯牛

有一天，溈山靈祐[121]禪師在禪堂上，對徒眾說：「老僧我逝世後，轉世在山下，做一隻水牯牛。牛的左脇下，寫了五個字：『溈山僧靈祐。』這時，叫牠溈山僧，牠卻是隻水牯牛。叫牠水牯牛，牠又是溈山僧。到底牠叫做什麼？」

這時，弟子仰山[122]出來，向溈山禮拜，然後退下。

芭蕉徹[123]禪師知道這件事後，寫了下面的一首詩：

不是溈山不是牛，一身兩號實難酬；
離卻兩頭應須道，如何道得出常流？

水牯牛就是真如本心，它在人人身中，當然也在溈山靈祐身中。那麼，它到底是真如本心或是溈山（的身體）呢？說它是真如本心，但它又是溈山（的身體）；說它是溈山（的身體），但它又是真如本心。實在兩難。

然而，禪修就是要泯除矛盾的兩難，仰山禮拜退下，還有芭蕉四句詩的本意。

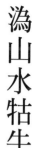

051

三界唯心，萬法唯識

紫衣大德來禮拜睦州尊宿[124]，睦州問：「過去你學習過什麼？」紫衣答：「學過唯識學。」睦州又問：「唯識學說些什麼？」紫衣答：「唯識學說：三界唯心，萬法唯識。」睦州聽了，指著一道門扇問：「那是什麼？」紫衣答：「那是色法。」（色法，物質性的東西。）睦州斥責說：「你和我談論佛經，怎麼可以不遵守五戒！」

沒錯，「三界唯心，萬法唯識」這是佛經中所說的道理。但這道理，不是嘴巴說說，或腦袋想想就可以，要落實在實修上，確實也不容易。不信，你看紫衣大德被問到門扇是什麼時，他就忘了自己剛講過的話——「三界唯心，萬法唯識」，答說那是外在的「色法」。紫衣大德一面說「三界唯心，萬法唯識」，一方面又說那是物質性的「色法」，所以睦州斥責他說謊——犯了五戒中的不妄語戒。（五戒：不殺生、不偷盜、不邪淫、不妄語、不飲酒。）

052

大事已明，如喪考妣

睦州[125]禪師有一天對眾徒弟開示說：「大事未明時，如喪考妣。大事已明，如喪考妣。」

有僧人問青峰楚[126]禪師：「大事已明，為什麼如喪考妣？」楚禪師吟了兩句詩，作為回答：

不得春風花不開，
及至花開又吹落。

大事未明，即凡夫。凡夫有許多煩惱，自然像是死了父母一樣的痛著。但大事已明的解脫者，為什麼也像死了父母一樣的痛苦呢？原來，解脫不是去到超越世間的地方。解脫還是在有煩惱、痛苦的世間。你沒看見，即使貴為釋迦牟尼佛[127]，也有尖木迸足、冷風吹拂背痛等「九罪報」嗎？所以，沒有春風，百花固然不開；但百花開時，也有被風吹落的時候呀！

053 劫火洞然

有個僧人問大隨真[128]禪師：「劫火洞然，大千俱壞。不知道這個壞或不壞？」大隨答：「壞。」僧人說：「這樣的話，不就隨它去了嗎？」大隨說：「沒錯，隨它去。」僧人不了解。

後來，僧人到投子[129]禪師那裡，把大隨的談話說了一遍。投子聽了之後，就擺香案，遙遙禮拜，說：「西川（在四川，大隨住處）古佛出世了呀！」投子說了，又對僧人說：「你快點回到大隨禪師那裡懺悔。」

等僧人回到大隨禪師那裡，大隨已經逝世。僧人又趕回投子禪師這裡，發現投子也逝世了。

劫火洞然，燒盡一切，一切皆空。但空要空得徹底，大千世界中的萬物固然要空掉，連「這個」也要空掉，才是真正的一切皆空。

然而，「這個」是那個？大家參去！

又，大隨和投子的逝世，是為僧人逝世，或是自然逝世？大家參去！

054

大隨燒蛇

大隨真[130]禪師正在焚燒田裡的稻草時，看到了一條蛇，就把蛇丟進火堆裡，然後說：「你生成這副模樣，還不肯捨棄這軀殼。現在我把你燒了，讓你如暗得燈。」

這時，有個僧人問：「你正這樣做時，到底有罪或無罪？」大隨吟了兩句詩，作為回答：「石虎叫時山谷響，木人吼處鐵牛驚。」

不會叫的石頭老虎，竟叫響了山谷；不會吼的木頭人，竟吼得鐵鑄的牛都驚怕起來！真是奇妙呀，解脫的境界真是不可思議呀！

不殺生，是佛教的五戒之一。大隨怎麼殺蛇了呢？也許，這只有大解脫者，才能這樣做呀！

055

草履覆龜背

寺菴旁有一隻烏龜，僧人指著烏龜問大隨真[131]禪師：「所有眾生都是皮包骨，為什麼牠卻骨包皮？」大隨拿起一只草履，覆蓋在烏龜的背上。

白雲端[132]讀到這則公案，寫了一首詩：

分明皮上骨團團，卦畫重重更可觀；
拈起草鞋都蓋了，大隨卻被這僧瞞。

頭兩句描寫烏龜背上的殼紋，像八卦圖一樣。第三句述說大隨想用草鞋蓋龜背的方式，把僧人的問題解消掉。但最後一句卻說：僧人提出了一個無法用言語回答的問題，大隨竟然忙著為這個問題解說答案。

的確，宇宙萬象本然如此，烏龜骨包皮當然也是本然如此。本然如此的萬象，就像禪道一樣，無法用言語述說，必須用像是草履覆龜背的方式，來杜絕言語的回答。

056

放不下，擔取去！

新興嚴陽[133]尊者，第一次參訪趙州禪師時，問：「一物都不拿來時，怎麼樣？」趙州答：「放下吧！」尊者又問：「既然一物都不拿來，要放下什麼？」趙州說：「放不下，就挑著走吧！」尊者聽了大悟。後來，常有一蛇一虎，跟隨在尊者身旁。尊者則用手拿食物餵養牠們。

而當黃龍南[134]禪師聽到這則公案時，作了一首詩來讚美尊者：

一物不將來，兩肩挑不起；
言下忽知非，心中無限喜。
毒惡既忘懷，蛇虎為知己；
光陰幾百年，清風猶未已。

前三行詩易懂，最後兩句詩，是說：尊者的故事，即使過了幾百年，還是盛傳在禪林中。

057
多福一叢竹

僧人問多福[135]和尚：「什麼是多福一叢竹？」多福答：「一莖兩莖斜。」僧人說：「我不懂。」多福說：「三莖四莖曲。」

僧人的問題，不是普通問題，他問的其實是禪道。什麼是禪道呢？禪道就在一莖兩莖斜的竹子當中。僧人不懂，多福再次強調：禪道就在三莖四莖曲的竹子當中。

妙喜[136]禪師聽說這則公案之後，評論說：「一莖兩莖斜，就算了。但是三莖四莖曲呢？就請還我多福一叢竹吧！我說的話，如何理解呢？」

妙喜的意思是：當多福回答「一莖兩莖斜」時，僧人就應該大徹大悟才對；但他沒有大徹大悟，害得多福再強調一遍「三莖四莖曲」。因此「三莖四莖曲」其實是多餘的解說。多餘的解說，違背了禪門「不立文字，教外別傳」的傳統，把不能用語言文字描述的禪道，都弄模糊了；因此，妙喜要求把禪道還來——「還我多福一叢竹」！

058

上堂吃齋

有一天，石梯和尚[137]的侍者，托著鉢，走向齋堂。石梯就問侍者：「到哪裡去？」侍者答：「上齋堂吃齋去。」石梯說：「我難道不知道你要去齋堂吃齋？」侍者說：「除了上齋堂吃齋之外，要說什麼？」石梯說：「我問的是本分事。」侍者說：「和尚您如果是問本分事，那麼弟子確實是要上齋堂吃齋。」石梯說：「你不愧是我的侍者！」

的確，禪道就在搬柴、運水、吃齋、睡覺之中。好好禪修吧！好好上齋堂吃齋！

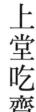

059 溈山送鏡

仰山[138]禪師住在東平（在今山東省泰安市）時，他的師父溈山[139]，派人送了一面鏡子來。仰山走上禪堂，拿起鏡子，對徒眾們說：「這鏡子，到底是溈山鏡，或是東平[140]鏡？如果說是東平鏡，它卻又從溈山那裡送來。如果說是溈山鏡，但它卻在東平手裡。你們說說看，到底是溈山鏡或是東平鏡？如果有人說出答案，那就保留這面鏡子；如果沒有人說出答案，那就打破這面鏡子。你們說說看！」眾徒弟中，沒有一人能回答，於是仰山把鏡子摔破在地上，然後下座。

禪道、真如本心，是沒有東、西、南、北之分，它不在溈山，也不在東平。（雖然它既在溈山，又在東平！）如果我是仰山的徒弟，我就一把將鏡搶過來，看是把它丟進垃圾桶也好，或是把它藏在懷裡也好。

060

父母未生時

香嚴智閑[141]禪師，原本在百丈[142]禪師那裡學禪。百丈逝世後，就轉向溈山[143]學禪。

一日，溈山對香嚴說：「聽說你在百丈禪師那裡，問一答十，聰明靈利，想用腦袋，去知道生死的根本。現在來到我這裡，我問你：父母未生時是什麼個樣子？你說一句看看！」

香嚴被溈山問得不知如何回答。回到寮房，把平日看過的經論翻閱了一遍，卻無法找到答案。他感嘆地自言自語：「畫餅不能充飢。」於是他又來到溈山的方丈室，對溈山說：「乞求師父為我說破。」溈山說：「我如果說出答案，以後你一定會罵我。我說出的畢竟是我的，終究和你不相干。」

有一天，香嚴正在田間除草，偶然間，撿了一塊小石子，把它丟了出去，正打在一棵竹子上，竹子「噗」地一聲，香巖忽然開悟。於是回到寺裡，沐浴焚香，遙遙禮拜溈山，說：「和尚大慈大悲，恩典比父母還大。當時如果您為我說破，我就沒有今日了！」

什麼是「父母未生時」呢？就是尚未落入凡間時，也就是禪道的解脫境界。禪道的境界無法用言語來描述，而且要自修自悟。別人跟你說的，都不是真正的禪道。然而，禪道就在萬物之中，石子擊竹所發出的聲音，自然也有禪道。

如來禪與祖師禪

有一天，已經開悟的香嚴智閑[144]禪師，對仰山[145]禪師，吟了一首詩頌：

去年貧，未是貧。今年貧，始是貧。
去年貧，猶有卓錐之地。今年貧，錐也無。

仰山聽了，評論說：「師弟也許已經證得如來禪，但祖師禪卻連夢見都沒有呢！」

香嚴聽了師兄仰山的評論之後，又吟了一首詩：

我有一機，瞬目視伊；
若人不會，別喚沙彌。

的確，空要空得徹底，卓（立）錐之地固然要空，連錐也要空掉，才是空得徹底。但這只是如來在經教當中，所教給我們的禪法。這種禪法的特色是，一層一層地空掉事物：先空卓錐之地，再空錐。祖師禪才是禪門所重視的禪法，那是當下空掉一切煩惱的禪法，那是（揚眉）瞬目（視伊，看他）就頓悟的禪法。這種祖師禪，如果不會，那就另外叫初出家的沙彌，來告訴你吧！初出家的沙彌，一定知道如何揚眉瞬目呀！

062 香嚴上樹

香嚴智閑[146]禪師在禪堂上，對徒眾們說：「如果說這件事情，就像有人上樹，嘴巴咬著一根樹枝，腳沒有踏在樹枝上，手也不捉住樹枝。這時，有人在樹下問：『什麼是祖師西來意？』這人不回答，又很失禮。如果回答，又會掉下樹來，喪失身命。請問，這人怎麼辦？」

這時，虎頭招[147]上座出來說：「樹上就不去管它了，還沒有上樹時，請和尚您說說看！」香嚴聽了，呵呵大笑。

雪竇[148]禪師聽到這則公案時，下了這樣的評語：「樹上回答問題容易，樹下回答問題，那就難了！」

達摩[149]從西域來中土的意旨是什麼？這是禪門常被提到的問題。回答則是五花八門，但總是同一個答案：不可說，不可說！口咬樹枝，雙手雙腳落空的那人，也是一樣：不可說，不可說！如果張口說，那就摔下樹來，喪失身命！

然而，一個未上樹的解脫者，又是什麼狀況呢？那也是很難回答的問題呀！解脫者的狀況超越世間所有言語，無法描述，所以雪竇才會說：樹下回答問題，那就難了！

063

無位真人

臨濟義玄[150]禪師在禪堂上，對著徒眾們說：「在你們的赤肉團（肉體）上，有一個無位真人，常常從你們的面門（眼、耳、口、鼻）出入。不知道它是什麼的人，請注意看看！」

這時，有個僧人出來問：「什麼是無位真人？」臨濟走下禪床，捉住僧人，大聲說：「你說呀！你說呀！」僧人想回答，臨濟卻把他推開，然後說：「無位真人是什麼乾屎橛！」說完，便走回方丈室。

無位真人，超越階位的得道之人，即人人肉體（赤肉團）中的佛性、真如本心。乾屎橛，乾掉的一小塊大便（或：擦大便的短木片）。無位真人無法用言語來說明，卻常常透過我們的眼等五官，來活動。因為它不可用言語來描述，僧人卻想用言語來理解，因此臨濟粗暴地對待他。而當真如本心被人用言語來描述時，它就像好好的一塊肉，變成乾屎橛一樣，成了一文不值、令人討厭的東西了。

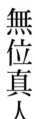

064 不須門上畫蜘蛛

有一天，臨濟義玄[151]禪師看到一個僧人來，便舉起手中的拂子。僧人向他禮拜，臨濟便打他。又有一天，臨濟又看到一個僧人來，他還是舉起手中的拂子。僧人不理會他，臨濟便打他。還有一次，又有一個僧人來，臨濟還是舉起拂子，僧人說：「謝謝和尚指示！」臨濟還是打他。

徑山杲[152]禪師讀到這則公案，便寫了下面的這首詩：

五月五日午時書，赤口毒吞盡消除；
更饒急急如律令，不須門上畫蜘蛛。

如果像臨濟那樣，遣蕩一切執著，空掉一切煩惱，不管怎麼，都是舉拂子、棒打，那就開悟解脫了。這時，就像端午節中午，畫八卦（蜘蛛）一樣，把一切毒惡都吞盡了，哪還需要在門上掛上八卦圖呢！

065 臨濟棒打

臨濟義玄[153]禪師喜歡用喝斥和棒打的方式，教導徒弟。

有一次，在禪堂上，有一個僧人出來，臨濟便喝斥。僧人也跟著喝斥，然後向臨濟禮拜。臨濟便打他。

又有一次，他對徒眾們說：「我在先師黃檗[154]禪師那裡學禪，問說：『什麼是佛法（的宏）大意（旨）？』問了三次，三次都被打。打得我像是被蒿枝拂過一樣。（一點都不覺得痛。）現在，我更想被人再打一頓。你們在座的，誰能下手，打我一頓呢？」這時有個僧人便出來說：「讓我來打你。」臨濟便把木棒交給僧人，僧人伸手想接木棒，臨濟便打。

喝斥或棒打，都是阻斷心中的思惟，讓人在疼痛、驚訝中，頓悟禪道。臨濟三度問先師黃檗「佛法大意」，三度被打。看來，他的打罵教育是有師承的。

066 逢佛殺佛

有一次，臨濟義玄[155]禪師說：「碰到佛，就殺佛。碰到祖師，就殺祖師。碰到阿羅漢，就殺阿羅漢。碰到父母，就殺父母。碰到親眷，就殺親眷。這樣才能解脫，不被外物所拘束，才能透脫自在。」

的確，禪修中，邪惡的事物固然到斷除，神聖的或父母、親眷等至親，也要空掉。這樣才是真正的解脫。多少人，學了佛之後，就把佛陀、師父，或是一句佛號，一聲咒語，執著在心裡，不肯放掉，這樣，如何證得「一切皆空」！

067 米裡有蟲

石霜慶諸[156]禪師來到溈山[157]禪師的道場，做米頭（掌管米食的職位）。

一日，溈山來到石霜這裡，石霜正在篩米。溈山說：「這些米都是施主捐給我們的，小心，不要拋灑掉了。」石霜答：「是呀，我不會拋灑掉。」於是溈山檢查地上，從地上撿了一粒米起來，拿到石霜的面前，說：「你不是說不會拋灑掉嗎？那這是什麼？」石霜無話可說。

溈山拿著那粒米，又說：「不要輕看這一粒米，百千粒米，都從它而生呀！」石霜說：「百千粒米都從它生，那麼，它從哪裡生？」溈山聽了，呵呵大笑地回到了他的方丈室。

到了晚上，大家聚集在禪堂時，溈山對徒眾們說：「聽著！米裡有蟲。大家好好看著。」

人人本有的真如本心，生起萬法。那真如本心又從哪裡生呢？這是沒有答案的問題，石霜卻明知故問。這就難怪溈山讚美他是米蟲了。

068 偏界不曾藏

有一天，石霜[158]在方丈室裡面，有個僧人來到方丈室的窗外，問石霜：「我們只隔了一層紙窗，為什麼我看不到師父的樣子？」石霜說：「偏界不曾藏。」

僧人把石霜的話，拿去請教雪峰[159]：「『偏界不曾藏』到底是什麼意思？」雪峰答：「什麼地方不是石霜。」石霜聽到這事，就說：「雪峰這老傢伙，幹嘛那麼死急！」雪峰知道了，說：「老僧罪過。」

的確，佛陀的法身到處都是，何曾藏起來過！祂偏滿整個大千世界，都不曾藏起來過呀！因此，雪峰的解釋並沒有錯，錯就錯在他說出口了！

069 尿沸盌鳴聲

有個僧人問投子[160]禪師：「一切聲都是佛聲，對不對？」投子答：「沒錯。」僧人說：「和尚您不要尿沸盌鳴聲。」投子聽了便打。

僧人又問：「粗言和細語，都歸到最高真理，對不對？」投子答：「沒錯。」僧人說：「把和尚您叫做一頭驢，可以嗎？」投子聽了又打。

一切聲既然都是佛聲，那麼，尿水灑在盌裡的聲音，當然也是佛聲。粗言和細語既然都歸到最高真理裡去，那麼，把投子和尚叫成一頭驢這種粗言，當然也是最高真理了。既然這樣，為什麼投子要打僧人呢？也許那正是因為僧人只會耍嘴皮子吧！不信，你看，雪竇[161]寫了一首詩，一方面讚美投子，一方面批判僧人：

投子投子機輪無滯，放一得二，同彼同此。
可憐無限弄潮人，畢竟還落潮中死。
忽然活，百川倒流鬧湉湉。

頭兩句讚美投子，說他「機輪無滯」。「放一得二，同彼同此」，指的則是讚美投子兩次用棒打的相同方式，來教化僧人。三、四兩句責備僧人，說他是「弄潮人」，說他只會在潮水中玩耍，最後終究要死在潮水中。最後兩句，則說：只要僧人「忽然活」過來，體悟了投子打他的用意，那就「百川倒流，鬧湉湉」了！

070 問話者三十棒

德山宣鑑[162]也是一位喜歡打罵教育的禪師。

有一次，德山對徒眾說：「今天晚上，我不回答問題。問問題的人，要打三十棒。」

這時，有個僧人出來向德山禮拜，德山便打。僧人說：「弟子什麼問題都沒有問，為什麼打我？」德山反問：「你是什麼地方的人？」僧人答：「新羅（在韓國）人。」德山說：「你沒有跨在船舷上，要好好地打三十棒！」

其實，問問題，不只是開口問才是問，身體的動作也是問。僧人不會，所以挨打。德山又問他出生的地方——那是真如本心的家鄉呀！僧人卻用世俗的觀點回答他是新羅人。因此德山責備他還沒有跨上解脫的船舫，應該被打三十棒！

071

道得也三十棒

德山宣鑑[163]禪師在禪堂上，對徒眾說：「能夠說出來的，要打三十棒。不能夠說出來的，也要打三十棒。」臨濟[164]禪師聽到了這事，就對洛浦[165]禪師說：「你去問他：『道得為什麼也三十棒？』等到他打你時，你就接住棒子，推一推，看他有什麼反應？回來告訴我。」洛浦照著臨濟師父的話做了，等到德山打他時，他便接住棒子，推了一推。德山一句話也沒說，回方丈室去了。

洛浦回臨濟師父這裡報告，臨濟對洛浦說：「我從來就懷疑這傢伙。雖然這樣，你還知道德山的意思嗎？」洛浦想回答，臨濟就打。

禪道不可說，無法說出什麼是禪道的未解脫者，當然要打三十棒。能說出什麼是禪道的解脫者，他是不應該說的，因為禪道不可說，如果他說了，當然也要打三十棒。洛浦顯然沒有體悟到這點，他想說，當然被臨濟打了。

072 鏌鋣劍

龍牙[166]禪師問德山[167]禪師：「一個僧人，手拿鏌鋣劍，想砍師父的頭，這時，怎麼樣？」德山把脖子伸得長長的，然後大聲叫了一聲：「㘞！」龍牙興奮地說：「頭落地了！」德山呵呵大笑。

龍牙把這件事拿去告訴洞山[168]禪師，洞山聽了就問：「德山說了什麼話？」龍牙答：「他沒說什麼話。」洞山說：「不要以為他沒說什麼話。你把被你砍下的德山頭，拿出來交給我！」龍牙聽了這才省悟過來，便向洞山懺悔，並向洞山禮謝。

有個僧人，把龍牙和洞山的對話，拿去告訴德山，德了聽了便說：「洞山老人不知好歹。龍牙這傢伙，已經死了多時，幹嘛把他救活！」

鏌鋣劍，也許就是般若智慧吧！德山的頭，也許就是我們心中的煩惱吧！（包括對尊貴事物，例如德山頭的執著。）而「㘞」，則是用力聲，也是讚嘆聲；般若智慧把煩惱執著都斷除了，還能不讚嘆嗎？

佛是老胡屎橛

有一天，德山宣鑑[169]禪師對徒眾開示：「在我這裡，佛也無，法也無。達摩[170]祖師是老臊胡；十地菩薩是擔糞漢；等覺菩薩、妙覺佛是破戒凡夫；菩提、涅槃是繫驢橛；十二分教（所有的佛經）都是鬼神簿、拭瘡膿紙；四果（阿羅漢）、初心菩薩、十地菩薩都是守古墓鬼，無法自救。佛是老胡屎橛。」

雲門文偃[171]禪師讀到了德山的這一段開示之後，評論說：「讚佛、讚祖，須是德山老人始得！」

的確，很多人可以斷除名利的執著，但很難斷除對神聖事物的執著。既然要斷除一切煩惱，那麼名利的執著固然要斷除，對佛菩薩、佛經、祖師，乃至佛經中所說菩提、涅槃等種神聖道理的執著，也都要斷除。

無情說法

洞山良价[172]問溈山[173]禪師：「慧忠國師[174]說過，無情會說法。我還沒體會。請禪師指示。」溈山說：「把國師的話，說一遍給我聽。」於是洞山說：「僧人問國師：『什麼是古佛心？』國師答：『牆壁瓦礫便是。』僧人說：『牆壁瓦礫豈不是無情？』國師答：『是無情。』僧人又問：『它們會說法嗎？』國師答：『它們很熱心說法，從沒停過。』」溈山聽了就說：「我這裡也有相同的道理，只是還沒碰到可以對他說的人。」洞山說：「我不了解，請師父指點。」於是溈山豎起手中拂子，問：「懂嗎？」洞山答：「不懂，請說清楚。」溈山說：「我的嘴巴是父母所生，不會為你說破。」

溈山見洞山不能悟入，就叫他去見雲巖[175]禪師。來到雲巖這裡，洞山便問：「無情說法，什麼人能夠聽到？」雲巖答：「無情能夠聽到。」洞山又問：「我為什麼聽不到？」雲巖和溈山一樣，豎起手中拂子，問：「聽到了嗎？」洞山答：「沒聽到。」接著又問：「什麼經典說到無情說法？」雲巖說：「沒聽過《阿彌陀經》曾說水鳥、樹木，都會念佛嗎？」洞山聽了，這才悟道，寫下一首詩：

也大奇，也大奇！
無情說法不思議。
若將耳聽終難會，
眼處聞聲方得知。

萬物都是佛身，牆壁瓦礫還有拂子都會說法呢！

075 打中間的

僧人問興化存獎[176]禪師：「四面八方來的時候，怎麼辦？」興化答：「打中間的。」僧人聽了便禮拜。興化說：「昨天到村子裡去吃齋飯，半路上遇到了一陣風雨，所幸可以在一座古廟中躲雨。」

晦堂心[177]禪師看到這則公案，寫了一首詩：

一不是，二不成，落花芳草伴啼鶯。
閑庭雨歇夜初靜，片月還從海上生。

而徑山杲[178]禪師也為這則公案，寫了一首詩：

古廟裏頭回避得，紙錢堆裏暗嗟吁；
閑神野鬼都驚怕，只為渠儂識梵書。

當煩惱從四面八方逼來的時候，只要捉住中間的煩惱心，就能像遇雨有古廟可以躲雨一樣，安然渡過。而在消除煩惱的禪修當中，絕對的「一」固然要放下，對立的「二」當然也要泯除。這樣，才可以在落花芳草中，聆聽夜鶯的啼叫；才可以在夜雨初歇的時候，欣賞月亮從海上升起。

但是，千萬不要在古廟中躲過了像大雨一樣的煩惱，卻又像野鬼一樣，還在人們焚燒的紙錢堆裡嘆息。要知道，只要你懂得佛經（梵書）裡教人去除煩惱的方法之後，什麼閑神啦、野鬼啦，都會害怕你。

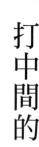

076 家有白澤圖

僧問：「一根毫毛，吞盡整個巨海，這當中有什麼可以說的嗎？」洛浦[179]禪師答：「家有白澤之圖，必無如是妖怪。」而保福別[180]禪師評論說：「家無白澤之圖，亦無如是妖怪。」

白澤，上古時期傳說中的神獸。能說人語，通達天下萬物之情理，可使人逢凶化吉。而白澤之圖，則是畫有白澤的圖畫，用來趨吉避凶。

的確，禪道平平常常，哪有什麼一口可以吞盡巨海的妖怪法門！不管家裡有沒有白澤圖，禪道都是平平常常的。

077 通身是飯，通身是水

雪峰義存[181]禪師說：「坐在飯籮邊，卻餓死了。坐在河水邊，卻渴死了。」元沙[182]禪師聽了便說：「坐在飯籮裡，卻餓死了。把頭伸進河水裡，卻渴死了。」而雲門[183]禪師則說：「通身是飯，通身是水。」

禪道無所不在，就在飯籮上，就在河水裡。我們時時看到飯籮，天天看到河水，卻不能體會禪道。

特別是雲門禪師，他說：「全身都是飯，全身都是水。」禪道就在我們自己的身心當中，但我們卻無法體會。

所以，妙喜[184]禪師看到這則公案之後，便評論說：「雲門這多嘴禪師，說的話真是讓人禁不住笑出聲來。他說：『通身是飯，通身是水。』那裡來的這靈感！」

078
滿樹松花食有餘

南平鍾王[185]很看重曹山本寂[186]禪師，因此派人去禮請曹山到府作客。曹山卻回了一首隱居詩給南平鍾王，作為婉拒：

摧殘枯木倚寒林，幾度逢春不變心；
樵客遇之猶不顧，郢人（善歌者）那得苦追尋？
一池荷葉衣無數，滿樹松花食有餘；
剛被世人知住處，又移茅舍入深居。

原來，這首詩不是曹山自己作的，而是大梅禪師所作。

大梅[187]禪師開悟後，就隱居起來。有一天，一個僧人因為迷路，走到大梅所隱居的寺庵。僧人問大梅：「和尚您住在這裡多久了？」大梅答：「只見四面八方的山，青了又黃，黃了又青。」僧人又問：「下山的路怎麼走？」大梅答：「順著河流往下走吧！」僧人回到住處之後，就向師父鹽官[188]禪師報告這件事情。於是鹽官就叫這個僧人，再去禮請大梅下山來鹽官的禪寺作客。結果，大梅寫了上面那首詩，作為辭謝。

079
靈羊掛角

雲居道膺[189]禪師示眾說：「如果遇到靈羊掛角時，非但看不見靈羊的蹤跡，甚至連一點氣息也沒有。」有個僧人便問：「靈羊掛角時，怎麼樣？」雲居答：「六六三十六。」說完又問僧人：「會嗎？」僧人答：「不會。」雲居說：「沒看到禪道是沒有蹤跡的嗎？」

這則公案，也被趙州[190]禪師和長慶禪師，拿來教導弟子：

有一天，一個僧人問趙州禪師：「靈羊掛角時，怎麼樣？」趙州說：「九九八十一。」僧人說：「怎麼那麼難懂？」趙州說：「有什麼難懂！」僧人說：「請師父指示。」趙州說：「新羅，新羅。」

僧人又跑去問長慶[191]禪師：「靈羊掛角時，怎麼樣？」長慶答：「草裏漢！」僧人又問：「掛角之後，怎麼樣？」長慶答：「胡亂叫。」僧人又問：「到底怎麼樣？」長慶說：「驢事還沒結束，馬事又來了。」

當獵人追捕靈羊時，聰明的靈羊會用頭上的角，掛在樹上。這時四腳離地，地上便沒有牠的足跡，可以逃避獵人的追捕。而在這裡，靈羊則比喻禪道。禪道像掛角的靈羊一樣，沒有蹤跡，無法用語言來描述。因此當有人問禪道時，雲居即以極為平常、毫不相干的算術六六相乘為三十六來回答。趙州也同樣回答：九乘九為八十一。還拿遠在韓國、毫不相干的國家新羅來回答。然而僧人並不懂，又去問長慶禪師。這回長慶責備僧人是「草裏漢」，說他胡亂發問（「胡亂叫」）。還責備僧人問了又問（「驢事未了，馬事又來」）。

世尊有密語，迦葉不覆藏

一個僧人問雲居道膺[192]禪師：「有人說：『世尊[193]有密語，迦葉[194]不覆藏。』什麼是世尊有密語？」雲居聽了，就叫僧人的名字，然後問：「懂了嗎？」僧人答：「不懂。」雲居說：「你如果不懂，那就是『世尊有密語』。你如果懂，那就是『迦葉不覆藏』。」

僧人所說的「世尊有密語，迦葉不覆藏」，是指一則禪門有名的公案——「拈花微笑」：

世尊在靈山上說法時，天神感動得從天上下凡，手拿金色蓮花獻給世尊。世尊拈著金色蓮花，弟子迦葉尊者看了，開口微笑。世尊便說：「我已經把不立文字、教外別傳的最高禪法——正法眼藏，傳給了迦葉。」

得到世尊親傳的迦葉，並不把禪法私藏起來，他又傳給了師弟阿難尊者[195]。如此傳到了第二十八代祖師菩提達摩[196]。達摩來中國，又把禪法傳了下去，成了今日的禪宗。所以說「迦葉不覆藏」。僧人說的，就是這則禪門歷史。

世尊所傳、迦葉不覆藏的禪法，其實就在萬物之中，就在我們的身心當中。雲居叫了一聲僧人的名字，就是要表明這點。但僧人不懂，就等於不懂世尊的禪法，因此雲居說：「如果不懂，就是世尊有密語。」如果僧人懂了，禪法就傳給了僧人，所以雲居說：「如果你懂，就是迦葉不覆藏。」

081

有句無句如藤倚樹

疎山匡仁[197]禪師聽說住在福州的大溈安[198]和尚，曾示眾說：「有句、無句，如藤倚樹。」疎山因此來到大溈安和尚的住處，正好碰上大溈安在刷牆壁，便問：「聽說和尚您曾說過：『有句、無句，如藤倚樹。』是真的嗎？」大溈安說：「是真的。」疎山又問：「忽然之間，樹倒藤枯時，要怎麼說？」大溈安放下泥盤，呵呵大笑，回方丈室。疎山卻追著大溈安說：「我走了三千里，把僧衣都賣了，特地為這件事情來。和尚您怎麼可以戲弄我呢？」大溈安叫侍者拿二百錢給疎山，並說：「不久有個獨眼龍，會為你點破。」

後來，疎山果然遇到少了一隻眼的明招謙[199]禪師，疎山就把遇到大溈安的事情，向獨眼明招報告。明招說：「溈山可以說頭正尾正，只是沒有遇到知音。」疎山還是不懂，還問：「忽遇樹倒藤枯時，怎麼說？」明招說：「溈山又要呵呵大笑了。」這回，疎山聽了大徹大悟，興奮地說：「溈山原來笑裡藏刀！」說完，向大溈安的住處禮拜悔過。

的確，有和無這種矛盾對立的關係，如果滅除了，就是解脫境界。然而，解脫境界超越世間，能夠用世間的語言來描述嗎？當然不能。

082

學道如鑽火

龍牙[200]禪師曾寫了一首詩：

學道如鑽火，逢煙未可休；
直待金星現，歸家始到頭。

而當神鼎諲[201]禪師讀到這首詩時，則批評說：「山僧我就不一樣了……」說著說著，也吟了一首詩：

學道如鑽火，逢煙便可休；
莫待金星現，燒額又燒頭。

翠巖真[202]禪師讀了這兩位禪師的詩之後，評論說：「如果說到頓悟，那麼龍牙還在半路上。如果說到慚悟，那神鼎還少了悟入。」說完，又吟了兩句詩：

今年多落葉，
幾處掃歸家？

的確，禪修像鑽木取火一樣，要辛勤地鑽，火花才會出現。但這不就像神秀[203]禪師所說的「時時勤拂拭，勿使惹塵埃」嗎？這種境界，還在悟道的半路上呢！然而，話說回來，也不能像神鼎禪師那樣，修到最後關頭，卻放下不修了，這如何能悟入呢！兩人都錯，因此翠巖禪師感嘆說：今年修禪的人，像落葉一樣，錯誤特別多，這樣要如何才能掃乾淨，好回家（悟道）呢！

083 如賊入空室

有僧人問龍牙[204]禪師：「古人到底體悟了什麼，便去休息了？」龍牙答：「就像小偷進到了一間空無一物的房間。」

又有僧人問龍牙：「什麼是祖師西來意？」龍牙答：「等石烏龜開口說話，再跟你說。」僧人說：「這是石烏龜呀！」龍牙說：「跟你說了什麼？」

的確，體悟了「一切皆空」的道理之後，就解脫了，就可以休息，不用再修道了。而禪道——（達摩[205]）祖師（從）西（域）來（中土的）意（旨），是無法用言語說明的，因此龍牙說：等石烏龜開口說話，再跟你說。

084 古鏡當臺

雪峰[206]禪師在禪堂上，對徒眾們說：「想要體會這件事情，那就像古鏡當臺，胡人來了，就現出胡人的影像；漢人來了，就現出漢人的影像。」玄沙師備[207]禪師從眾人中走出來，問：「忽然之間，遇到明鏡來了，會怎麼樣？」雪峰說：「胡人和漢人的影像，都沒有了。」玄沙說：「老和尚您的腳跟還沒有點地。」

解脫者，像明鏡一樣，超越美醜、好惡、胡漢等矛盾對立之分。祂以來者的本來面目對待他們，胡人就是胡人，漢人就是漢人，不去分辨胡漢的差別。

那麼，當解脫者遇上同樣也是解脫者呢？那時不僅僅是胡漢俱隱，而且是顯現出光明燦爛的面目呀！玄沙之所以批評雪峰的胡漢俱隱，正是這個道理呢！

085

圓相

鼓山[208]禪師來到玄沙師備[209]禪師這裡，玄沙畫了一個圓圈，顯示給鼓山看。鼓山說：「人人都無法在這圓圈之外。」玄沙：「早就知道你進到了驢胎馬腹，想在那裡面作活。」鼓山說：「那和尚您又怎麼說呢？」玄沙說：「人人都無法在這圓圈之外。」鼓山說：「為什麼和尚您可以這樣說，而我卻不可以？」玄沙說：「我就是可以這麼說，但你卻不可以。」

禪道或真如本心，包含宇宙中所有萬事萬物。萬事萬物都無法自外於它。這道理，只有真實體悟它的人，才可以這麼說。那些只以情識來了解的人，不能只靠一張嘴巴隨便說說。

086 三種病人

玄沙師備[210]在禪堂上，對眾弟子說：「各個前輩都說要接物利生，但是如果有下面的三種人來，要如何接引？盲人來了，你就豎起拂子，他又看不到，你要怎麼接引？聾子來了，你跟他說三昧（禪定），他又聽不到，你要怎麼接引？啞巴來了，你教他說，他又無法說，你要怎麼接引？這三種人來，你都無法接引，那麼佛法就不靈驗了。」

羅漢桂琛[211]禪師出來問：「桂琛我好好的，有眼睛、耳朵和嘴巴，和尚您要怎麼接引我？」玄沙說：「慚愧。」說完便回到方丈室去。

的確，人人本來是佛，就像盲聾瘖瘂者一樣，不必向外學習追求。哪怕你像羅漢桂琛那樣，有好眼、好耳、好口，一樣不需外求。

雪竇[212]禪師曾寫了一首詩，來讚嘆這則公案：

盲聾瘖瘂杳絕機宜，天上天下堪笑堪悲；
離婁不辨正色，師曠豈識玄絲！
怎如獨坐虛窗下，葉落花開自有時。

可笑呀！可悲呀！那些無法學習禪道的盲聾瘖瘂人。離婁[213]（黃帝時代的人）的眼睛，能看到百步之外的秋毫（細毛），竟然無法分辨顏色；春秋時代的知名音樂家師曠[214]，竟然不知道玄絲（樂曲）。即然如此，那就坐在窗前，欣賞落葉花開吧！

的確，人人本來是佛，何需外求呢！

087

惟人自肯乃方親

長慶慧稜[215]禪師在雪峰[216]禪師和玄沙[217]禪師座下，來來去去二十年，坐破七個蒲團，仍然沒有悟道。一日，正捲起窗簾時，忽然大悟，吟了一首詩：

也大差，也大差，捲起簾來見天下。
有人問我是何宗，拈起拂子劈口打。

慧稜說：過去走太遠了，走太遠了，而今捲起窗簾，終於體悟禪道了。但是，如果有人問我到底體悟到什麼宗旨，那我就拈起拂子打他。是呀，禪道怎麼可以用語言文字來描寫呢！

雪峰把這首詩唸給玄沙聽，並說：「慧稜開悟了。」玄沙卻說：「未必。可能只是情識作用，所寫出來的詩。要再堪察過，才能確定。」

到了晚上，雪峰上禪堂示眾，對慧稜說：「玄沙師父認為你還沒有真正開悟，你對著大眾，再說一次你的體悟。」於是慧稜又吟了一首詩：

萬象之中獨露身，惟人自肯乃方親；
昔時謬向途中覓，今日看來火裏氷。

雪峰聽了，對玄沙說：「這不是情識作用，所吟出來的詩了吧！」

原來，想要在萬象當中露身，那就必須自己肯定自己，體認自己本來是佛。千萬不要到處亂走，想在半途中尋覓到佛陀、禪道。如果半途尋道，那就像一塊爐火裡的冰，終究要被爐火熔化掉的。

088

三斤麻，一疋布

雲門文偃[218]禪師，在雪峰[219]禪師門下修禪。一日，一個僧人問雪峰：「什麼是『觸目不會道，運足焉知路』？」雪峰說：「老天爺呀，老天爺呀！」僧人不懂，於是問雲門：「雪峰師父說：『老天爺呀，老天爺！』是什麼意思？」雲門答：「三斤麻，一疋布。」僧人說：「我還是不懂。」雲門說：「那麼，再送你三尺竹。」

僧人問雪峰：「如果沒有體悟禪道，那就無法禪修」是什麼意思。雪峰卻不回答，還大喊老天爺，老天爺！而雲門雖然回答了，但卻說了不相干的三斤麻、一疋布，還有三尺竹。原來，禪道是無法用言語來描述的。

089

鼓聲齩破我七條

雲門[220]禪師聽到鼓聲，說：「鼓聲咬破我七條（袈裟）。」接著又對僧人說：「把貓抱過來。」不久，又問：「鼓用什麼做的？」眾弟子不知如何回答。於是雲門又說：「用皮做的。我平常說：一切聲是佛聲，一切色是佛色，整個山河大地是佛陀的法身。但不要企圖在知見上見佛。要知道，看見拄杖，還是要把它叫做拄杖。看見房屋，還是要把它叫做房屋。」

徑山杲[221]禪師為這則公案，寫了一首詩：

鐘聲披起鬱多羅，碧眼胡兒沒奈何；
一箭雙鵰隨手落，拈來元是棚中鵉。

的確，萬物都是佛陀的真身——法身，一切聲，包括鼓聲都是佛聲。這鼓聲，咬破了袈裟，豈止咬破袈裟，還咬破萬物，包括貓兒呢！同樣的，一切色是佛陀法身上的佛色，拄杖、房屋當然也是佛色。但不要因為這樣，就執著在理上、知見上，不把拄杖叫做拄杖，不把房屋叫做房屋。在理上、知見上，拄杖、房屋，甚至鼓皮都是佛聲、佛色；但在事上，拄杖還是拄扙，房屋還是房屋，貓兒還是貓兒，鼓還是用皮製作的。

徑山杲說：也是佛聲的鐘聲，披起鬱多羅（僧衣），也披起萬物。這事，連碧眼胡兒——達摩[222]祖師，也無可奈何。不要以為你是善射手，一箭射下天邊雙鵰，你射中的只是身邊柵欄裡、實實在在的鵉呀！在事上，鵉就是鵉，不要把牠看成鵰呀！

090 拄杖

雲門文偃[223]禪師，拿起拄杖，對徒眾們說：「這根拄杖，凡夫說它實有；聲聞、緣覺這二乘人，經過分析，然後稱它為無；圓覺的人，稱它幻有；而菩薩稱它當體就是空。而衲僧我呢？見到拄杖，就叫它拄杖。走路就是走路，坐著就是坐著，決不更動它們。」

的確，不同的人，總是以自己所知，來看待事物，說它實有，說它析空，說它幻有，說它當下就是空。這些都只是情識作用下的知見。如果脫離了情識、知見的左右，那時，拄杖就是拄杖，行、住、坐、臥就是行、住、坐、臥。決不更動它們，決不歪曲它們。決不在這些事物或行動上，加上自己的情識、知見。

091 體露金風

有僧問雲門文偃[224]禪師：「樹凋葉落時，怎麼樣？」雲門說：「體露金風。」

樹凋葉落，光禿禿的一棵樹，昂然佇立在金風（秋風）當中，這是何等灑脫的境界！這就是斷除一切煩惱（樹葉）後的解脫者的模樣。

然而，解脫者的模樣，是不能用言語來描述的。因此圓悟[225]禪師評論說：「你說說看，雲門禪師到底是回答了僧人的問題，或只是隨便應付一下？如果你說是回答僧人的問題，那就錯認定盤星（關鍵點）了；如果你說是隨便應付一下，那就沒交涉（沒把握住重點）了。既然這樣，雲門的話畢竟是什麼意思？如果你透徹了解，那麼衲僧我的鼻孔，就被你捏住了。相反地，如果你沒有透徹了解，那就依舊打入鬼窟裡去吧！」

092

北斗裏藏身

僧問雲門文偃[226]禪師：「什麼是脫超法身（佛身）的語句？」雲門答：「北斗裏藏身。」

脫超法身的語句，即大解脫者的語句。北斗，即北斗車，皇帝所乘坐的車子。藏在北斗車中，那不就是皇帝（法身）了嗎？大解脫者的法身，無形無相，無法用言語來描述，就像藏身在北斗車裡的皇帝，平常人是看不見的。

玉磵林[227]禪師寫了一首詩，來讚嘆這則公案：

北斗藏身為舉揚，法身從此露堂堂；
雲門賺殺他家子，直至如今漫度量。

玉磵說：為了「舉揚」（提出來說清楚）大解脫的法身到底是什麼？雲門回答：「北斗裏藏身」。當他回答了這個問題之後，大解脫者的法身，就堂堂正正地顯露出來了。雲門贏得了問問題的僧人，直到今天，都還讓人處處想起這則公案呀！

093

日日是好日

雲門文偃[228]禪師說：「十五日以前，就不問你了。十五日以後，說一句看看！」說完後，自己回答說：「日日是好日。」

農曆每月的十五日，是月圓日，比喻禪修功德圓滿，開悟解脫的日子。十五日以前，禪修尚未圓滿的日子；十五日以後，開悟解脫之後的日子。開悟解脫之後的日子，自然日日是好日。

094

山花開似錦，澗水碧如藍

僧人問大龍智洪[229]禪師：「我們的色身會敗壞，那麼，什麼是堅固法身？」大龍答：「山花開似錦，澗水碧如藍。」

雪竇顯禪師讀到這則公案，寫了一首詩：

問曾不知，答還不會，
月冷風高，古巖寒檜。
堪笑路逢達道人，不將語默對。
手把珊瑚鞭，驪珠盡擊碎。
不擊碎，增瑕纇。
國有憲章，三千條罪。

啊！佛陀的堅固法身就是開似錦的山花，就是碧藍的澗水呀！宇宙中的萬事萬物，都是佛陀的法身呀！

但法身無法用言語來描寫，雪竇的詩頌，想表達的就是這個意思。問說：「什麼是堅固法身？」跟答說：「山花開似錦，澗水碧如藍。」都應該是「不知」、「不會」的，都應該像古巖上的寒檜和冷風、冷月一樣，不能用言語來描述。即使在半路上碰到了通達禪道的人，也無法從他口中得知什麼是佛陀的堅固法身呀！堅固法身就像飛龍頷下的驪珠一樣，極為珍貴。但即使它很珍貴，也要用珊瑚鞭把它擊碎。法身不能成為禪修者執著的東西，如果不擊碎它，它就成為汙點。別小看這小汙點，它就像犯了國家的三千條律條一樣，有罪呀！

095 麻三斤

僧人問洞山守初[230]禪師：「什麼是佛？」守初答：「麻三斤。」

這是一則受到後代禪師熱烈討論的公案，例如：有僧人問智門禪師：「洞山說『麻三斤』，是什麼意思？」智門答：「花簇簇，錦簇簇。」僧人聽了，沒答話。因此洞山就問：「懂了嗎？」憎人說：「不懂。」智門說：「南地竹兮，北地木。」僧人把智門所說，拿來向師父報告，問他智門的話是什麼意思？師父說：「我不說給你聽，我說給大眾聽。」說完，師父就召集眾僧到禪堂來，然後對著眾僧說：「言無展事，語不投機。承旨者喪，滯句者迷。」

說他麻三斤，說他花簇簇、錦簇簇，乃至南地竹、北地木，都是在說佛陀的法身。佛陀的法身無所不在，當然在三斤麻乃至北地木之上。僧人不能領悟，師父則更進一步點化他（和眾僧），他說：我們所說的話，如果對做事沒有作用，那這話就不投機了。執著在已經承受宗旨的人，往往喪失了宗旨。至於執著在像「麻三斤」這類語句的人，則永遠在迷途當中，不得解脫。

096

一粒粟中藏世界

唐末，呂洞賓[231]三次參加科舉考試，三次落第。於是來到一家酒樓喝酒，遇到了道士鍾離權[232]，教給他延命長壽的法術。一日呂洞賓遊廬山，到歸宗[233]禪師這裡參訪，還在鐘樓牆壁上題一首詩：

一日清閒自在仙，六神和合報平安；
丹田有寶休尋道，對境無心莫問禪。

這首詩，除了充滿了自信之外，還對禪修充滿了漠視，以為自己已經到達「無心」的境界，不必再修禪。

不久，呂真人經過黃龍山（在江蘇宜興），見山上紫雲成蓋，懷疑有異人住在山中。於是走入山中一座禪寺，正值黃龍[234]禪師在禪堂上，為眾僧說法。黃龍見有人來，從來人的穿著、相貌判斷，必是呂真人，於是大聲喝斥：「有人在偷聽禪法！」呂真人於是毅然站了出來，問黃龍：「『一粒粟中藏世界，半升鐺內煮山川。』請說說看，這兩句話的意旨如何？」黃龍聽了責罵說：「你這守屍鬼！」呂真人說：「怎奈何我的囊中，有長生不死藥！」黃龍說：「就算給你活了八萬劫，你還是要落空死亡。」呂真人聽了，有點訝異，拿起劍來，刺向黃龍，卻半點傷不了黃龍。呂真人這時才警覺黃龍不是普通禪師，於是再拜求請指示。黃龍於是問：「『半升鐺內煮山川』就不問了，什麼是『一粒粟中藏世界』？」呂真人聽了大悟，於是吟了一首詩：

棄卻瓢囊摵碎琴，如今不戀汞中金；
自從一見黃龍後，始覺從前錯用心。

097

一九二九我要喫酒

遇賢[235]禪師在龍華[236]禪師那裡學禪開悟，回來居住在明覺院，嗜酒如命，不惜犯戒飲酒，人們稱他「酒仙」。酒後作了許多詩頌，例如：

兩個之中一個大，曾把虛空一戳破。
識我不識我，兩個拳頭那個大？
綠水紅桃花，前街巷，走百餘遭。張三也識我，李四也識我。

……

醉臥綠楊陰下，起來強說真如；泥人再三叮囑，莫教失卻衣珠。
一六二六，其事已足。一九二九，我要喫酒。
長伸兩腳眼一寤，起來天地還依舊。
門前綠樹無啼鳥，庭下蒼苔有落花。
聊與東風論個事，十分春色屬誰家？
秋至山寒水冷，春來柳綠花紅。
一點動，隨萬變，江村煙雨濛濛。
有不有，空不空。笊籬撈取西北風。
生在閻浮世界，人情幾多愛惡。祇要喫些酒子，所以倒街臥路。
死後卻產娑婆，不願超生淨土。何以故？西方淨土，且無酒酤。

「衣珠」為衣服裡藏著的珍珠，《法華經》比喻人人都有一顆珍珠般珍貴的真如本心，只是被煩惱（衣服）覆蓋。只要好好禪修，就能讓衣珠顯露，解脫成佛。「閻浮」即閻浮提，指我們居住的世界。全詩語意清晰，不必多費筆墨解釋了。

098

識得凳子，周帀有餘

一日，法眼文益[237]禪師指著一張凳子說：「如果你識得凳子，那就周帀（周全細密）有餘了。」

這則公案，後代禪師有許多討論；例如雲門[238]禪師即說：「識得凳子，天地懸殊。」天衣[239]禪師說：「識得凳子，梌楠木做。」妙喜[240]禪師說：「識得凳子，好剃頭洗腳。雖然如是，大有人錯會在。」

凳子就是禪道，識得禪道，那就萬事成就了。所以雲門讚嘆說，那就「天地懸殊」了，真是奇妙呀！而妙喜則說：識得凳子，就像吃了良藥一樣，煩惱病除。就像俗話說的：「剃頭洗腳，強如吃藥。」

而禪道，無所不在，在白楊木做的凳子上，當然也在梌楠木做的凳子上。

099 汝是慧超

慧超[241]問法眼文益[242]禪師：「什麼是佛？」法眼答：「你就是慧超。」

這則公案，後代禪師有許多討論。圜悟[243]禪師即評論說：「有人說，慧超便是佛，所以法眼那麼回答。有人說，慧超就像騎在牛背上找牛一樣（不知自己本來是佛）。有人則說：問題的本身便是佛（佛無所不在，也在問句上呀）。如果像這些人這樣了解，不但辜負了自己，也深深委曲了古人（指法眼禪師）。」的確，佛是無形無相，不可用言語來描述的。任何的描述都是錯的。

而雪竇[244]禪師則寫了一首詩，來讚頌這則公案：

江國春風吹不起，鷓鴣啼在深花裏；
三級浪高魚化龍，癡人猶戽夜塘水。

永恆不變的佛陀，即使是江南（江國）的春風，也吹不動祂。祂像躲在深花叢中啼叫的鷓鴣一樣，一般人是無法看見的。但是，只要你體悟你就是祂，你就像鯉魚跳過龍門一樣，變成了一條龍了！反之，如果你是癡迷之人，那你就像只會在黑夜裡戽汲水塘裡的水一樣，永遠戽汲不乾，見不到佛呀！

100 鳥銜花落碧巖前

一個僧人問住在夾山（在湖南省石門縣）的夾山善會[245]禪師：「什麼是夾山的境界？」夾山禪師以夾山的景緻，來回答僧人的問題：「猿抱子歸青嶂裏，鳥啣花落碧巖前。」

一個僧人把這則公案，拿去問住在蘇州翠峰禪寺的雪竇重顯[246]禪師：「『猿抱子歸青嶂裏，鳥啣花落碧巖前。』古人到底是什麼意旨？」雪竇說：「夾山還在呀（你去問他吧）！」僧人說：「我問的是和尚您，您以為如何？」雪竇說：「依稀似曲纔堪聽，又被風吹別調中。」僧人聽了又問：「那麼，什麼是翠峯的境界？」雪竇說：「春至桃花亦滿溪。」

僧人甲問夾山什麼是禪道？夾山以他所住的夾山景緻，來回答僧人的問題；因為禪道就在抱著幼猴回到青嶂裡的母猴身上；就在口啣花朵，落在碧巖前的鳥兒身子。而僧人乙則把夾山的話拿去問雪竇，雪竇則說：禪道像是一首曲子。你所問的問題——禪道，必須像是一首曲子，才會好聽。這首曲子（禪道），不要又被風（心中雜念）吹成另一首不是禪道的曲子呀！顯然，僧人乙聽了雪竇的回答，還是不懂，於是又問「什麼翠峯境」？問的還是「什麼是禪道？」而雪竇則學夾山，把翠峯禪寺周邊的風景說了一遍：「春至桃花亦滿溪。」

看哪！那禪道，就在春天滿溪的桃花上呀！

101 天不蓋，地不載

德韶[247]禪師問龍牙[248]禪師：「天不蓋，地不載。這個道理怎麼樣？」龍牙答：「本來就應該這樣。」德韶茫然不懂，一直要求龍牙回答。龍牙說：「你自己體會吧！」

有一天，德韶正在洗澡，突然對龍牙的回答有所省悟。於是穿上整齊的衣服，面向龍牙所在的方向禮拜，並說：「當時如果您跟我說破，今天我就會罵您了。」

青天不蓋在我們頭上，大地不裝載萬物。這是何等奇妙的事情！只有大解脫者才能達到這種境界。然而，大解脫者是無法用言語來描述的，龍牙不肯說破，就是這個道理。

曹溪一滴水

僧問法眼文益[249]禪師：「什麼是曹溪一滴水？」法眼答：「就是曹溪一滴水。」在一旁的德韶[250]禪師聽了，大徹大悟，平生的疑滯，全都冰釋，淚水把僧衣染濕了。法眼對德韶說：「以後你將會大大弘揚我禪宗，走吧，不必留在這裡了。」後來，德韶果然受吳越王錢元瓘[251]敬重，尊為國師，人稱德韶國師。

曹溪原為溪名，後因禪宗六祖大師惠能曾住在這裡，因此曹溪一詞成為惠能的名號。僧人問的是禪道，禪道無法用言語描述，必須親悟親證，所以法眼重複了僧人的問題。

103 丙丁童子來求火

玄則[252]禪師問青峰[253]禪師：「什麼是我自己？」青峰答：「丙丁童子來求火。」

不久，玄則又到法眼文益[254]禪師那兒，法眼問：「從什麼地方來？」玄則答：「從青峰禪師那裡來。」法眼問：「青峰禪師對你說些什麼？」於是，玄則把他和青峰的對話說了一遍。法眼問：「你是怎麼了解的？」玄則說：「（在金、木、水、火、土這五行當中，）丙丁就是火。丙丁童子來求火，就是自己是火，卻去求火。（就像自己是佛，卻去求佛一樣。）」法眼說：「你這樣了解，怎麼可以！」玄則說：「那麼和尚您如何了解？」法眼說：「你提出問題，我來答。」玄則於是把問青峰的問題，又拿來問法眼：「什麼是我自己？」法眼答：「丙丁童子來求火。」玄則聽了大悟。

法眼禪法的特色是：注重時節因緣。他曾對徒眾們說：「所以告汝輩，但隨時及節便得。若也移時失候，即虛度光陰。」又說：「但隨時及節便得。……欲識佛性義，當觀時節因緣。」同樣的問題，同樣的答案，時節不對，因緣不對，就無法讓人開悟解脫。青峰對玄則的回答，並沒有錯，但時節因緣不對，玄則就無法解脫。而法眼所答，和青峰所答一樣，卻抓準了時節因緣，在玄則思之又思，想之又想之後，與他這麼一答，他就開悟了。

104

雲過千山碧

石霜慈明[255]禪師問一個新來的僧人：「從哪裡來？」僧答：「雲過千山碧。」石霜說：「你幹嘛忙著回答？」僧人說：「雁過水聲淒。」石霜聽了便大喝一聲，僧人也大喝一聲。石霜便打僧人，僧人也打石霜。石霜說：「看你這個瞎眼的漢子，原本要把你打出山門的，念你是新來的，就且坐下喫茶吧！」

從哪裡來？從解脫境界來。解脫境界的風光如何？那裡雲過千山碧，雁過水聲淒呢！

105 黃鶴樓前鸚鵡洲

雲居曉舜[256]禪師從他所住的山上禪寺下來，遇到一位姓劉的居士，居士說：「老漢有個問題，想請教你。如果你答案和我的想法相契合，那就請你開導我。但如果和我的想法不相契合，那就請你回到山裡去。」居士說完，於是問：「古鏡未磨時，怎麼樣？」雲居答：「黑得像黑漆一樣。」居士又問：「磨後又怎麼樣？」雲居答：「照天照地。」居士聽了，向雲居鞠了一躬，說：「請你回山。」

雲居感到慚愧地回到山上，師父洞山[257]禪師問他發生什麼事了？雲居把遇到劉居士的經過，一五一十地向洞山報告。洞山說：「你來問，我來答。」於是雲居問：「古鏡未磨時怎麼樣？」洞山答：「這裡離漢陽不遠。」雲居又問：「磨後怎麼樣？」洞山答：「黃鶴樓前鸚鵡洲。」雲居聽了大悟。

禪修的心，就像古鏡一樣，未磨時黑漆漆的，被煩惱所覆蓋。等到禪修完成了，就像磨後的古鏡一樣，照天照地，光明剔透。這樣的道理，並沒有錯，因此雲居並沒有說錯。錯就錯在他用言語把悟境描述出來。悟境是無法用言語來表達的。

至於洞山的「離漢陽不遠」，不過是指「古鏡未磨前，怎麼樣？」這個問題的本身，離悟境很近。而「黃鶴樓前鸚鵡洲」，不過是指磨後的古鏡——悟境，就像黃鶴樓前的鸚鵡洲一樣，近在眼前呀！

其中值得注意的是漢陽就是武漢。黃鶴樓和鸚鵡洲都在武漢。而「黃鶴樓前鸚鵡洲」則是唐代詩人崔顥所作一首詩中的一句。

106 無事禪

雲居曉舜[258]禪師，自從在洞山曉聰[259]禪師那兒，悟得「古鏡未磨」的公案之後，就宣揚「無事禪」。而當有人批評他的「無事禪」時，他就寫了一首詩，來表達心意：

雲居不會禪，洗脚上床眠；
冬瓜直儱侗，瓠子曲彎彎。

而石霜永[260]和尚，也寫了一首詩，來唱和他：

石霜不會禪，洗脚上床眠；
枕子撲落地，打破常住磚。

常住即禪寺裡的僧人。兩禪師的詩頌，都把「平常心是道」乃至「觸類是道」的禪法，發揮得淋灕盡致。

107 昨夜雨霶烹

有一天，承皓[261]禪師為張無盡[262]居士，頌了兩首詩偈。一首是傳大士所作：

空手把鋤頭，步行騎水牛；
人從橋上過，橋流水不流。

另一首則是洞山[263]禪師所作：

五台山頂雲蒸飯，佛殿階前狗尿天；
剎竿頭上煎鎚子，三個猢猻夜簸錢。

簸錢即賭博。唸完這兩詩，承皓評論說：「這兩首詩，只頌得法身旁邊的事情，無法頌得法身向上事。」

張無盡於是說：「那麼，也請和尚您作一首詩看看！」

於是，承皓禪師吟了起來：

昨夜雨霶烹，打倒葡萄棚。
知事普請，行者人力。
拄底拄，撐底撐。
撐撐拄拄到天明，依舊可憐生。

霶烹，下大雨。知事，寺中執事僧。普請，寺眾一起工作。的確，法身向上事——解脫境界，哪會像傅大士和洞山的詩偈那樣，令人驚訝、古里古怪的，它應該是像白忙一夜，拄撐葡萄棚那樣，平平常常的事物呀！

108 鼻孔原來總一般

法昌倚遇[264]禪師正在栽種松樹時，黃龍慧南[265]禪師來訪。慧南禪師問：「院子小小的，幹嘛種這麼多松樹？」法昌答：「臨濟禪師叫我種的。」慧南禪師又問：「種了多少？」法昌答：「只見猿猴在松樹上啼叫，鶴鳥在松樹上停宿。松樹長得高入雲霄呢！」慧南指著一塊石頭問：「這裡為什麼不種？」法昌說：「不想浪費力氣。」慧南說：「原來你也知道（在這塊石頭上）沒有下手（種松樹）的地方。」法昌指著一棵長在石頭縫中的松樹說：「那麼，這棵松樹是從哪裡來的？」慧南大笑說：「天呀！天呀！」然後吟了一首詩：

頭載華巾離少室，手攜雪絹出長安；
鷲峰峰下重相見，鼻孔原來總一般。

原來，即使是冥頑不靈的人，只要認真禪修，還是可以頓悟禪道。就像石頭縫裡長出松樹一樣。一個成功的禪修者，離開了達摩[266]祖師修行的少室山（少林寺所在地），離開了令人感到安逸的長安城——解脫境界，他不必再禪修了，他來到佛陀講經說法的靈鷲山下，再度見到了佛陀，他發現，原來禪道（鼻孔）只是平平常常的一般般。

109 大千都是一繩牀

宋朝詩人蘇東坡[267]和了元佛印[268]禪師相交甚篤。一日，當佛印住在金山寺（在江蘇鎮江）時，蘇東坡寫了一封信，表明過幾日要來拜訪佛印。信中還寫著：不必出山門相迎，應當像趙州[269]禪師那樣，不迎賓接客。

原來有一天，趙王[270]帶著兒子們來拜訪趙州，趙州不但不出山門迎接，還坐在禪牀上問趙王：「大王懂了嗎？」王答：「不懂。」趙州說：「自小持齋身已老，見人無力下禪床。」蘇東坡的信裡，就是引這則故事，來激將佛印。

到了蘇東坡來訪的那天，佛印親自出山門迎接。蘇東坡說：「不是叫你學趙州禪師，不要出山門迎接我嗎？」佛印吟了一首詩偈，當作回答：

> 趙州當日少謙光，不出三門見趙王；
> 爭似金山無量相，大千都是一繩牀。

謙光，謙虛。三門，又作山門，佛寺的大門。的確，法身充遍整個宇宙，三千大千世界都是法身，都是禪坐的繩牀呀！我佛印和趙州禪師一樣，一直坐在繩牀上，並沒有下繩牀迎接你蘇東坡呀！

110

鈍根仍落箭鋒機

一日，蘇東坡[271]來拜訪了元佛印[272]禪師。佛印說：「我這裡沒有多餘的座位讓你坐。」蘇東坡說：「那就暫借禪師的四大（地、水、火、風，即身體）坐吧！」佛印說：「山僧我有一個問題，如果你答對了，我的四大就借你坐。如果你沒有答對，就請將你腰間的玉帶送給我吧！」

蘇東坡點頭答應，於是佛印問：「佛說：四大本空。居士向什麼地方坐？」蘇東坡聽了，知道自己輸了，於是解下腰間的玉帶，送給佛印。佛印也回贈了一件舊衲衣（僧衣）。蘇東坡接過舊衲衣，吟了一首詩：

> 病骨難將玉帶圍，純根仍落箭鋒機；
> 欲教乞食歌姬院，且與雲山舊衲衣。

雲山，出家人的住處。蘇東坡說：我很瘦（比喻修行不好），以致玉帶沒辦法圍住腰。我是根機很鈍的人，以致落入像箭一樣鋒利的禪機當中，受到重傷。原本想到歌姬院去討得一頓美食的，卻得到出家人的一件舊衲衣。

111 無雲生嶺上，有月落波心

慈明[273]禪師問翠巖可真[274]禪師：「什麼是佛法的宏大意旨？」可真答：「無雲生嶺上，有月落波心。」慈明責備說：「你的年紀已經到了頭白齒豁的時候，還作這般見解，怎麼脫離生死！」可真悚然，請慈明指示。慈明說：「你問我問題，我答覆你。」於是可真問：「什麼是佛法的宏大意旨？」慈明大呵一聲，說：「無雲生嶺上，有月落波心。」可真聽了大徹大悟。

的確，「佛法大意」就在無雲的山嶺上，就在映著月亮的水波中。這道理必須親證親悟。如果只是意識上的分析了解，那就無法解脫。

112

男大須婚，女大須嫁

北宋官拜侍郎的楊傑[275]居士，晚年禮天衣[276]禪師為師。天衣命他參究唐朝龐蘊[277]居士的詩偈。原來，龐蘊作有一偈：

有男不婚，有女不嫁；
大家團欒頭，並說無生話。

團欒頭，聚在一起。無生，不生不滅的道理。

一日，雞剛剛啼叫，楊傑來到屋外，看見紅紅的太陽從東方升起，頓然大徹大悟。於是針對龐蘊的那首詩偈，吟了一首詩偈：

男大須婚，女大須嫁；
討甚閑工夫，更說無生話！

的確，禪道平平常常，離不開男婚女嫁的人情世故。不必刻意去談論它、詩論它。

楊柳岸，曉風殘月

法明[278]上座開悟後，回到家鄉，很是落魄。他住在一座禪寺裡，平時喜歡喝酒，醉了就唱起宋朝詩人柳永[279]所作的詞。人們稱他為醉和尚。

一日，告訴寺眾：「明天我就要離開這裡，你們不要到別的地方去喔。」寺眾都竊竊發笑。

到了第二天清晨，穿好僧衣就座，並且大叫：「我走了。聽我唱一首偈。」說完，就唱起詩偈：

平生醉裡顛蹶，醉裡卻有分別；
今宵酒醒何處？楊柳岸，曉風殘月。

唱完詩偈，寂然而逝。

法明的詩偈說：我愛喝酒，喝完酒，連走路都不平穩。雖然醉了，卻還能夠分辨道理。今宵酒醒了，發現解脫境是如此美麗！楊柳依依，拂曉的微風吹著，一輪殘月就高掛在半空中呀！

多福一叢竹

祖心晦堂[280]禪師原本在雲峰文悅[281]禪師那裡學禪，三年沒有結果，於是辭別雲峰，又到黃檗南[282]禪師那裡學禪，學了四年，還是沒有開悟。於是又回到雲峰那裡，發現雲峰已經逝世。但他卻住了下來。一日讀《傳燈錄》，讀到一則有關多福禪師的公案：

僧問多福：「什麼是多福一叢竹？」多福答：「一莖兩莖斜。」僧說：「我不懂。」多福又說：「三莖四莖曲。」

晦堂讀到這裡，大徹大悟了。他回到黃檗那裡，才剛剛展開座具，想坐下來，黃檗就說：「你已經是我的入室弟子了！」晦堂說：「和尚您怎麼可以叫我拼命禪修，叫我百計搜尋，不得悟入。」黃檗說：「如果不叫你這樣搜尋，自已悟道解脫，那就埋沒你了。」

的確，禪道就在斜斜曲曲的竹叢當中。但這要自己去親自體認呀！

115

情與無情共一體

祖心晦堂[283]禪師和夏倚[284]公正在談論禪法，他們談到了南北朝僧肇[285]所著《肇論》中的兩則道理：一者是：「萬物都是自己心中之物。」另一則是：「有情和無情都是一體。」

這時，有一條狗躺在香案下，晦堂用壓尺打狗，又打香案，然後說：「狗是有情，牠走了。香案是無情，他立在那裡不動。有情和無情怎麼可以說是一體的呢？」夏倚公不知如何回答，於是晦堂又說：「想用思慮去分析問題，那就多餘了。何曾體悟萬物都是自己心中之物呢！」

沒錯，萬物都是我們的真如本心所生，因此不管像狗一樣的有情，或是像香案一樣的無情，都是一體的。然而，這個道理必須親證親悟，不能用思慮去分析了解。

116 隨緣事事了

寶峰克文[286]禪師，問一個僧人：「了嗎？」僧人答：「不了。」克又問：「你吃粥了嗎？」僧人答：「吃了。」克文說：「又說還沒有了！」又問：「在你面前的，是什麼？」僧人答：「屏風。」克文說：「又說還沒有了！」僧人說：「我不懂。」克文說：「你就聽一首偈頌吧！」說完，克文吟了起來：

隨緣事事了，日用何欠少；
一切但尋常，自然不顛倒。

了，結束、完成了，也可以是明白了。想要完成禪道的徹底明白，那就在吃粥乃至眼前的屏風上明白吧！像這樣，在尋常的事物當中，隨緣事事明了，那就開悟解脫了。

117
見聞俱泯

住在洞山（在江西南昌）的寶峰克文[287]禪師，在禪堂上對徒眾們說：「在洞山的門下，沒有佛法可以教人。在這裡，只有一把劍，只要有人來求法，那就把他斬斷，讓他性命不保。讓他見聞俱泯，這時，向父母未生前，和他相見。只要看見他近前來，就斬斷他。」克文說著說著，又接著說：「難道還有無罪的人嗎？如果有，也要打他三十拄杖！」

的確，禪道就是要在見聞俱泯，一切心思都不起作用時，才能顯現。克文禪師所教的禪法，就是要人斬斷心思，體悟「父母未生前」（沒有心思的原始狀態）的解脫境界。

118

喜得狼烟息，弓弰壁上懸

僧人向泐潭洪英288禪師禮拜，然後站起來，垂下袈裟的一角，說：「脫掉衣服，卸下鎧甲時，怎麼樣？」洪英答：「很高興，狼烟（戰火）終於息了，弓箭終於可以懸掛在弰壁上了。」（弰壁，掛放弓箭的牆壁。）僧人又攬起袈裟說：「重新整理衣服和鎧甲時，怎麼樣？」洪英答：「不到烏江畔，知道你還不肯休息。」僧人聽了，便大聲喝斥。洪英說：「嚇死我了！」僧人拍一拍，洪英說：「也是死中得活。」僧人向洪英禮拜，洪英說：「我還以為你是個收燕破趙（打敗燕國和趙國）的人才，沒想到原來只是個販賣私鹽的傢伙！」

放下煩惱，解脫了，就像戰火熄了、弓箭可以收藏起來一樣。但如果還放不下煩惱，解脫不了，那就必須繼續禪修，就像不到烏江（在安徽省）畔，還不肯休息一樣。而那僧人，裝模作樣，又喝又拍的，像是個能夠攻破敵國（煩惱）的大將軍（大解脫者）似的，但其實只是個凡夫俗子（賣鹽漢）罷了！

119 不畏權威

溈潭洪英[289]禪師在禪堂上，對徒弟們說：「釋迦老子當時，一手指天，一手指地，說：『天上天下，惟我獨尊。』釋迦老子，旁若無人。當時如果碰到一個明眼的和尚，就叫他上天無路，入地無門！」說著說著，又補上一句：「雖然這樣，也必須是銅沙鍋裡，滿滿盛著油，才可以。」

傳說釋迦牟尼[290]出生時，就會走路。祂走了七步路，步步生蓮。然後一手指天，一手指地，說：「天上天下，唯我獨尊。」真是目中無人！所以洪英要打殺祂。然而，殺佛殺祖，也要有點本領（明眼和尚）；就像鍋裡必須盛著滿滿的油一樣，身上有點本領才能殺佛殺祖。

禪師們不畏懼任何權威，佛陀、佛經、祖師等等權威都不畏懼。殺佛、殺祖在禪門是常有的事。這是極為可貴的傳統。

120

夏日人人把扇搖

景福順[291]禪師，曾寫了一首詩：

夏日人人把扇搖，冬來以炭滿鑪燒；
若能於此全知曉，曠劫無明當下消。

夏天拿搖扇子消暑，冬天燒鑪火取煖。這當中就有禪道，就可消除曠劫無明。這真是「觸類是道」、「平常心是道」呀！

121 我有明珠一顆

白雲守端[292]禪師，拜茶陵郁[293]禪師為師。一日來到楊岐[294]禪師這裡，楊岐問：「聽說茶陵郁禪師，有一天過橋，不小心跌倒，因此大徹大悟。悟後寫了一首奇妙的詩，你記得嗎？」守端答：「記得。」楊岐說：「唸出來看看。」於是守端把這首詩唸了出來：

我有明珠一顆，久被塵勞關鎖；
今朝塵盡光生，照破山河萬朵。

楊岐聽了邊笑邊站起來。守端感到驚愕，整夜無法入眠。第二天大早，就跑去問楊岐為何而笑？那時正好是歲末，於是楊岐反問：「你看見昨天那個在祭典上驅鬼的人嗎？」守端答：「看見。」楊岐說：「你比不上他。」守端又感到驚愕，問：「為什麼？」楊岐答：「因為他喜歡（圍觀的）人家笑，你卻怕人家（我）笑。」守端聽了大徹大悟。

的確，人人身中都有一顆被煩惱（塵勞）覆蓋的明珠——真如本心。只要透過禪修，就能讓它顯現出來。楊岐問守端這顆明珠的模樣，守端原該一語不發，或是拳打楊岐一下，或是喝斥楊岐一聲，以表示真如本心的不可說、不可說。但守端卻把師父描寫真如本心的詩作，唸了出來，難怪楊岐要笑他了。

122 寶塔無縫

有僧人問善本大通[295]禪師：「寶塔沒有縫隙，它怎麼樣指示人？」善本答：「烟霞生背面，星月遶簷楹（屋簷下的柱子）。」僧又問：「寶塔中的人怎麼樣？」善本答：「竟日（整天）不干清世事，長年占斷白雲鄉。」僧繼續問：「還有向上更高的事嗎？」善本答：「你太不滿足了！」

像無縫寶塔一樣，已經寂滅的解脫者，要怎麼樣去渡化人呢？看哪！烟霞就從背後生起；星星和月亮，正遶著屋簷下的柱子轉呢！解脫者如是寂滅，如是渡人。祂不刻意去渡人，卻渡人無數呀！

至於無縫寶塔中的那個人——真如本心，則是終日和世事不相干，它長年在和世事不相干的白雲故鄉中呢！

123 祇是柯村趙四郎

清獻公趙抃[296]，字悅道。四十多歲時，不近聲色，勤奮修道，拜佛慧[297]禪師為師。但佛慧對他卻無任何指示。後來到青州（在山東省濰坊市）任職，公事忙完後，就禪坐。一日，在公堂上禪坐，被雷聲驚嚇到，卻大徹大悟，寫下一首詩：

默坐公堂虛隱几，心源不動湛如水；
一聲霹靂頂門開，喚起從前自家底。

佛慧聽到這事，讚美說：「趙悅路上遇到好運氣了！」

清獻公在自己的房間，題了一首詩：

腰佩黃金已退藏，個中消息也尋常；
世人欲識高齋老，祇是柯村趙四郎。

124 喫粥喫飯吃處見

死心悟新[298]禪師拜見法昌遇[299]禪師，法昌問：「從哪裡來？」悟新說：「從黃龍晦堂[300]禪師那裡來。」法昌又問：「遇見黃龍了嗎？」悟新答：「遇見了。」法昌又問：「在什麼地方遇見？」悟新答：「在喫粥喫飯的地方遇見。」法昌聽了，把火筷子插在火爐中，然後說：「我這樣做，又怎麼樣？」悟新把火筷子拔了起來，便走開。

喫粥喫飯是禪道，難道拔起火筷子就不是禪道嗎？

125 末後句

有一次，死心悟新[301]禪師在生病了。他豎起手中的拂子，對眾弟子們說：說：「你們看看！拂子生病了，死心也生病了。拂子安康了，死心也安康了。拂子穿過了死心，死心穿過了拂子。就在這個時候，把他叫做拂子，他卻是死心；把他叫做死心，他卻是拂子。到底要把他叫做什麼呢？」停了一下子，又說：「不要用是是非非來分辨我，在幻化的生命中，任何穿鑿分辨都不相關。有哪一個，想要乞求末後句的呢？」說完，吟了一首詩：

末後一句子，直須心路絕；
六根門既空，萬法無生滅。
於此徹其源，不須求解脫；
平生愛罵人，只為長快活。

六根即六種認識器官，即：眼、耳、鼻、舌、身、意。末後句，最後的句子，也就是證得禪道、解脫成佛的句子。什麼是末後句呢？那也許是拂子和死心相應一體，萬物都在己心、己心就是萬物的句子吧！而這末後句，必須「心路絕」才能體悟，它不是用穿鑿、分辨，或是任何心思，所能證悟的。

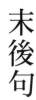

126 吾心似燈籠

唐朝詩僧寒山[302]，曾寫過一首詩：

吾心似秋月，碧潭清皎潔；
無物堪比倫，教我如何說？

一日，保福本權[303]禪師在禪堂上，吟了這首詩，然後對弟子們說：「老僧和寒山不同……」說著說著，吟了起來：

吾心似燈籠，點火內外紅；
有物堪比倫，來朝日出東。

後來這詩，在禪門流傳，聽到、讀到的人，都笑了。死心悟新[304]禪師也聽到了，他評論說：「本權師兄的詩，能夠寫成這樣，真是不辜負先師的付囑呀！」

佛陀說法依據二諦（兩種真理）：真諦（宇宙的真實道理）、世俗諦（一般世俗人所說的道理）。寒山從真諦的觀點來說真如本心：真如本心不可說、不可說。而本權禪師則從俗諦的立場來說真如本心：真如本心像燈籠中的火一樣的紅，像早上剛升起的太陽一樣明亮。

127 父母未生以前

吳恂[305]居士參拜晦堂[306]禪師，晦堂說：「你一生中多聞多學，我就不問你這些知識了。我要問你的是：父母未生以前，你說一句看看！」居士想回答，晦堂以拂子打他，居士開悟了！連寫三首詩，來表達自己開悟的心情。寫好了詩，卻說：「咄！我這個只知道知識的俗漢！我皺盡了古今公案，忽然在零亂不堪的地方，撿到了一顆蜣螂的糞便。明明知道不值錢，卻是萬量黃金也不肯賣掉。現在隨便拿出來讓人看看，只因為走盤難看。」（走盤：賭博時，投注不輸不贏。）

父母未生以前，即開天劈地以前——解脫者的絕對境界。這境界不可用言語描述，必須以禪修者的「平常心」（實是不值錢，像蜣螂糞便一樣），才能求得。這正是所謂的「平常心（就）是（禪）道」。

128 從悅三語

一日，兜率從悅[307]禪師在他的方丈室中，對徒眾們說：「我有三句話，要對你們說。第一句：『撥草瞻風（努力禪修），只盼望見到真如本性。那麼，真如本性在哪裡呢？』第二句：『見到真如本性，才能超脫生死。那麼，眼光落地時（死亡時），怎麼超脫生死？』第三句：『超脫了生死，便知道要去的地方。但是，四大分離，要向什麼地方去呢？』這三句話，你們怎麼悟入呢？」

而當宋朝宰相張無盡（張商英）[308]讀到這三句話時，分別作了三首詩，來表達自己的悟入：

第一首：

陰森夏木杜鵑鳴，日破淨雲宇宙清；
莫對曾參問曾皙，從來孝子諱爺名。

第二首：

人間鬼使符來取，天上花冠色正萎；
好個轉身時節子，莫教閻老等閑知。

第三首：

鼓合東村李大妻，西風曠野淚沾衣；
碧蘆紅蓼江南岸，却作張三坐釣磯。

真如本心在哪裡呢？那是不可說、不可說的。也許，它就在陰森夏木上，杜鵑鳥的啼叫聲當中吧！就在太陽把烏雲蒸散了的晴空中吧！這個問題，即使孔老夫子的弟子曾參，去問他的老爸曾皙，也是問不出個名堂來的。孝順的兒孫（弟子），是不會直呼爺爺（師父）的名字的。是呀！怎麼可以用世俗的言語，來呼叫真如本心呢！

當地獄的鬼使神差來取人命時，或是天上的天人，身上的天花枯萎時，（經云：天人臨死時，身上的天花會枯萎，）就是轉變心性，開悟解脫的時候。千萬不要被閻羅王知道你要往生到哪裡去呀！否則就會被閻羅王判生判死呀！一定要超生脫死呀！

儘管禪修者已證得真如本心、已超脫生死輪迴，當他去逝時，組成身體的四大（地、水、火、風），就消散了，他要往生哪裡呢？可悲呀，可悲！這就像唆使（鼓合，扇動、唆使）一個住在東村的村姑李大妻，去荒郊野外哭泣流淚一樣。然而，回頭一看，四大的往生處就在風光明媚、鳥語花香的境地呢！你看！荒郊野外有一條河流，河畔生長著翠綠的蘆葦草，紅蓼花正盛開著呢！還有，還有張三（已解脫的禪修者），正坐在河畔的石頭上，悠閒垂釣呢！

129 洗缽頌

位於江蘇吳縣虎邱山的雲巖寺，少了個住持和尚。郡守命死心[309]禪師推薦一位禪師，來擔任雲巖寺的住持。

死心說：「湛堂文準[310]禪師很適合。我雖然不認識他，但我讀過他所寫的一首洗缽詩（闡述「平常心是道」的詩），寫得太好了。所以我認為他很適合來當雲巖寺的住持。」死心說著說著，吟起文準禪師所寫的那首洗缽頌：

之乎者也，衲僧鼻孔，大頭向下。
若也不會，問取東村王大姐。

郡守聽了，覺得很是新奇，於是就禮請文準禪師來當雲巖寺的住持。

之、乎、者、也，這是古文中常用的助詞。說到古文，就感到艱深得讓人頭痛。這就像禪道，艱深難懂。然而，「平常心（就）是（禪）道」，這就像僧人（何止僧人！人人都是！）的鼻孔，大的那一頭向下，小的那一頭向上一樣的平常。這樣，如果你還是不懂這麼平常的禪道，那就去問問東村那個平平凡凡的王大姐吧！她一定能告訴你的。

130 十方虛空悉皆鎖隕

僧人問湛堂文準[311]禪師：「教中人說：『如果開悟解脫，十方虛空都會鎖隕。』請問這個道理怎麼樣？」文準禪師答：「子、丑、寅、卯、辰、巳、午、未。一羅（陀羅星）、二土、三水、四金、五太陽、六太陰、七都計（星宿名，凶星之一）。今日計都星入巨蟹宮，我不打這鼓笛。」說完，便下座。

開悟解脫後的境界，無法用言語來描述，僧人卻引教中人所說，描述它：十方虛空都會鎖隕。這自然有違禪門「不立文字」的精神。所以文準禪師列舉時間中的子、丑、寅、卯等時辰，以及虛空中的陀羅星、土星等星宿，這些計量時間和空間的名詞，來塞住僧人的嘴巴。還說：今天凶煞之星——計都星，運轉到巨蟹宮（也是星宿名）中，時機不對，因此我不和教中的人唱和（打鼓笛。鼓笛，音樂聲）。也就是說，不和教中人一樣，用言語描述開悟解脫後的境界。

131

不用援毫文彩露

自從石頭懷志[312]菴主開悟後，二十年住在深山中，不與外界接觸。他曾作了一首詩，表達他隱居在山中的愜意：

萬機休罷付癡憨，蹤跡時容野鹿參；
不脫麻衣拳作枕，幾生夢在綠蘿菴。

一天，有人問他：「你住在山中多年，體悟了什麼旨趣？」懷志以詩回答：

山中住，獨掩柴門無別趣。
三個柴頭品字煨，不用援毫文彩露。

懷志說：我在山中隱居，哪有什麼深奧的旨趣！在這山中，我只用三把木柴燒火，就燒出了個「品」字來。我不用揮動毛筆，就可以寫成一篇好文章呢！這樣的隱居生活，怎不愜意呢！

132

我有個老婆

有人來禮拜五祖法演[313]禪師，想要跟他出家。這人自白說：「我捨棄了俗緣。」法演問：「什麼是捨棄俗緣？」這人說：「我原本有個妻子，現在要捨棄她出家。」法演說：「我也有個老婆，你信不信？」這人默然無語。於是法演吟了一首詩：

我有個老婆，出世無人見；
晝夜共一處，自然有方便。

諸位！法演的這個老婆，是什麼樣子？你見到了嗎？

說禪惡情悰

五祖法演[314]禪師對圜悟[315]禪師說：「你什麼都好，就是有些毛病。」圜悟再三請問：「我有什麼毛病？」法演說：「你太多禪了。」圜悟說：「我原本就是來您這裡學禪的，怎麼說太多禪呢？」法演說：「只要像平常說話一樣，那就好多了。」

這時，在旁的一個僧人問：「您為什麼嫌棄人們說禪？」法演答：「惡情悰。」

惡情悰，情形很壞，意指好說禪的情形很壞。

的確，禪道不是用言語所能描述的。禪修也不是用嘴巴說說的。

簷聲不斷前旬雨，電影還連後夜雷

五祖法演[316]禪師在禪堂上，對眾弟子說：「你們大家，看見老和尚我鼓動嘴唇、豎起拂子，便以為有什麼神聖的道理在這當中。等到看見山禽聚集、牛動尾巴，卻把它當作平常事情看待。卻不知簷聲不斷前旬雨，電影還連後夜雷。」

的確，禪道就在平常事物當中，禪道不必一定在師父所說的話或動作當中。聚集在一起的山禽、搖動尾巴的牛隻，都是禪道。從前旬（前十天）響到現在的簷下雨水聲，乃至從前夜連到後夜的打雷聲，不也都是禪道嗎？

昨日那裏落節，今日這裏拔本

五祖法演[317]在禪堂上對弟子們說：「昨天我去城裡，看見有人在演傀儡戲，就近前一看。發現那些戲偶，有的端嚴奇特，有的醜陋不堪，動轉行坐，身穿青黃赤白顏色的衣裳。仔細一看，原來青布幔裡有人在操弄這些戲偶。我不禁笑了起來，就問布幔裡的那人：『請問貴姓？』他回答說：『老和尚看戲就看戲，幹嘛問什麼姓氏！』山僧我被他這麼一說，窘得無言以對，無理可伸。現在，你們大家，有人可以出來為山僧說說話嗎？」法演說完了，不等弟子的反應，就又說了兩句：

昨日那裏落節，
今日這裏拔本。

我們的一顰一笑、一言一語、一舉一動，都是真如本心的顯現。這就像各種動作的戲偶背後，有一個操弄戲偶的人一樣。然而，真如本心是沒有姓名的，也不能用語言文字來描述。問他「貴姓」，本身就是錯誤。昨天看戲時錯了（落節），今天就把這錯誤改過來（拔本）吧！

136 鄭州黎，青州棗

有一天，五祖法演[318]禪師對弟子們說：「『吾本來茲土，傳法救迷情；一花開五葉，結果自然成。』這是達磨[319]祖師臨終時所唸的四句詩。達磨祖師隨意走到中土，隨意唸了這四句詩。後代的子孫卻往往執著在他所唸的這四句詩上。你們大家想要開花結果嗎？」問完，法演接著又說：「鄭州黎，青州棗。萬物沒有過錯，它們的出處都是好的。」

的確，開花結果後所悟得的禪道，就在鄭州（今河南省會）的黎（疑為「黍」之誤，即小米）、青州（山東濰坊）的棗子上面。

真如凡聖皆是夢言

盤山寶積[320]禪師曾說過：「真如凡聖皆是夢言，佛及眾生並為增語。」

有一天，五祖法演[321]禪師唸起盤山的這兩句話，然後對他的徒弟們說：「有人出來喊說：『盤山老呀！』那就向他說：『不因紫陌花開早，爭得黃鸝下柳條！』如果更問我五祖老呀，那我自己就說：『是的。清醒吧！』」

不管是偉大的真如、聖者或是平凡的凡夫，也不管是偉大的佛陀或是平凡的眾生，這些都只是夢話，只是多餘的話。在超越一切分別的禪道世界裡，任何相對立的、矛盾的概念，都被泯除掉了。在禪道的世界裡，無凡無聖，只有平平常常的事物。如果不能早一點體悟到無凡無聖的禪道，哪能看到黃鸝鳥飛到柳條下這種美景呢！

138

菩薩出地獄

五祖法演[322]禪師說：「聲聞、緣覺、菩薩這三乘人，要走出地獄時，聲聞和緣覺這兩種小乘人，必定挖地道，直到看見天光，才從洞口鑽出去。而菩薩入地獄時，一開頭不引起獄卒的注意。等到有天，寄信到人間，拿到了人間送來的酒肉，就請獄卒一起吃。吃到獄卒大醉，就脫下獄卒的衣服，和自己身上破舊的衣服對換。接著把套在自己脖子上的枷鎖，拿下來套在獄卒的脖子上。最後則拿起獄卒手上的打人藤條，公然大搖大擺地走出地獄的大門。參禪的人，必須這樣才可以！」

偉哉，大氣的菩薩！

水牯牛過窗櫺

五祖法演[323]禪師對弟子們垂示說：「就像水牯牛過窗櫺（窗的欄柵），頭角、四蹄都過了，為什麼尾巴過不了？」

高峰妙[324]禪師讀到這則公案，寫了一首詩頌：

等閑放出這牛兒，頭角分明舉似誰？
若向尾巴尖上會，新羅鷂子過多時。

新羅，韓國古代國家名。新羅鷂子過多時即錯過新羅鷂子——禪道了。的確，禪修之人，最怕大的煩惱都斷除掉了，最後一丁點的小煩惱，卻執著不放。但是，如果你想從牛尾巴上理解，還一直執著在這一丁點的小煩惱上，那麼，你就更無法解脫了。

140 倩女離魂

唐朝陳玄祐[325]著有《離魂記》（後代改編之作很多，如元朝鄭光祖[326]的《倩女離魂》），書中說到張倩女與書生王文舉相戀，文舉帶著倩女上京考試。中舉當官後，帶著倩女回到張家，發現張家的床上臥著一具軀體，那竟是倩女的身體。一直跟隨有文舉身旁的倩女（靈魂），這時便和床上的那具軀體合體。

五祖法演[327]禪師常常在方丈室中，問弟子：「倩女離魂，（床上的軀體和書生身旁的靈魂）哪個是真的？」

萬菴柔[328]禪師曾寫了一首詩，來讚頌這則公案：

憶昔春風上苑行，爛窺紅紫厭平生；
如今再到曾行處，寂寂無人草自生。

我們的真如本心，就像倩女的靈魂，去到（體悟到）禪道的境界（上苑，帝王的花園）遊覽了一周。最後厭倦了其中萬紫千紅的美景（美麗花朵）。於是回到原本就已來過的地方（回到世俗人間），才發覺這（世俗人間）是一個多麼寂靜的地方！

禪道不在虛玄之處，而在平平常常、有血有肉的人間。

當鋒截斷毘盧頂

顯首座[329]（首座，最尊貴的上座）本性高逸，一日，保甯勇[330]禪師以下面的這首神劍頌，來指示他：

提得神鋒勝太阿，萬年妖孽盡消磨；
直饒埋向塵泥裏，爭奈靈光透匣何！

而顯首座卻說：「慚愧，我也有一首。」保甯勇禪師說：「何不呈上來看看！」於是顯首座吟了起來：

凜凜寒光出匣時，乾坤閃爍耀潛輝；
當鋒截斷毘盧頂，更有何妖作是非！

保甯勇禪師的詩頌說：我這把劍（神鋒），比太阿寶劍（古代十大名劍之一）還要銳利。這把神鋒劍一揮，就能斬盡妖魔鬼怪。如果把它埋在塵土裡，它還是會放出光芒來。

而顯首座的詩頌，更加厲害。它說：當我的寶劍拔出劍匣來，它會在乾坤中（天地間）綻放光芒。它連毘盧遮那佛的頭頂都能砍斷，怎麼可能還有妖怪敢來作孽呢！

問題是：不管是保甯勇禪師的寶劍，或是顯首座更加厲害的寶劍，它們是什麼寶劍呢？請讀者們參一參！

隻履西歸

傳說達磨[331]祖師晚年，赤著腳丫子，手上提著一隻鞋子，回到天竺。

溈潭景祥[332]禪師就拿這則傳說，問一個僧人：「當年達磨祖師為什麼不提一雙鞋子西歸？」僧人答：「留下一隻鞋子在中土，好當作（他曾來過的）證明。」景祥又問：「一隻鞋子在中土，一隻卻在天竺，是什麼原由？」僧人聽了，不知如何回答。

的確，禪道無所不在。它既在中土，也在天竺。

143

堅密身

有一天，泐潭景祥[333]禪師問一個僧人：「自古以來，佛教中就傳說：佛陀有一尊堅密身，可以顯現在每一粒塵土當中。那麼，什麼是塵土中的堅密身呢？」僧人指著香爐說：「這個是香爐。」禪師責備說：「拖累三世諸佛，要下地獄了！」僧人聽了不知所措，禪師便走開。

其實僧人說香爐就是香爐，堅密身無所不在，就在香爐當中，他並沒有說錯。錯在他用語言文字把堅密身說出來了。

莫向寸心安

真歇清了[334]禪師前來禮拜丹霞[335]禪師，丹霞問他：「什麼是空劫（開天闢地前）的自己？」清了想回答，丹露卻阻斷他說：「你想胡鬧嗎？你走開吧！」

一天，清了登山，豁然開悟丹霞所問的問題，於是直接回到丹霞這裡，站在丹霞的身旁。丹霞打他一掌，說：「還以為你真有什麼呢。」清了欣然禮拜。

第二天，丹霞在禪堂上吟詩：

日照孤峰翠，月臨溪水寒；
祖師玄妙訣，莫向寸心安。

吟完詩，便走下禪座。清了直接走到丹霞的前面，說：「你今天說的，騙不了我。」丹霞說：「你說說看！」清了靜默了好一陣子，不說話。丹霞說：「我還以為你明白了呢！」清了聽了，便走開。

「我還以為你明白了呢！」那是讚美語，千萬不要以為那是責備清了的話。禪師為了泯除弟子的執著，往往會講反話。

問題是：什麼是空劫前的自己？那是超越時空的、體悟禪道的解脫者。什麼是解脫者所體悟的禪道呢？你能用語言來描述嗎？不能！但是，看呀！禪道就在太陽照射的青翠山峰上，就在寒冷溪水中的月影裡。然而，祖師們所說的玄妙道理，千萬不要執著在心裡，否則你就無法體悟禪道，成為空劫前的自己。

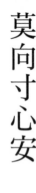

三更不借明月簾

丹霞[336]禪師問宏智正覺[337]禪師：「什麼是空劫前的自己？」正覺答：「井底蝦蟇吞却月，三更不借明月簾（皎潔明亮）。」丹霞說：「還沒體悟到禪道，再說說看。」正覺想說，丹霞用拂子打了一下正覺，然後說：「又說『不借』！」正覺聽了開悟了，他向丹霞禮拜。丹霞說：「何不說一句看看。」正覺說：「某甲今天遺失了錢，又得罪了官府。」丹霞說：「沒時間再打你，你去吧！」

丹霞問正覺：什麼是體悟禪道的解脫者？正覺說：月亮被井底的蝦蟇吞下去了，深更半夜的，沒辦法借到皎潔明亮的月亮了。這話當然是說禪道或體悟禪的解脫者，無法用言語來描述。雖然不錯，但畢竟還是用言語說出來了，難怪正覺挨了丹霞一拂子。

146

忽然這裏已天明

圓通德止[338]禪師，二十歲時，夢見一位奇異的僧人，來教他一首四句偈（偈，佛教的詩歌）。後來又有人送給他南安巖主[339]的相片，相片旁還有一首〈聽明偈〉。他天天背誦不忘。一日，忽然大悟，寫了許多首詩，其中一首是：

不因言句不因人，不因物色不因聲；
夜半吹燈方就枕，忽然這裏已天明。

的確，一個即將解脫的人，既不因為別人或別人的話，而圖開悟，也不因為外物或聲音而圖開悟。他是一個能夠擺脫一切束縛、羈絆的修行者。過不了多久，當他將要躺下睡覺時，他發現自己已經開悟了！

綠水光中古木清

華藥智朋[340]禪師拜寶峰[341]禪師為師。寶峰曾在自己的畫像上題詩：

雨洗淡紅桃萼嫩，風搖淺碧柳絲輕；
白雲影裏怪石露，綠水光中古木清。

題詩後，又寫了一句：「咦？你是何人？」

智朋來到枯木成[342]禪師這裡，請益有關寶峰師父的那首詩。枯林成說：「你豈不見法眼[343]禪師曾唸著夾山（善會）[344]禪師描寫『夾山境』（夾山的景色）的那兩句詩。唸完，法眼感嘆說：『二十年，我只把這兩句詩，當作是描寫外在的景色。』」智朋聽了枯木成的話後，豁然開悟地說：「原來如此。」

原來，有一個秀才問住在夾山的善會禪師：「什麼是夾山境？」夾山善會用兩句詩來回答：

猿抱子歸青嶂後，
鳥銜花落碧巖前。

夾山善會的兩句詩，看似在描寫夾山的景色，但其實指出夾山禪師自己身內的本來面目。同樣的，寶峰禪師的四句詩，看似描寫外境，但其實也是在描寫畫像中的那個「何人」。

真如本心，在自己的身內，也在外境上呢！

148

我是快活烈漢

宋高宗建炎初年，徐明[345]叛變。叛軍經過浙江烏鎮，捉住了華亭性空[346]禪師。正想殺害他時，禪師說：「我死定了，可以先祭拜我嗎？」叛軍答應了，明知他是和尚，卻給他魚肉。禪師看了魚肉，又說：「請先給我筆紙，我要寫東西。」叛軍不疑有他，於是拿來筆紙給他。只見禪師寫了下面的詩頌：

劫數既遭離亂，我是快活烈漢；
如今正好是時，便請一刀兩段！

寫完，禪師大聲喊叫：「斬！斬呀！」叛軍大駭，禮拜禪師之後，護送他離開。而烏鎮也免去了一場被叛軍蹂躪的劫難。

149
家無二主

有個僧人，見到華亭性空[347]禪師，到了佛堂，見到佛像不拜，於是問說：「為什麼見到佛像不禮拜呢？」禪師答：「因為家裡沒有第二個主人。」

人人自己就是佛，自己就是主人，沒有第二佛，也沒有第二主人，還拜什麼佛、拜什麼主人！

150
鐵笛橫吹作散場

華亭性空[348]禪師造了一個大盆子，盆底挖了個小洞，用木塞塞著。然後寫信給雪竇持[349]禪師，信中寫著：「我即將水葬。」隔了好一陣子，雪竇持來探望，見到性空還在人間。於是寫了一首詩，諷刺說：

咄哉老性空！說到餵魚鼈；去不索性去，只管向人說。

性空笑著說：「我就是要等你來當個見證人，才等到現在還沒有死。」說完，召集他的徒眾，對他們吟了一首詩：

坐脫立亡，不若水葬。
一省柴燒，二省開壙。
撒手便行，不妨快暢。
誰是知音？船子和尚。

船子和尚即性空禪師自稱。接著又吟了兩句，感嘆後繼無人、知音稀少：

高風難繼百千年，一曲漁歌少人唱。

吟完了詩，性空走進大盆裡，盤腿而坐。大盆隨著流水，流到大海。眾徒弟不捨，跟到海邊。最後，性空拔起盆底的塞子，海水從小洞流入盆裡。這時，性空鐵笛橫吹，唱了起來：

船子當年返故鄉，沒蹤跡處妙難量；
真風徧寄知音者，鐵笛橫吹作散場。

笛聲嗚咽中，性空沒頂而亡。

151 揭簾大悟

法輪應端[350]禪師，自以為讀了許多佛經，很是驕傲。他拜靈源[351]禪師為師，靈源常痛斥他，不要執著在佛經上，應端卻不以為然。他讀過馬祖[352]度化百丈[353]的故事，也讀過《華嚴宗旨》。於是就拿他讀過的這兩件事，想要堵住靈源的斥責。

原來，百丈懷海服侍馬祖道一到郊外，見一群野鴨飛過。馬祖問：「那是什麼？」百丈答：「野鴨子。」馬祖又問：「到哪裡去了？」百丈答：「飛過去了。」馬祖回頭扭住百丈的鼻子，百丈痛而大叫，馬祖說：「又說飛過去也。」百丈因而大悟。

而《華嚴宗旨》則是闡釋《華嚴經》的一部書。

靈源看見應端拿馬祖度化百丈的故事和《華嚴宗旨》，來應付，於是說：「馬祖和百丈固然錯了，《華嚴宗旨》更是與禪道不相干。」

應端聽了很是憤怒，想要離開靈源，到別的禪師那裡去學禪。當他撥開簾子，想離開時，忽然汗流浹背，大徹大悟了。靈源說：「你已經知道好壞了。馬祖和百丈，還有《華嚴經》裡的文殊[354]、普賢[355]菩薩，差一點就被你拖累了。」

禪道貴在自悟。那些禪師們開悟的故事，乃至佛經裡所說的道理，都與禪道不相干。不自修自悟，讀再多的故事、佛經，都是枉然。

152 古人公案

天童普文[356]禪師，為信徒修懺。忽然有個人問他：「師父所懺的罪，是自己的，還是別人的？如果是自己的罪，罪性從哪裡來？若是別人的罪，又不是你自己的罪，怎麼個懺法？」普文無法回答，於是放棄原本所修，到處遊方。

一日，來到溈潭[357]禪師這裡，腳剛踏進門，就被溈潭喝斥。普文想開口問問題，溈潭用楞杖，把他驅趕出去。

隔了幾天，溈潭突然叫普文到方丈室來，然後對普文說：「我有一個古人的公案，想和你商量。」普文想開口說話，溈潭卻喝斥他。普文因而開悟，大笑。溈潭走下禪床，捉住普文的手，說：「你會佛法嗎？」普文聽了便喝斥，還把溈潭推開。溈潭大笑。

的確，禪道不是用言語所能描寫的。古人公案再好，也是古人的，與現在的自己不相干。

南山起雲，北山下雨

圓通道旻[358]禪師的母親，夢見吞下摩尼寶珠，因而懷孕。生下後五歲，不會走路，也不會說話。一日，母親抱著他來到西明寺，見到了佛像，道旻竟開始走路，並且念了一聲「南無佛」。長大出家後，到處參訪修禪。最後，來到泐潭[359]禪師這裡。

一日，泐潭舉「世尊拈花，迦葉微笑」的公案來勘驗道旻，道旻卻沒有因此而開悟。後來，在侍候泐潭的時候，泐潭把楖杖架在肩膀上，長嘆一聲，然後問道旻：「懂了嗎？」道旻想回答，泐潭便打他。過了一會兒，泐潭又拈起一小棵草來，問道旻：「這是什麼？」道旻又想回答，泐潭喝斥了一聲。道旻卻因此而大徹大悟，手上做出（釋尊[360]）拈花的樣子，並且對泐潭說：「這回你沒辦法瞞騙我了。」泐潭握住道旻的手，說：「再說說看，再說說看！」道旻說：「南山起雲，北山下雨。」說完，向泐潭禮拜，泐潭點點頭。

世尊在靈山上說法，天神帶來天上的一朵金色蓮花，獻給世尊。世尊拈起金色蓮花，座下的徒弟們不知有什麼深意，只有迦葉[361]尊者微笑。世尊說：「我已經把不可說不可說（不立文字，教外別傳）的禪道，傳給了迦葉。」這是有名的禪宗公案——「拈花微笑」。這則公案，貴在禪道不可言說。

而泐潭禪師一再阻斷道旻的思慮，不讓他說話，也有相同的意趣。最後泐潭還要道旻「再說說看」，已經開悟的道旻則說：南山起雲，北山下雨，語言和禪道兩不相干呀！

154 禪無先後

二靈知和菴主[362]去見溈潭[363]禪師，溈潭問：「你來做什麼？」知和想回答，卻挨了溈潭的打。溈潭又問：「你說說看，什麼是禪師？」知和聽了，突然開悟，說：「禪無後無先。波澄大海，月印青天。」的確，禪豈止無先無後，禪也無善無惡、無是無非、無……。禪，像波平浪靜的大海，像青天上的明月。

溈潭接著又問：「什麼是道？」已經開悟的知和，回答：「道，紅塵浩浩，不用安排，本無欠少。」溈潭聽了，認可知和所說。

幻寄[364]禪師卻對知和的話，做了這樣的評論：「可憐，萬劫繫驢橛！」劫，極為長遠的時間。繫驢橛，綁驢子的短木片，比喻下賤的東西。的確，道，既然是「紅塵浩浩，不用安排，本無欠少」，那為什麼還要像知和一樣，多此一舉，說它是「紅塵浩浩，不用安排，本無欠少」呢！難怪幻寄要罵他萬劫繫驢橛了。

155

太白峰高多少？

有個僧人來禮拜二靈知和菴主[365]，知和問：「從哪裡來？」僧人答：「從天童寺來。」知和又問：「太白峰有多高？」（太白峰，位於浙江寧波，天童寺就在山麓。）僧人用手斫自己的額頭，做出高望山峰的樣子。知和說：「你還有這個東西。（還有一點點的不了解。）」僧人說：「那麼就請菴主說說看吧！」知和學著僧人，用手斫自己的頭，也做出高望山峰的樣子。僧人看了，想說話，知和卻打他。

知和問的是禪道，僧人也不是省油的燈，他以手斫自己的額頭，做出高望山峰的姿勢，來表示不可說不可說的禪道，極為高超。然而，一者，他用了「身體語言」，來闡釋禪道，二者，他還想進一步用實際的語言，來說明禪道，以致挨了知和的打。

156 黃巢過後

有一天，大溈[366]禪師問一個僧人：「黃巢[367]過後，還有人收得劍嗎？」僧人豎起拳頭來。大溈說：「只不過是一把菜刀罷了。」僧人說：「怎奈受用不盡。」大溈大喝一聲，把僧人趕出去。大溈又問慧目蘊能[368]禪師：「黃巢過後，還有人收得劍嗎？」蘊能和剛才的僧人一樣，豎起拳頭來。大溈說：「同樣只是一把菜刀罷了。」蘊能說：「能殺人就好。」說完，走向前，對著大溈的胸膛，打了一拳。大溈說：「我騎了三十年的馬，今天卻被一匹驢子撲倒在地。」

一切煩惱都滅盡了，剩下的就是那明晃晃、受用不盡、能殺人（能救渡人）的真如本心。但那顆真如本心，能用言語描述嗎？當然不能！

157

金鴨香銷錦繡幃

一個提刑（官名），來向五祖法演[369]禪師請教禪道，五祖說：「提刑少年時，曾讀過小艷詩嗎？禪道和下面的這首小艷詩很相近……」說著說著，五祖吟了起來：

一段風光畫不成，
洞房深處惱予情。
頻呼小玉元無事，
只要檀郎認得聲。

小艷詩說的是：新娘表面上在呼叫婢女小玉，其實是要讓檀郎（美貌丈夫）認得她呼叫的聲音，好來相聚。禪道也是這樣，禪修者做了許多斷盡煩惱執著、看似和禪道不相干的修行，目的就是要開發真如本心。

這時，克勤佛果[370]恰巧來到五祖身旁，他問五祖：「聽到師父吟小艷詩，不知提刑懂了沒有？」五祖說：「他只認得聲音。」佛果說：「既然他認得聲音，為什麼卻沒有開悟？」五祖說：「什麼是祖師西來意？什麼是庭前栢樹子？」

原來，有僧問趙州[371]禪師：「什麼是（達摩[372]）祖師（從）西（域）來（中土的用）意？」趙州答：「（寺）庭前（的）栢樹子。」禪道（祖師西來意）就在萬物之上，當然也在栢樹子上，也在呼叫小玉的聲音上。

佛果聽到趙州的「庭前栢樹子」，忽然開悟。他走出室外，看到一隻雞飛上欄杆，鼓翅啼叫，他心想：「這豈不也是聲音嗎？」於是又走進五祖的方丈室，將他所悟得的心得，向五祖報告。他吟了一首詩，表達自己的開悟：

金鴨香銷錦繡幃，笙歌叢裏醉扶歸；
少年一段風流事，只許佳人獨自知。

香爐（金鴨）中的檀香已經燒完了，酒也喝得酩酊大醉了，回家吧！這件少年的風流事，只有陪他飲酒作樂的佳人，才知道呀！的確，禪道證得與否，也只有自己才知道。

無心作麼生鑑？

克勤佛果[373]禪師，對他的徒眾們說：「全身都是眼睛，卻看不見。全身都是耳朵，卻聽不見。全身都是嘴巴，卻說不出口。全身都是心，卻鑑（分辨）不出來。」又接著說：「全身暫且放下。如果沒有眼睛，怎麼見？沒有耳朵，怎麼聽？沒有嘴巴，怎麼說？無心作麼生鑑？如果你能在這當中找到一條路，那便和古佛在一起了。且說說看，在一起做什麼？」

的確，禪道不是用眼睛就可看見的，不是用耳朵聽得到的，不是用嘴巴說得出口的，不是用心分辨得出來的。如果不用眼睛、耳朵、嘴巴、心，去找出一條通向禪道的道路，那你就開悟解脫了。

159 茅廁

有一位老修行人，對人垂示：「在十字街頭，建了一間茅廁，卻不許人到裡面拉屎。」

一個僧人，把老修行人所垂示的話，拿去問南堂元靜[374]禪師：「老修行人所說，是什麼意思？」元靜說：「你已經拉屎了，還叫什麼人拉呢！」

元靜的話，傳到老修行人的耳裡，他遙向元靜的住處，焚香禮拜。

的確，禪道像這間不可進入拉屎的茅廁一樣，也是不可言說的。這也是元靜之所以責備問話僧人的原因。

160 綿州巴歌

一日，五祖法演[375]禪師升坐，對徒眾們說：「八十歲的老翁在滾繡毬。」說完，便下座。

這時，無為宗泰[376]禪師很高興地站起來，對五祖說：「請和尚您滾滾看。」五祖用手做出打鼓的樣子，並且用四川口音，唱起錦州巴歌（四川民歌）來：

豆子山，打瓦鼓。
揚平山，撒白雨。
下白雨，取龍女。
織得絹，二丈五。
一半屬羅江，一半屬玄武。

錦州，四川省綿陽縣。豆子山、揚平山，山名，都在錦州。羅江、玄武，都是四川的地名。這首流行在四川錦州的巴歌，旨在形容一條從豆子山、揚平山，流到羅江、玄武的瀑流。起先，瀑流在豆子山時，流水的聲音就像打瓦鼓（陶製樂器）的聲音似的。流到了揚平山，瀑流激起水花，像下雨一樣。接著，由鼓聲聯想到娶（取）新娘，由下雨聯想到龍女，由龍女引出織絹，織出的絹布有二丈五那麼長，那便是這條瀑流。最後，瀑流一半流到羅江，一半流到玄武。

真如本心像八十老翁滾繡毬一樣，滾出了山河大地、花草樹木和六道眾生。也像錦州巴歌中所描寫的瀑流一樣，到處流動，幻生了變化多端的萬物。

161

德山小參不答

有一次小參（隨時隨地宣說禪道），德山[377]向眾人宣布：「今夜我不答話，問話者三十棒。」說完，有一僧人出列行禮，德山舉棒便打。僧人莫名其妙，問：「我並沒說話，為何挨打？」德山反問：「你是哪裡人？」僧人答：「新羅（朝鮮古國）人」。德山說：「在你沒跨出國門時，就該打三十棒了！」

有一天，表自[378]禪師向圓悟[379]首座請教上面這則德山小參不答的公案，到底是什麼道理？圓悟聽了，掩住表自的嘴巴，說：「只要這樣體會。」表自出聲說：「冤呀，冤呀！哪有參究公案時，只叫人體會一句話的道理！」這時，有個僧人對表自說：「師兄不可以這樣說。圓悟首座一定有什麼方便法門的。」

過了十天左右，表自在靜坐中，參究圓悟首座所說的話時，所有的疑惑都消失了，於是來向圓悟答謝。圓悟說：「師兄現在知道我不會欺騙你吧！」

的確，禪道不可言說，只能自悟。

首山西來意

有僧人問首山省念[380]禪師：「什麼是祖師西來意？」省念禪師回答：「風吹日炙。」

五祖法演[381]對弟子們，舉了首山省念的這則公案。九頂清素[382]禪師聽了，突然開悟。於是寫下一首詩頌：

顛倒顛，顛倒顛。
新婦騎驢阿家牽。
便恁麼，太無端。
回頭不覺布衫穿。

太顛倒了，太顛倒了！在重男輕女的古代，竟然新娘騎著驢子，而丈夫卻牽著驢子走路！這太沒道理了。但回過頭來，卻發現自己穿著平平常常的布衫。

禪道——祖師西來意，不在顛顛倒倒，奇奇妙妙的事物上面，而在平平常常的風吹日炙，還有布衫上面呀！

新婦騎驢阿家牽

元禮首座[383]，剛來五祖法演[384]禪師這裡不久，每次到五祖的房間問話，五祖就會說：「出家人，要懂得分辨黑與白。」元禮卻一直沒有開悟。

一日，五祖在禪堂上，舉出首山省念[385]禪師回答祖師西來意——「風吹日炙」的公案，然後說：「你們想知道這則公案的意旨嗎？那就不問『新婦騎驢阿家牽』這個道理吧！（參見前則）免得半路上受難。你們要遇到飯就吃飯，遇到茶就喝茶。別忘了，同一個門進進出出的人，可能是宿世冤家呀！（一定要分辨出黑與白呀！不要黑白不分。）」元禮聽了，大徹大悟，於是向五祖說：「今天，我已經能夠分辨黑與白了。」

要能分辨可以體悟禪道的方法，以及不能體悟禪道的方法。禪道就在風吹日炙當中，就在平平常常的布衫上面。禪道不在虛玄、奇妙的事物之上。

得道之人

臨濟[386]禪師在禪堂上說：「你們的赤肉團（肉身）上有一個無位真人，常常從你們的面門（眼、耳、鼻、舌、身）進進出出，還沒有開悟的人，仔細觀察看看。」

這時，有個僧人出來問：「什麼是無位真人？」臨濟走下禪床，抓住僧人說：「你說說看呀！你說說看呀！」僧人想開口說，卻被臨濟推開。臨濟還補了一句：「無位真人是什麼乾屎橛（乾掉的一小段大便）！」

無位真人，超越所有階位的得道之人。這是個什麼樣的人呢？那是不可用言語文字來描寫的。以致於，心中還有雜念、執著的僧人想開口回答時，卻被臨濟推開，還罵說無位真人是什麼乾屎橛！

後代評論無位真人的公案有許許多多，其中一則如下：

住在金陵（今南京市）的俞道婆[387]，以賣油餈（油飯）為生，卻常隨眾人問道於瑯琊[388]禪師。瑯琊叫她參究上面那則「無位真人」的公案。有一天，她聽到一個乞丐唱〈蓮花落〉（一種民謠）「不因柳毅傳書信，何緣得到洞庭湖？」時忽然大悟。

原來，唐朝傳奇小說《柳毅傳》記載：柳毅赴考落榜的歸途中，遇到一位女子，在冰天雪地中牧羊。原來她是洞庭湖裡的龍王三公主，嫁給涇水龍王十太子。小龍王生性風流，冷落了三公主。三公主寫了一封家書，請柳毅幫忙送信給洞湖裡的父親龍王。龍王接到信之後，派水軍將三公主解救回來。為了感謝柳毅送信，龍王遂將三公主許配給柳毅為妻。而俞道婆所聽到的那兩句〈蓮花落〉的大意是：並不是因為柳毅送信的關係，那到底是什麼緣故，會來到洞庭湖畔呢？的確，想要體悟無位真人，並不是任何世間的作為（包括柳毅送信），所能辦到的。

俞婆開悟後，把油鑫丟在地上。她的丈夫說：「你瘋了嗎？」俞婆打了丈夫一掌，說：「這不是你能體會的境界。」然後去見瑯琊禪師。瑯琊看她的表情，知道她已開悟，於是問說：「什麼是無位真人？」俞婆回答：「有一個無位真人，有六臂三頭，他用力把華山劈成兩半，萬年來，一條河流就這麼，不管是不是春天，都淙淙流著。」

的確，開悟解脫的無位真人，神通廣大，像一個三頭六臂的巨靈，能夠劈開華山，讓一條河流從中終年流著呀！

165 燈籠露柱

內翰（官名）曾開[389]居士問靈隱慧遠[390]禪師：「什麼是善知識？」慧遠答：「燈籠、露柱（室外的柱子），貓兒、狗子（全都是善知識）。」（的確，禪道無所不在，萬物就是讓我們開悟解脫的善知識。）曾開又問：「為什麼人們被讚美就歡喜，被毀謗就煩惱？」慧遠聽了，反問：「你見過善知識嗎？」曾開答：「我已經參禪三十年了，怎麼會沒見過善知識呢？」慧遠問：「是向煩惱處見，或是向歡喜處見？」曾開想開口回答，慧遠卻大喝一聲，不讓他回答。曾開還是想回答，慧遠卻說：「開口說話的不是（真正的）你。」（的確，真如本心無言無語。）曾開聽了感到惘然。慧遠說：「侍郎（官名）你要向什麼地方去呢？（不要再胡思亂想了。）」曾開聽了猛然開悟，點點頭，吟起詩偈來：

咄哉瞎驢，叢林妖孽。
震地一聲，天機漏泄。
有人更問意如何？拈起拂子劈口截。

曾開說：我只是一匹瞎眼的驢子，是叢林（禪門）的妖孽。慧遠禪師一聲喝斥，指示我禪道的所在。如果還有人想問我，其中有什麼意旨，那我就拿起拂子來，劈口打他，不讓他問下去。

金毛跳入野狐窟

知府（官名）葛郯[391]參究「（禪道）不是心，不是佛，不是物」，忽然開悟，吟了一首詩偈：

非心非佛亦非物，五鳳樓前山突兀。
艷陽影裏倒翻身，野狐跳入金毛窟。

葛郯說：禪道雖然在任何事物當中，但卻不能將它描寫成任何事物。如果你能夠在艷陽天下，翻身改變顛的想法，就能夠像野狐狸跳入金毛窟裡一樣，開悟解脫。

葛郯把這首詩偈，拿去向靈隱慧遠[392]禪師請教。慧遠說：「你的見解，只可入佛，無法入魔。」葛郯聽了禮拜，想知道更多。慧遠於是說：「為什麼不說『金毛跳入野狐窟』？」葛郯聽了頓悟。

的確，解脫者無所不能，無所不入；不但能入佛，也要能入魔。

古帆未掛時如何？

有僧問巖頭全豁[393]禪師：「一面古老的風帆，還沒有掛在船杆時，怎麼樣？」巖頭答：「小魚吞大魚。」另有一僧也問相同的問題，巖頭則答：「後園驢喫草。」

兩個僧人問的問題是：禪道原初的狀態，也就是真如本心未受煩惱汙染的解脫狀態，那自然不可用言語來描述，所以巖頭就以「小魚吞大魚」這種不可能的事情來回答。然而，禪道或解脫狀態雖然無法用言語描述，卻存在於萬事萬物當中，當然也存在於後園子中，驢子喫草這件事情之上。所以巖頭答：「後園驢喫草。」

有一天，圜悟[394]拿巖頭和兩個僧人之間的對話，來考驗弟子們。其中有一弟子——華藏安民[395]，無法體悟，因此來求巖頭進一步開示。巖頭說：「你問我，我來答。」於是安民問：「古帆未掛時如何？」巖頭答：「後園驢喫草。」安民突然開悟，於是對巖頭說：「古人說：（開悟解脫就）像一滴水投入巨壑中一樣。卻不知道（開悟解脫就像）整個大海，可以投入一滴水當中一樣。」圜悟聽了，笑了起來，認可了安民的說法。

禪道的原初狀態，也就是真如本心未受煩惱汙染的解脫狀態。而解脫狀態，有不可思議的大神通，它像一滴水投入巨壑當中一樣，又像整個大海投入一滴水中一樣呢！

168

是個什麼？

范縣君[396]來圜悟[397]禪師這裡，請教如何入道？圜悟要他參究：「不是心，不是佛，不是物，那究竟是個什麼？」范縣君久參不悟，又來請教圜悟：「和尚您有什麼方便法門，讓我可以悟入？」圜悟說：「那你就直參『究竟是個什麼？』吧！」參著參著，范縣君終於開悟了，高興地說：「原來它離得這麼近！」

原來，「不是心，不是佛，不是物」是南泉[398]禪師留下來的公案。南泉因僧問：「還有不向人說的道理嗎？」南泉答：「有。」僧人說：「什麼是不向人說的道理？」南泉答：「不是心、不是佛、不是物。」

禪道不是任何語言文字所能訴說，也不侷限在任何事物之上，它不是心，不是佛，也不是物。那麼是什麼呢？請問：范縣君悟得了什麼？

趙州柏樹子

文殊心道[399]禪師，來參拜佛鑑[400]禪師。佛鑑舉趙州[401]禪師「柏樹子」的話頭，來考驗弟子。

原來，有僧問趙州：「什麼是祖師西來意？」趙州答：「庭前柏樹子。」僧人說：「和尚您不要拿心外的境界，來唐塞我的問題。」趙州說：「好的，我不拿心外之境來唐塞。你再問一遍。」僧人問：「什麼是祖師西來意？」趙州答：「庭前柏樹子。」

萬物都是禪道，寺庭前的那棵柏樹，當然也是禪道，也是「（達摩[402]）祖師（從）西（域）來（中土的）意（旨）」。佛鑑禪師就是拿這則公案，來考驗他的弟子，他說：「趙州禪師說：祖師西來意就是庭前柏樹子。」這時，趙州的侍者覺鐵觜[403]正好在旁邊，他出來說：「先師沒有說過這句話，不要毀謗先師。」

文殊心道聽了佛鑑和覺鐵觜的對話之後，心中疑惑不解。他參著參著，一天夜裡，突然開悟。就走到了佛鑑的方丈室，想要把他所悟得的，向佛鑑報告。但是，佛鑑見到他來，就把門關緊。文殊心道在門外大聲說：「和尚不要騙我了。」佛鑑說：「四面八方都沒有窗子，何不從門進來。」文殊心道用拳頭，把窗打破，佛鑑便把門打開。文殊心道剛一進門，佛鑑就捉住他說：「你說呀，你說呀！你悟得什麼，你說呀！」文殊心道用手捧住佛鑑的頭，吐了一口，然後就走了出去。他寫了一首悟道詩，呈給佛鑑：

趙州有個柏樹子，禪客相傳徧天下。
多是摘葉與尋枝，不能直向根源會。
覺公說道無此語，正是惡言當面罵。
禪人若具通方眼，好向此中辨真假。

趙州「柏樹子」的公案，多麼受到禪門的重視，參究它、討論它的人一大堆，但大都只是捉住了它的枝葉，無法挖到它的根源。覺鐵觜說「先師沒有說過這句話」，正是針對執著在這則公案的人們，當頭棒喝。一個具有「通方眼」（慧眼）的修禪者，一定要分辨這則公案的真與假呀！

貓兒愛捉老鼠

道場明辨[404]禪師，在禪堂上問他的弟子：「貓兒為什麼愛捉老鼠？」虛堂湛[405]禪師讀到了這則公案，吟了一首詩：

獨憐幽草澗邊生，上有黃鸝深樹鳴。
春潮帶雨晚來急，野渡無人舟自橫。

原來，這首詩不是虛堂禪師所作，而是唐代詩人韋應物[406]的詩。詩中描寫的是自然景象。而禪道，不就在貓兒愛捉老鼠這種自然景象之中嗎？

道場明辨禪師，又在禪堂上問他的弟子：「板鳴為什麼犬吠？」雲峰潛[407]禪師讀到了這則公案，也吟了一首詩：

黃河遠上白雲間，一片孤城萬仞山。
羌笛何須怨楊柳，春風不度玉門關。

這首詩，也不是雲峰潛自己作的，而是唐朝詩人王之渙的詩。描寫的也是自然景象。而禪道又何嘗不在打響了木板，狗就會叫這種自然景象之中？

有一天，道場明辨禪師，在禪堂上又問他的弟子：「蚯蚓為什麼化為百合？」而圓極岑禪師則為這則公案，吟了下面的詩：

客舍并州已十霜，歸心日夜憶咸陽。
無端更渡桑乾水，卻望并州是故鄉。

蚯蚓化為百合，是民間傳說，不必在意它的真實性。蚯蚓化為百合，比喻的是：如何從凡夫的煩惱，修成禪道。而圓極岑禪師吟的則是唐代詩人劉皁的詩。從煩惱到悟入禪道，這就像想從已住了十年的異鄉并州，回到故鄉咸陽一樣。但是當我們渡過了桑乾水（河名）時，卻發現異鄉并州就是故鄉咸陽呀！

誠哉！煩惱即菩提，生死即涅槃。禪道就在煩惱中呀！

171 趙州勘婆

石頭自回[408]禪師（他出家前是個石工），參拜大隨[409]禪師。大隨要他參究「趙州勘婆」的公案。原來，有一個住在臺山下的老婆婆，每有僧人問她：「臺山路怎麼走？」她一律回答：「驀直去（直直去）。」趙州[410]禪師聽說這件事，就對他的弟子們說：「待我去勘驗一下。（看她是不是真的是有道婆子？）」於是，趙州來到臺山下，問老婆婆：「臺山路怎麼走？」老婆婆說：「驀直去。」趙州回來告訴他的弟子們：「我已經為你們勘破老婆婆了。」大隨禪師要石頭自回參究的，就是這則「趙州勘婆」的公案。

有一天，他一邊參究這則公案，一邊鑿石，鏗鏘一聲，鑿出了火花，他開悟了。他走到了大隨禪師的方丈室，呈上了一首悟道詩：

用盡工夫，渾無巴鼻。
火光迸散，元在這裏。

大隨禪師聽到後，欣然地說：「你開悟了。」

原來，修習禪道，貴在用心「驀直去」。不要三心兩意，不要拐彎抹角。（巴鼻，可以把握的關鍵禪機。在禪門，象徵禪道。渾無巴鼻，完全沒有可以把捉的地方。）

蝦蟇啼

世奇[411]首座，在打瞌睡時，群蛙忽鳴。夢中，他把蛙鳴，聽成寺院打板，召集眾僧洗頭的聲音。他匆匆忙忙趕過去，想要洗頭，卻有人告訴他：「那是蛙鳴，不是打板聲。」他聽了，忽然有所悟。於是來到他的師父佛眼[412]禪師這裡，把他所悟向佛眼報告。佛眼說：「你難道沒見到羅睺羅嗎？」

原來，佛陀的俗家兒子——羅睺羅[413]，原本喜歡說謊。佛陀為了度化他，就將一盆滿滿的水，一點一點地潑倒在地上，最後整盆水都潑倒光了。佛陀說：「你愛說謊，就像滿滿的一盆功德水，被你一點一點地潑倒掉一樣，不再有功德了。」羅睺羅聽了，誠心懺悔了。

佛眼問世奇首座：「你難道沒見到羅睺羅嗎？」是在責怪世奇不誠實，沒有開悟，卻自以為開悟。於是，世奇對佛眼說：「好了，好了，師父您不必說了。我回去自己再修行吧！」

不久，世奇真正開悟了，他寫了一首詩，用來表達他的悟境：

夢中聞板響，覺來蝦蟇啼。
蝦蟇與板響，山獄一時齊。

的確，夢中的打板聲和夢醒時的蛙鳴聲，像等高的山嶽一樣，都是偉大的禪道呀！

173

得來元在鼻尖頭

有一天，禮拜南堂[414]禪師為師的莫將[415]尚書（官名），上廁所時，聞到自己糞便的臭味，用手掩住鼻子，卻突然開悟，因此寫了一首悟道詩，呈給南堂禪師：

從來姿韻愛風流，幾笑時人向外求；
萬別千差無覓處，得來元在鼻尖頭。

南堂讀了，也寫了一首詩，來肯定莫將的開悟：

一法才通法法周，縱橫妙處更何求？
青蛇出匣魔軍伏，碧眼胡僧笑點頭。

的確，禪道無所不在，不必向外去到處追求。它就在我們聞到臭氣的鼻頭上呀！而你，只要悟得了這個道理，所有的道理都通達了，不必再去追求什麼了。這就像能夠斬斷萬物（煩惱）的青蛇寶劍，一拔出劍匣來的時候，藍眼睛的胡僧——菩提達摩[416]祖師，就笑哈哈了，因為你開悟了。

174 竹篦子

竹篦子，是用竹片紮成，一頭劈開成細條的刑具。大慧宗杲[417]禪師在禪室中，常拿著竹篦子，對徒弟們說：「把它叫做竹篦子，那就抵觸了。不把它做竹篦子，那又錯了。不可以用話來描述，但也不可以不說話。不可以用心意去了解它。不可以當做無事。不可以良久（默默無語一陣子）。不可以作女人拜（女人曲膝下拜）。不可以繞著禪床走。不可以拂袖便走。一切都不可以。那麼，到底怎麼樣？快說說看，快說說看！」這時，有個僧人出來，想說話，宗杲便把他打出禪堂。

不久，有個僧人對宗杲說：「如果我就把你手上的竹篦子搶奪下來，那你要怎麼樣？」宗杲說：「我還有拳頭呀！把它叫做拳頭，那就抵觸了。不把它叫做拳頭，那就錯了。不可以用話來描述，但也不可以不說話。……一切都不可以。你又奈我何？就算你叫我放下拳頭，但還有露柱（室外的柱子）呀！把它叫做露柱，那就抵觸了。不把它叫做露柱，那就錯了。……一切都不可以。請問你怎麼樣搶奪露柱？即使你能搶奪露柱，還有山河大地呢！把它叫做山河大地，那就抵觸了。不把它叫做山河大地，那就錯了。不可以用話來描述，但也不可以不說話。……一切都不可以。這時，你又怎麼搶奪山河大地呢？」

禪道就是竹篦子、拳頭、山河大地，禪道又是不可用言語來描述的，是無法用心思來理解的，也無法以良久、女人拜、繞禪床走、拂袖便走等方法，來回答。但為了度化眾生，又不得不把一切都不可以的禪道顯現出來。該怎麼辨呢？深思吧！

175 不是，出去！

看見有僧人進來，大慧宗杲[418]禪師便說：「不是，出去！」僧人出去了，宗杲卻又罵他：「沒有膽量的大人，被我的話耍得團團轉！」

另一個僧人進來，宗杲又說：「不是，出去！」這僧不但不出去，反而更向前靠近宗杲。宗杲說：「跟你說『不是，出去』，你卻更靠近來，到底想要什麼？」說完，便把僧人打出去。

又有一個僧人來進來，對宗杲說：「前面兩僧，不懂和尚您的意思。」宗杲聽了，低下頭來，噓了一聲。這個僧人不知如何是好，宗杲便打他，然後說：「你卻懂得老僧我的意思。」

禪道是不可說的，想來問什麼是禪道嗎？不是，出去！

176

你不會，出去！

才看見僧人進來，大慧宗杲[419]就說：「你不會，出去！」僧人便出去。又有僧人進來，宗杲又說：「你不會，出去！」僧人便出去。第三個僧人進來，宗杲說：「剛剛兩個僧人進來，其中一人知道放下，卻不知道收攝；另個則知道收攝，卻不知道放下。你能夠分辨嗎？」僧人答：「我知道錯了。」宗杲說：「知道錯了之後，另外還有什麼好消息嗎？」僧人拍一下手，便走出去。宗杲說：「三十年後再去開悟吧！」

真正禪修者，必須收、放自如，偏向一邊都不可。第三僧好多了，但還是執著在無收、無放的空狀態，不能體會真空妙有的境界。收、放要自如，但不是不要收、不要放呀！

路逢達道人

有一個僧人，問德山宣鑒[420]禪師：「路逢達道人，不將語默對，不知將什麼對？」德山答：「只這樣就好。」

有一天，大慧宗杲[421]禪師，也學著上面問德山禪師的話，問一個僧人：「路逢達道人，不將語默對時，怎麼樣？」僧人說了一聲「珍重」，就走了出去。宗杲看了哈哈大笑。另一個僧人來，宗杲問：「我剛剛問一個僧人：『路逢達道人，不將語默對時，怎麼樣？』結果他說了一聲『珍重』，就走了出去。你說說看，他到底會不會？」僧人聽了，想向宗杲問訊行禮，宗杲便把他打出去。

已經體悟禪道的達道人，超越了世俗的一切。當你在半路上，遇到這樣的達道人時，你跟他說這、說那固然不對，默默無語，不跟他說這、說那同樣不對。其實，像第一個僧那樣，說了聲「珍重」，便走出去，固然不對，像第二僧那樣，想要問訊行禮，同樣不對。如何以「平常心」看待達道人，那才是正確的作為。所以德山禪師才會回答說：「只這樣就好。」

178

不與萬法為侶者

一日，大慧宗杲[422]禪師問一個僧人：「不與萬法為侶者，是什麼人？」僧人答：「沒有面目的人。」宗杲說：「剛剛有個僧人，也像你這樣說，被我打出去了。」僧人聽了想要說話，宗杲便打。

原來，唐朝有個在家居士——龐蘊[423]，問石頭希遷[424]禪師：「不與萬法為侶者，是什麼人？」石頭用手掩住龐蘊的嘴巴，不讓他問完。龐蘊豁然有所悟。不久，龐蘊又到馬祖道一[425]那裡，問相同的問題：「不與萬法為侶者，是什麼人？」馬祖答：「等你一口氣喝盡西江水，我再回答你。」龐蘊聽了大悟。

不與萬法為侶者，就是超脫萬法的人。超脫萬法的人，是無法用言語來描述的，這是石頭禪師之所以掩住龐蘊嘴巴的原因。而馬祖似乎回答了，但他說：等你一口氣喝盡西江水（發源雲南，流經廣西、廣東的一條河流）之後，我再回答你。他確實說了話，但其實等於沒說。因為龐蘊是不可能一口氣喝盡西江水的。

而大慧宗杲把這則公案，拿來問僧人，僧人回答：「沒有面目的人。」他畢竟有所描述了，他還想繼續說下去，卻被宗杲打。

好對春風唱鷓鴣

有一天，香巖[426]禪師對徒眾說：「就像有人爬上樹木，口啣樹枝，手不攀枝，腳不踏樹。這時，樹下有人問：『什麼是祖師西來意？』（什麼是禪道？）。不回答他，又違逆他；若回答他，卻又喪身失命。就在這個時候，怎麼辦？」這時，有一位虎頭[427]上座說：「上樹就不問了。還沒上樹時，請和尚說說看。」香巖聽了呵呵大笑。

大慧宗杲[428]禪師就曾拿上面這則公案，來問僧人：「香巖上樹的公案，你怎麼體會？」僧人說：「好對春風唱鷓鴣（曲調的名字）。」宗杲又問：「虎頭上座說：『樹上就不問了。還沒上樹時，請和尚說說看。』這又是什麼意思？」僧人答：「剛剛已經回答您了。」宗杲說：「『好對春風唱鷓鴣』是樹上語，或是樹下語？」僧人想回答，宗杲便打。

佛門講究二諦（兩種真理）：真諦是最高的道理，無法用言語來說。俗諦是世間的道理，不妨用言語描述。樹上（真諦）不可說，說了就摔下來，喪身失命。樹下（俗諦）卻不妨一番言說。像這樣，無說而說、說而無說，才是真空妙有。已經體悟真空妙有的解脫者，當他說「好對春風唱鷓鴣」時，其實是無說呀！這句話，既是樹上語，也是樹下語。

180

國師三喚

有一天，慧忠[429]國師叫了一聲「侍者」，侍者應「諾」。慧忠又叫了一聲「侍者」，侍者又應「諾」。慧忠第三次叫了一聲「侍者」，侍者又應「諾」。慧忠失望地對侍者說：「以前，我以為是我辜負了你。現在才知道是你辜負了我。」

後來，大慧宗杲[430]拿這則公案問僧人：「國師三喚侍者，到底是什麼意旨？」僧人答：「魚兒遊過去時，河水就變得混濁了。」宗杲說：「你不要屙沸（大便）。」僧人無話可說，宗杲便打。

國師三喚侍者，要他由迷轉悟，悟出自己的真如本心。但侍者卻無法悟入。大慧宗杲的徒弟，所回答的話，也不過是說：侍者把清澈的河水弄混濁了。那顯然是在批評侍者的未能悟入。但宗杲卻罵他大便，甚至還打他。原來，真如本心是無法用言語來描述的。

181 夾山境

一個僧人問住在夾山（在湖南省石門縣）的夾山善會[431]禪師：「什麼是夾山的境界？」夾山禪師以夾山的景緻，來回答僧人的問題：「猿抱子歸青嶂裏，鳥啣花落碧巖前。」

有一天，一個僧人問大慧宗杲[432]禪師：「夾山的境界，是什麼意旨？」問題還沒問完，宗杲就大喝一聲。僧人茫然，不知所措。宗杲卻又問：「你問什麼？」僧人想把剛才的問題，再問一遍，宗杲卻連著打僧人，還喝斥他出去。

夾山境，就是解脫者的境界，也就是已經體悟禪道者的境界。這種境界並不是虛玄的境界，它就在平常的事物當中，所以夾山以他所住夾山的景緻來回答。

宗杲則從禪道不可言說、解脫境無法描述的角度，來回答僧人的問題。這就難怪問問題的僧人，會被宗杲喝斥、棒打了。

道不用修，但莫染汙

有一天，大慧宗杲[433]問一個僧人：「道不用修，但莫染汙。什麼是不染汙的道？」僧人答：「我不敢說。」宗杲問：「為什麼不敢說？」僧人答：「怕染汙它。」宗杲聽了，大聲說：「你把糞箕、笤帚（畚箕、掃帚）都拿來了！」僧人茫然，宗杲便把他打出去。

人人本來就有不用修習的禪道、真如本心。只要不染汙它，它就會明晃晃地顯現出來，成為悟道者、解脫者。問題是：這無染汙的禪道、真如本心，到底長成什麼樣子？僧人說：「因為怕染汙它，所以不敢說。」但畢竟還是說了，難怪會被宗杲罵，還被宗杲打出去。

釋迦老子來也

大慧宗杲[434]一見到僧人來到他面前，就說：「釋迦[435]老子來了。」僧人更走進一步，宗杲便打。第二個僧人也來到宗杲前面，宗杲說：「釋迦老子來了。」僧人對宗杲問訊行禮，宗杲說：「你好像是真的（釋迦老子）。」

人人本具佛性，本來是佛，本來就是釋迦老子。只要肯定地認識這點，便是解脫者，便是真的釋迦老子。

184

拋却甜桃樹，緣山摘醋梨

惟儼禪師[436]對石頭[437]和尚說：「聽說南方的禪法，『直指人心，見性成佛』，實在不明了。請指示。」石頭說：「恁麼也不可以，不恁麼也不可以，恁麼、不恁麼都不可以。你怎麼了解？」惟儼不懂。石頭說：「你不適合在我這裡修禪，你去馬祖[438]大師那裡去吧！」

惟儼來參馬祖，說了同樣的話，馬祖說：「我有時教他揚眉瞬目，有時不教他揚眉瞬目，有時揚眉瞬目是，有時揚眉瞬目不是。你怎麼了解？」惟儼一聽，大悟。

石頭從否定的觀點，來闡述禪道，惟儼無法悟入。馬祖從肯定的觀點，來闡述禪道，惟儼因此悟入。可見惟儼的根機適合從肯定的觀點，來修習禪法。

後來，大慧宗杲[439]把石頭否定的話，拿來問他的徒弟：「恁麼也不可以，不恁麼也不可以，恁麼、不恁麼都不可以。你怎麼了解？」他的徒弟答：「全部都可以。」宗杲聽了罵他：「拋却甜桃樹，緣山（爬山）摘醋梨。」意思是：把好吃的甜桃拋去了，卻去山上摘不好吃的酸梨吃。

其實，不管是像石頭那樣，從否定觀點來闡述禪道，或是像馬祖那樣，從肯定觀點來闡述禪道，都是可以悟入的。不必一定拋去否定的觀點，去找肯定觀點的禪道。如果像徒弟那樣，拋去否定的「不可以」，去找肯定的「都可以」，這就像拋去甜桃不吃，去山上摘酸梨吃一樣呀！

185

觀音院裏有彌勒

大慧宗杲[440]問一個僧人：「你說說看，禪法中還有受教嗎？（禪道需要教導嗎？）」僧人答：「萬里一條鐵。」宗杲說：「怎奈觀音院裏有彌勒。」僧人想進一步說話，宗杲便打他。

原來，禪道固然像鐵一樣，直挺挺、硬梆梆的，不需要也無法教導。但卻也不妨開個方便法門，教導一番，否則親近禪師幹什麼！所以宗杲說：觀音院裡不但有觀音[441]菩薩，還有像彌勒[442]菩薩這樣的佛菩薩呢！任你所需、所求，就選擇你所想要禮拜的佛菩薩，去禮拜吧！

186

一靈皮袋，皮袋一靈

泗州大聖[443]是唐代高僧，有許多神跡，民間尊為泗洲佛祖。有人問他：「你何姓？」他答：「姓何。」又問：「住何國？」他答：「何國。」這「何」，可以是姓氏的名字，也可以是「什麼」的意思。泗州大聖所回答的是禪機，不能以字面的這兩個意思來了解。

一日，烏龍[444]長老，來拜訪馮濟川[445]，問：「過去有個當官的，問泗州大聖：『你何姓？』泗州答：『姓何。』又問：『你住何國？』答：『何國。』請問，這是什麼意旨？」。烏龍長老接著又說：「大聖原本不姓何，也不是何國人。」馮濟川說：「大聖肯定姓何，肯定住在何國。」像這樣，馮濟川和烏龍長老，來來回答對答了數次，互不相讓。因此他倆決定寫信給大慧宗杲[446]禪師，希望禪師能為他們解決這則公案。

宗杲回信說：「總共有六十棒。三十棒打大聖，他不應該說自己姓『何』。另外三十棒打濟川，他不應該說大聖肯定姓『何』。致於烏龍長老，就叫他自己回去想想。」

馮濟川和烏龍長老，後來一同到明菴[447]禪師那裡，看見牆壁上畫有骷髏，濟川吟了四句詩：

尸（屍）在這裏，人今何在？
始知一靈，不居皮袋。

濟川的意思是：人死後，屍體還在，但「靈」不在了。可見

「靈」是一會住在屍體裡。

大慧宗杲讀到這首詩，不認可濟川的觀點。他另作一詩，來糾正濟川的觀點：

> 即此形骸，便是其人；
> 一靈皮袋，皮袋一靈。

大慧宗杲的意思是：屍體（形骸）和「靈」是一體，不可分割。的確，我們臭皮囊（皮袋、形骸）中的精靈——真如本心，哪會有姓何姓、住何國的問題。這精靈——真如本心，並不是和臭皮囊（皮袋）分離的東西，並不是臭皮囊裡裝著真如本心。臭皮囊就是真如本心，真如本心就是臭皮囊呀！

187 遠親不如近鄰，近鄰不如遠親

僧人問雪庭元淨[448]禪師：「不與萬法為侶者，是什麼人？」禪師答：「遠親不如近鄰。」僧又問：「『等你一口氣喝盡西江水，就對你說。』又怎麼了解？」禪師答：「近鄰不如遠親。」

原來，唐朝龐蘊居士，問馬祖道一大師：「不與萬法為侶者，是什麼人？」馬祖答：「等你一口氣喝盡西江水，我就對你說。」龐蘊聽了大悟。僧人就是拿這則現成公案，來問雪庭元淨禪師。雪庭元淨則答：「遠親不如近鄰。」又答：「近鄰不如遠親。」

188

落葉滿長安

住在虎丘的雪庭元淨[449]禪師，在禪堂上，對弟子們說：「知道『有』的人，過了一萬年，就像過一天一樣。不知道『有』的人，過一天，就像過一萬年一樣。」禪師說了，又繼續說：「你們沒聽說過死心[450]和尚說過嗎？他說：『以九十天為一個「夏安居」的時間，增加一天不可以，減少一天也不可以。多不行，少也不行。在這九十天中，時時都見到當來下生彌勒尊佛。』」

禪師引完了死心和尚說的話之後，問說：「你們說說看，彌勒[451]尊佛在什麼地方？」他不等弟子們回答，便又唱了兩句詩：「金風吹渭水，落葉滿長安。」

的確，一個體悟「有」（禪道）的人，一定能夠體悟日子的長短是虛幻不實的。在不多不少，剛剛好九十天的「夏安居」[452]裡，天天都可以看到彌勒尊佛。這就像秋風一掃，長安城的街道上，滿是落葉一樣呀！

彌勒尊佛在哪裡？祂就像落葉，無所不在呢！

189

定林正主

有僧人問福嚴文演[453]禪師：「什麼是定林正主（禪定林中的真正主人）？」禪師答：「坐斷天下人的舌頭。」僧人又問：「不知道怎麼親近他呢？」禪師答：「看到就眼瞎了。」

誠然，一個透過禪定而悟道的解脫者，是無法用嘴巴或用眼睛來訴說、來觀看的。

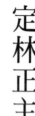

八角磨盤空裏走

有僧人問楊岐方會[454]禪師：「什麼是佛？」楊岐答：「三腳驢子弄蹄行。」

佛性法泰[455]禪師曾為這則公案，寫了一首詩來讚頌：

三腳驢子弄蹄行，步步蓮花襯足生。
堪笑草中尋覓者，不知芳樹囀春鶯。

什麼是佛呢？這個問題的答案，就像三腳驢子弄蹄行一樣，行不得也。可笑呀，那些在草叢裡到處尋找佛的人，他們哪裡知道，佛就在芳樹上啼叫的春鶯上呀！

有一天，訥堂梵思[456]禪師在禪堂上，對徒眾們說：「山僧我是楊岐的四世孫。楊岐這老傢伙，有個『三腳驢子弄蹄行』的公案。雖然人人都在討論這則公案，卻都不知道它的真正意旨。山僧我不惜眉毛被燒掉，被拔掉，也要為各位下個註腳。」說完了，吟了一句詩：「八角磨盤空裏走。」

楊岐禪師說：佛是什麼？這是無法用言語來回答的，就像三腳驢子弄蹄行，行不得也一樣。而梵思禪師則說：佛是什麼？這個問題的答案，就像八角磨盤在空中到處轉一樣，無所障礙呀！

然而，什麼是佛呢？你說說看！

191

滿船明月泛江湖

百丈[457]禪師說法時，每每有一位老者來聽講。說完了法，眾弟子都離去了，老者卻不離去。於是百丈問他為何不離去？老者說：「我不是人，是野狐的化身。五百世前，我也是修道人。因為說錯話，因而墮入野狐之身，至今不得超脫。請禪師開導。」百丈說：「當時你是怎麼說錯話的？」老者說：「當時有人問我：『大修行者，會不會落入因果輪迴當中？』我答：『不會落入因果輪迴當中。』結果，我說錯了，所以五百世墮入野狐之身，不得超脫。請禪師指引。」百丈說：「大修行者，不是不落因果輪迴，而是不昧因果輪迴。」老者聽了，高興地說：「謝謝禪師指引，我已經脫離野狐之身。明日寺後的一棵樹下，有一具野狐的屍體，那就我。」第二天，百丈率領弟子們來到寺後樹下，果然見到一具野狐的屍體。百丈下令弟子們，吧它埋了。

有一天，源福子文[458]禪師在禪堂上，對弟子們說了這則公案，然後吟了一首詩：

> 不昧不落作麼會？會得依前墮野狐；
> 一夜涼風上晝角，滿船明月泛江湖。

誠然，如果你在「不昧因果」、「不落因果」這兩個互相矛盾的概念上思索什麼是禪道真理，那麼，你還是會和以前一樣，墮入野狐之身。禪道真理，就在吹拂晝角（一種樂器）的涼風上，就在灑滿月光、漂浮在大江、湖水上的小船上呀！

192

片月還從海底生

蓬萊卿[459]禪師在禪堂上，對徒弟們說：「法眼[460]禪師曾說：『知道什麼是凳子，就什麼都具足了。』雲門[461]禪師則說：『知道什麼是凳子，那就天旋地轉（一切都改變——解脫）了。』這兩位老禪師，一個在高高山頂上站著，一個在深深大海中行走。雖然這樣，但是，一個不是，一個不成呀！」說完，又吟了三句詩：

落華流水裏啼鷺，
閑亭雨歇夜將半，
片月還從海底生。

是啊，禪道就在凳子上。但若執著凳子，它就不是禪道了。那麼，真正的禪道在哪裡呢？它就在落花流水裡的啼鷺上，就在半夜，剛從海底升起的明月上。

193 趙州探水

有一天，趙州[462]禪師拄著木杖，來到茱萸[463]禪師的禪堂上，東走走西走，走個不停。茱萸看了就問：「你在做什麼？」趙州答：「探水。」茱萸說：「我這裡連一滴水也沒，探個什麼？」趙州聽了，便把木杖靠在堂壁，然後離開禪堂。

泐潭澤明[464]禪師在禪堂上，對著徒眾說了以上的故事，然後吟了一首詩：

趙老雲收山嶽露，茱萸雨過竹風清；
誰家別館池溏裏，一對鴛鴦畫不成。

的確，禪道無形無相，豈是可以探索而得。趙州、茱萸二老遊戲禪堂。一個探水探得了禪道；一個把禪道看空，像是沐浴在雨後過竹的清風當中一樣。這二老，像池溏裡畫不成的一對鴛鴦，沒有痕跡可尋呀！

楚天空闊一輪寒

趙州[465]禪師來到一草庵，對庵主說：「有嗎？有嗎？」庵主豎起了拳頭。趙州說：「這裡水太淺了，不是我舟船的停泊處。」說完便離開了。

趙州又到另一草庵，同樣對庵主說：「有嗎？有嗎？」庵主也同樣豎起拳頭。趙州說：「能縱、能奪、能殺、能活。」隨即向庵主頂禮。

一日，能仁默堂[466]禪師在禪堂上，舉了上面這則公案，然後吟了一首頌：

一重山盡一重山，坐斷孤峰仔細看；
霧捲雲收山嶽靜，楚天空闊一輪寒。

趙州問的自然是禪道。禪道有嗎？有嗎？兩個庵主的回答，都是舉起拳頭，但一個被趙州否定，一個卻被趙州肯定。為什麼？禪道豈是在否定與肯定之中！

趙州的否定和肯定，就像一重又一重的山嶽，必須超越它們，才能坐在孤峰頂上欣賞美景。看呀！雲霧散去了，山嶽多麼寂靜，禪道就在廣闊的天空中，那輪寒月上呀！

195 無量慈悲是誰底？

僧人問古德[467]禪師：「人人都有生死輪迴，怎麼樣才能避免生死輪迴？」古德答：「柴鳴竹爆驚人耳。」僧人說：「我不懂。」古德說：「家犬聲獰夜不休。」

常庵擇崇[468]禪師在禪堂上，舉了上面這則公案，然後問弟子們：「你們大家懂了沒？」沒等弟子們回答，他又吟了起來：

柴鳴竹爆驚人耳，大洋海底紅塵起。
家犬聲獰夜不休，陸地行船三萬里。
堅牢地神笑呵呵，須彌山王眼覷鼻。
把手東行卻向西，南山聲應北山裏。
千手大悲開眼看，無量慈悲是誰底？

想要避免生死輪迴，那當然到體悟禪道；這是用「白話」解釋。但禪道無法用「白話」來詮釋，所以古德用兩句看似不相干的話，來回答如何避免生死輪迴。這兩句話，看似不相干，但其實是在說：禪道就在令心驚嚇的、被搬動的木柴發出鳴聲、被爆破的竹子發出爆裂聲當中；禪道也在夜晚家犬大聲狂叫不休的聲音當中。

而擇崇禪師的詩頌，則是在讚嘆已經體悟禪道，已經了生脫死的聖者。他用了四個矛盾句「大洋海底紅塵起」、「陸地行船三萬里」，乃至「把手東行卻向西」、「南山聲應北山裏」，來闡釋解脫聖者的不可思議。然而，令人了生脫死的禪道在哪裡？它就在看著世間生死輪迴、慈悲的千手千眼觀世音菩薩的身上呀！

196

問著東風總不知

別峰祖珍[469]禪師在禪堂上，對徒眾說：「向上一路，千聖不傳。」（的確，體悟禪道的解脫之路，不能口傳，必須用心體會。）說完，禪師拿著禪杖，在地上頓了一下，然後說：「如果這樣了解，那就遠離禪道十萬八千里了。那麼，到底（真正的禪道）是什麼？」說了，又吟了兩句詩：

桃紅李白薔薇紫，
問著東風總不知。

體悟禪道的解脫之路在哪裡？在桃紅、李白或薔薇紫的百花盛開中，你問東風，它是不會給你答案的。

197

鄭州出曹門

別峰祖珍[470]禪師對徒眾們說：「大道就在眼前，只是很難看得到。如果想要知道大道的真體，它就在聲色言語當中。」說完，又拿起禪杖，在地上頓了一下，讓它發出聲音，然後說：「這是聲。」接著又把禪杖高高舉起，說：「這個是色。」又說：「應該把什麼叫作大道的真體呢？就算你在這當中，見到了什麼道理，那也只是『鄭州出曹門。』」

鄭州出曹門，又作鄭州望曹門，相距很遠的意思。鄭州在河南，曹門指廣東谷江縣的曹溪；兩地相距很遠。不錯，大道的真體就在聲色當中，但若執著聲色，那就離大道很遠了。

198 更有一人

臨濟[471]禪師曾對徒眾們說：「一人在高高山頂上，卻沒有出身之路。另一人在十字街頭，卻沒有辦法面對前面和後面。你們說說看，這兩人，哪個在前，哪個在後？」

無傳居慧[472]禪師，在禪堂上，對著徒眾，把臨濟的這則公案說了一遍，然後又說：「更有一人，既不在高高山頂上，也不在十字街頭。臨濟老漢，為什麼不知道呢！」說完，便走下禪座。

的確，禪道的修行不在走極端。高不可攀的修行，固然不能體悟禪道；混跡在十字街頭的熱鬧當中，也無法證入禪道。只有走中庸之道，才是真正修行禪道。

199

今朝水牯悟圓通

松堂圓智[473]禪師在禪堂上，對徒眾們又吟又唱地說：

蘆花白，蓼花紅，溪邊修竹碧煙籠。
閑雲抱幽石，玉露滴巖叢。
昨夜烏龜變作鼈，今朝水牯悟圓通。

的確，已經體悟禪道的人，太神奇了！他就像烏龜變成鼈一樣的神奇，就像公水牛悟得圓通的禪道一樣神奇。

然而，禪道在哪裡？它就在白色的蘆花上，就在紅色的蓼花上，就在溪邊籠罩著煙霧的長長的竹子上，就在浸潤在閑雲中的幽石上，就在山巖上沾滿露水的草叢、樹叢上。

200

芭蕉葉最多

嗜山寧[474]禪師在禪堂上，對徒眾們說：「有時在孤峰頂上，嘯月眠雲。有時在大海洋中，翻波走浪。有時在十字街頭，七穿八穴。你們懂嗎？」

說完了，又唱了兩句詩：

樟樹花開盛，
芭蕉葉最多。

誠然，一個體悟禪道的大解脫者，不管是在孤峰頂上，或在大海洋中，乃至在十字街頭，都能夠自由自在、揮灑自如。

然而，禪道在哪裡呢？它就在盛開著小白花的樟樹上，就在長著許多葉子的芭蕉樹上。

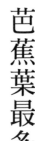

201 六月十五

無用淨全[475]禪師，在禪堂上對徒眾們說：「去年有個六月十五，今年也有個六月十五。去年六月十五，少了今年的六月十五；今年的六月十五，卻多了去年的六月十五。（的確，除了今年的六月十五多外，還有去年的六月十五；所以多出來了。）」說完，禪師又繼續說：「多的不用減，少的不用添。既然不用添、不用減，那就多的多用，少的少用。」說完，就大喝一聲，然後又說：「是多，還是少？」沉默了好一陣子，又說：「這其中的消息，能有幾個人知道呢！」

今年的農曆六月十五，是今年這一年的正中，象徵證得禪道、開悟解脫的當下。當下就必須把握住，不要去管多出來的去年六月十五，也不要去管少了今年六月十五的去年六月十五。把握住當下，才是真正的開悟解脫。

202 苦瓠連根苦

萬壽自護[476]禪師在禪堂上，對弟子們說：「古人說：『如果有人體悟了心，那就大地沒有寸土。』萬壽我就不同了，我認為：『如果有人體悟了心，那並不是究竟處。』那麼，什麼是究竟處呢？」說完，用楞杖在地上頓了一下，然後吟了兩句詩：「甜瓜徹蒂甜，苦瓠連根苦。」

禪門以為，外在萬物，都是自己的真如本心所幻生。因此，體悟了自己的真如本心，就知道萬物都是空幻的。

然而，萬法皆空畢竟不是究竟處，真空妙有才是究竟處。它在哪裡呢？它就在連瓜蒂都甜的甜瓜上，就在連根都苦的苦瓠上。

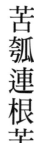

203 雲門一曲

僧人問雲門文偃[477]禪師：「什麼是雲門一曲？」答：「臘月二十五。」僧人問的是雲門禪師教學的家風，而雲門答臘月二十五。農曆十二月二十五，離過年很近了。古時，在這天，家家戶戶要磨豆腐、接玉皇、糊窗紙等，準備過新年。而雲門說：我的家風就是要讓徒弟們過新年——開悟解脫。

了庵景暈[478]禪師就拿雲門的這則公案對弟子們半吟半說：

雲門一曲，臘月二十五。
瑞雪飄空，積滿江山塢，峻嶺寒梅花正吐。
手把須彌槌，笑打虛空鼓。
驚起憍梵缽提，冷汗透身如雨。
忿怒阿修羅王，握拳當胸。

吟完了又問：「畢竟是什麼宗旨？」然後大聲叫了一聲「咄！」最後又補了兩句：「少室峰前，亦曾錯舉。」（少室峰，位於河南嵩山少林寺，乃禪宗初祖菩提達摩面壁修行九年的地方。）

誠然，過了臘月二十五的解脫者，就像處在瑞雪積滿水山塢、梅花開在峻嶺上的時分一樣。他拿起你須彌山一樣高的槌子，把虛空當作鼓，笑打著。他打出來的鼓聲，驚起了佛陀的十大弟子之一——憍梵缽提，讓他冷汗直流。他打出來的鼓聲，讓忿怒的阿修羅王，當胸握緊了拳頭。

雲門禪師意旨到底是什麼？可別在達摩[479]祖師面前錯舉了呀！

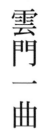

女子出定

傳說佛陀[480]說法時，有一個名叫離意[481]的女子，坐在佛陀身旁入定。大智慧者文殊[482]菩薩問佛：「為什麼這個女子，能夠坐在佛陀的身旁，而我卻不能？」佛陀說：「你叫她出定，自己問她。」於是文殊使盡神力，想讓女子出家，卻都無法辦到。文殊又問佛陀：「誰能讓這位女子出定？」佛陀說：「有一位名叫棄諸陰蓋[483]的菩薩，能夠讓她出定。」佛陀於是召喚棄諸陰蓋菩薩，菩薩從下方世界來了，在女子的面前彈指三下，女子便出定了。

七佛之師的文殊菩薩，無法讓女子出家。一個修行階位比祂低的棄諸陰蓋菩薩，卻能讓她出定。評論的人有許多說法，但契機、不契機，想必是最重要的原因。光孝致遠[484]禪師，就是以這個觀點，來評論這則公案。他說：

從來打鼓弄琵琶，須是相逢兩會家；
佩玉鳴鑾歌舞罷，門前依舊夕陽斜。

打鼓和彈奏琵琶，二者必須都是「會家」（行家）。而當音樂結束後，一切都會歸於平常。的確，禪道原本就是平平常常。

205 家家門底透長安

有一個僧人問趙州從諗[485]禪師：『什麼是（達摩[486]）祖師（從）西（域）來（中土的）意（旨）？』趙州說：『（寺）庭前（的）柏樹子。』僧人說：『和尚不要拿外在的境界，來教導人。』趙州說：『好吧，我就不拿外在的境界，來教導你吧。你再把問題說一遍。』僧人說：『什麼是祖師西來意？』趙州說：『庭前柏樹子。』

趙州兩次都答「庭前柏樹子」，那不是外在的境界，而是內在的真如本心。真如本心就在寺庭前的柏樹子之上呀！

劉彥修[487]居士，寫了一首詩頌，來讚嘆這則公案：

趙州柏樹太無端，境上追尋也不難；
處處綠楊堪繫馬，家家門底透長安。

劉居士說：趙州的柏樹子公案，太沒道理了。在外在的境界上，找尋禪道，並不是不可以的。看哪！能夠拴住馬匹的綠楊，不就是禪道嗎？這就像家家戶戶的門底，都可以通到長安城一樣，外在境界中的事事物物，都可以讓人體悟到禪道呀！

206

打你頭破額裂

有一天，水庵師一[488]禪師在禪堂上，對弟子們說：「冰凍的雲，像是要下雪的樣子，雪卻沒有下下來。但普賢[489]菩薩卻坐在大象背上，很是威風的樣子。山嶺上的梅花，半開半合。少室的風光，泄漏出來了。就算你這麼了解，那也只對了一半。什麼是全對呢？在沒有智慧的人面前，千萬不要說出答案來。如果說出來了，我就打得你頭破額裂。」

騎大象的普賢菩薩，還有在少室山面壁九年的達摩[490]祖師，都是已經體悟禪道的大解脫者。然而，禪道在哪裡呢？就在未下雪的凍雲上，就在半開半合的梅花上呀！

不過，不可用言語來描述的禪道，千萬不要說出來。特別是在那些無智的人前面。如果說出來了，那我就打得你頭破額裂。

207 擔泉帶月歸

修山主[491]禪師曾有這樣的一首偈：

是柱不見柱，非柱不見柱。是非已去了，是非裏薦取。

全庵齊己[492]禪師在禪堂上，舉這四句偈，對弟子們說：「薦得是，移華兼蝶至。薦得非，擔泉帶月歸。是也好，鄭州梨勝青州棗。非也好，象山（的道）路（通）入蓬萊島。是亦沒交涉（交涉，與禪道相關），踏著秤錘硬似鐵。非亦沒交涉，金剛寶劍當頭截。阿呵呵，會也麼？知事少時煩惱少，識人多處是非多。」

想要體悟禪道，必須體悟一切皆空。柱子固然是空，是柱，也是空；非柱，也是空。然而，禪道並非虛玄之物，想要體悟禪道，除了要體悟一切皆空之外，還要體悟真空中有妙有。柱子是妙有，是是非非也是妙有。禪修者，必須在柱子，乃至是是非非中，體悟禪道。所以修山主說，禪道還是要在「是非裏薦取」。（薦取，明瞭。）

全庵禪師在禪堂上的評論，也是鎖定在真空妙有的體悟上。他說：如果明瞭了「是」，那就花蝶都移來（我家）了。如果明瞭了「非」，那就挑水時，把月亮（水桶中的月亮，比喻禪道）也挑回家了。「是」是好的，就像鄭州的梨子，勝過青州的棗子一樣。「非」也是好的，就像象山的路人，走進蓬萊島一樣。另一方面，如果執著在是非上，那就沒有「交涉」，就像硬似鐵的秤錘一樣，就像金剛寶劍斷了頭一樣。全庵禪師說了以上這些道理之後，又笑了幾聲——「阿呵呵」，然後問弟子們：「懂了嗎？」最後又叮嚀兩句：「知道的事情少了，那煩惱就少。認識的人多了，那就是非多呀！」

208 林間泥滑滑

歸雲如本[493]禪師在禪堂上，對弟子們吟了四句詩：

久雨不晴，戊壬丙丁；
通身泥水，露出眼睛。

吟完了四句詩，接著說：「你們說說看，是什麼眼睛？」他拿起枴杖，在地上頓了一下，然後又吟了兩句詩：

林間泥滑滑，
時叫兩三聲。

禪師開頭說：雨下太久了，但在衰運（戊壬[494]）中，還是有像火（丙丁[495]）一樣光明的一面。雖然全身都是泥水，但一雙眼睛卻還露出來呢。

然而，是什麼眼睛呢？當然是能夠「看到」禪道的眼睛（智慧）。即使在最惡劣的環境中，能看到禪道的眼睛，還是晶亮的。看哪！樹林裡雖然地滑，但這顆眼睛還是叫了兩三聲呀！

當觀時節因緣

鳳棲慧觀[496]禪師在禪堂上，對徒眾吟了一首詩：

前村落葉盡，深院桂華殘；
此夜初冬節，從茲特地寒。

吟完了詩，又說：「所以說：『欲識佛性義，當觀時節因緣。』如果時節到了，它的道理自然就顯現出來。」說完，他大喝一聲，然後又說：「這樣說話，很少能夠成就別人，帶壞別人的那就多了。」

禪道就在萬物之上，當然也在四季的時節變化之上。冬天到了，村子裡的樹葉都掉光了，院子裡的桂花也都謝了。這是初冬的夜晚，從今晚開始，天氣會越來越冷。體悟了冬天這個時節的特質，那就體悟了佛性，也就體悟了禪道。但這話說來容易，做起來難呀！能夠因此有所成就的人，少之又少呀！

210 千聖同歸一路行

有一天，楚安慧方[497]禪師搭乘一艘商船，經過湖南的南境，聽到岸上有人用湖南鄉音大喊：「你叫什麼？」因此而開悟。於是吟出了下面這首詩：

沔水江心喚一聲，此時方得契平生；
多年相別重相見，千聖同歸一路行。

江水很滿（沔水，水滿的樣子），我在江心聽到岸上有人叫了一聲，這時才悟入平生想悟入的禪道。禪道就像相別多年，重新見面的親友一樣。（真如本心人人本有，證道就是證入本有的真如本心。）千千萬萬的聖者，都要一同走上這條路呀。

吞盡楊岐栗棘蓬

有一天，普雲自圓[498]禪師來參訪龍門佛眼[499]禪師，在走廊的牆壁上，看到一幅胡人的畫像，因此有所省悟。他把自己所悟，拿來向高庵悟[500]禪師報告。高庵於是吟了下面這首法眼[501]禪師的偈頌，來回答他：

頭戴貂鼠帽，腰懸羊角錐；
語不令人會，須得人譯之。

吟完法眼偈，高庵悟禪師又夾著燭火，來到自圓的面前，說：「我已經為你翻譯了。」自圓聽了大悟，也寫了一首詩，來表達自己所悟：

外國言音不可窮，起雲亭下一時通；
口門廣大無邊際，吞盡楊岐栗棘蓬。

法眼的四句詩，寫的是外國來的胡人，說他打扮奇怪，說的話必須有人翻譯，才能懂。而高庵悟禪師，則對自圓說：「胡人所說、難懂的話，我已經為你翻譯了。」他所「翻譯」的是什麼？自然是難解的禪道。自圓聽了因此大悟，他的悟道詩說：胡人的話（禪道）很難理解，但在起雲亭[502]下，經過高庵禪師您的「翻譯」（指點），我已經理解了。這時，我的嘴巴變得廣大無邊際，把楊岐宗[503]最難懂的道理（栗棘蓬）都吞下了。高庵知道自圓已經開悟，於是說：「你還是回到龍門佛眼[504]禪師那裡去吧！」

212
光明寂照偏河沙

張拙[505]秀才前來參訪石霜慶諸[506]禪師。石霜慶諸禪師問他：「秀才什麼姓名？」張拙說：「姓張名拙。」石霜慶諸說：「覓巧尚不可得，拙從何來？」張拙一聽，豁然有省，於是呈上下面這首詩給石霜慶諸禪師：

光明寂照徧河沙，凡聖含靈共我家。
一念不生全體現，六根才動被雲遮。
斷除煩惱重增病，趣向真如亦是邪。
隨順世緣無罣礙，涅槃生死等空花。

有一天，一個僧人問老衲祖證[507]禪師：「雲門[508]禪師問一個僧人：『「光明寂炤偏河沙」這句話，豈不是和張拙秀才詩中所說的道理相同嗎？』僧人答：『是。』但雲門卻說：『答錯了！』不知道哪裡是僧人答錯的地方？」老衲祖證說：「鮎魚被竹竿釣到了。」

張拙秀才的詩，說的是：凡夫和聖者都有一顆光明閃爍的真如本心。這顆真如本心，照徧了山河大地。只要你一念不生，那它就會顯露出來。相反地，如果你的眼、耳、鼻、舌、身、意這六種認識器官，稍微一動，想要知道什麼、想要認識什麼，那麼，光明的真如本心就會隱沒，就像晴空被烏雲遮住一樣。如果你刻意想要斷除煩惱，那反而會增加煩惱病。如果你刻意想要體悟真如本心，那反而會走入邪道。相反地，只要隨順世間的因緣，心中沒有罣礙，那你就了解生死和涅槃像空中花一樣虛幻。這時，你的煩惱沒有了，你的真如本心顯露出來了。

所以，張拙秀才的詩，闡述的是：真如本心不管是凡夫或者是聖者，都是本有，應以平常心來體悟，不要刻意求之。而雲門問僧人：「『光明寂炤徧河沙』豈不是和張拙秀才詩中所說道理相同？」正是要點出這顆凡聖皆本有、光明炤徧、應以平常心來體悟的真如本心。僧人不解，答了：「是。」所以雲門批評這僧「答錯了」。而老衲祖證禪師則評論說：雲門就像拿著竹竿釣魚的漁夫，回答「是」的僧人就像上勾的鮎魚一樣。

一切數句非數句

永嘉[509]大師《證道歌》：「一地具足一切地，非色非心非行業。彈指圓成八萬門，刹那滅卻三祇劫。一切數句非數句，與吾靈覺何交涉？」

窮谷宗璉[510]禪師在禪堂上，對著弟子們，舉了永嘉《證道歌》裡的最後兩句，然後說：「永嘉這樣說，就像含元殿上，更覺長安。哪裡知道，只要有水的地方，水中就有月亮的倒影。哪裡知道，沒有一座山不帶雲。雖然這樣，三十年後，趙婆酤醋。」

永嘉《證道歌》裡所說的是真修行者。真修行者，證入一地（地是修行的境界）就等於證入一切地。那是非色、非心，也非行（行，心行，心中的決定）的境界。彈指之間，就圓滿地證成了八萬法門。殺那之間，就滅除了三大阿僧祇劫的長久時間。一切的心數（數，心數，心中的變化）和非心數，和我靈覺的真如本心，哪會有什麼關聯呢！

窮谷宗璉禪師舉了上引《證道歌》中的後兩句，然後說：永嘉大師這兩句話，就像人在含元殿（位於長安城的皇宮），卻問長安城在哪裡一樣。那是痴迷之人才會如此。我們必須知道：凡是有山的地方都有雲，凡是有水的地方都有月亮的倒影。禪道、真如本心，是跟我們凡夫永遠在一起的。

窮谷宗璉禪師最後又叮嚀一句：如果不能體悟這點，那麼，即使修了三十年，還是會像趙婆一樣，還在賣醋呀！

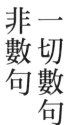

214 竹門斜掩半枝華

《金剛經》：「佛告須菩提：凡所有相，皆是虛妄。若見諸相非相，則見如來[511]。」

蓬庵德會[512]禪師在禪堂上，舉了上引《金剛經》裡的經句，然後問弟子們：「什麼是『非相』的道理？」他不等弟子們回答，又吟了兩句詩：

佯走詐羞偷眼覷，
竹門斜掩半枝華。

《金剛經》說：所有的相貌、樣狀都是空的、虛妄的。如果體悟這個道理，就開悟解脫，見如來了。然而，什麼是「非相」？什麼是沒有相貌、樣狀的空呢？這便是德會禪師所問的問題。他自問自答：偷偷摸摸中，所看到的、斜掩的竹門後面，所看到的半枝花，就是「非相」，就是沒有相貌、樣狀的空呀！

215

又逐流鶯過短牆

黃檗[513]禪師對徒眾們說：「你們大家都是瞳酒糟漢（吃古人糟粕的遲鈍傢伙）。這樣習禪，哪天才能成就！你們知道大唐國裡沒有禪師嗎？」這時，有個僧人不服氣地站出來問：「禪門有許多人領導徒眾，那又怎麼說呢？」黃檗說：「我不是說沒有禪，只說沒有禪師。」

慧通清旦[514]禪師為上面這則公案，寫了一首詩：

荊棘林中宣妙義，蒺藜園裏放毫光；
千言萬語無人會，又逐流鶯過短牆。

的確，在禪門中，爛竿充數的「禪師」，可多了！黃檗在這惡劣的氛圍中（荊棘林、蒺藜園中），說出了真心話，可惜沒有人體會呀！唉！那些「瞳酒糟漢」，又追逐著流鶯，飛過短牆去了。

216

自是不歸歸便得

昭覺辯[515]禪師在禪堂對徒眾們說：「毫釐之差，天地懸殊。」接著又說：「隔江聽到有人在唱〈鷓鴣詞〉，錯以為那是在唱〈胡笳十八拍〉。想要體會（禪道）嗎？想要讓它（禪道）顯現出來嗎？那就不要存有順或逆的分別心。」說完，又唱了兩句詩：

五湖煙浪有誰爭？自是不歸歸便得。

〈鷓鴣詞〉是以鷓鴣鳥為主題詠嘆哀傷情事的詩詞。例如下面這首唐代詩人李涉[516]的〈鷓鴣詞〉，提到了屈原[517]（三閭）的投江自殺，也提到了舜帝[518]的兩個妃子娥皇[519]和女英[520]為舜帝殉情的故事：

湘江煙水深，沙岸隔楓林。
何處鷓鴣飛，日斜斑竹陰。
二女虛垂淚，三閭枉自沉。
惟有鷓鴣鳥，獨傷行客心。

而〈胡笳十八拍〉，則是描寫東漢末年，蔡琰[521]被擄北方十餘年，飽受憂患才重返中原的故事。和〈鷓鴣詞〉一樣，也是悲傷的曲子。因此昭覺辯禪師說，他把二曲混淆了。

然而，差之毫釐，失之千里。想要體悟禪道，差那麼一點也不可以。如果存有順、逆的分別心，那就無法體悟禪道。在迷迷茫茫的五湖中，能夠爭辯什麼是順禪道，什麼是逆禪道嗎？如果這樣，那就無法「歸」到禪道中去了。相反地，如果能夠「歸」到禪道中去，那就證得禪道了。

217

崖懸華倒生

有一天，一個僧人問雲門[522]禪師：「什麼是諸佛出身處？」雲門答：「東山水上行。」

覺報清[523]禪師在禪堂上，舉了上面這則雲門禪師的公案，然後對弟子們，吟了下面這四句詩：

諸佛出身處，東山水上行；
石壓筍斜出，崖懸華倒生。

佛陀的出身、行跡，不能用文字言語來描述。但僧人卻拿來問雲門禪師。於是雲門用一句矛盾（事實是：水行東山不行），而且不相干的句子，來作回答，試圖警示僧人問題的不是之處。而覺報清禪師則以極為平常的景象來回答：因為被石頭壓住，所以竹筍斜斜地長出來；因為懸崖的關係，所以長在上面的花，倒著生長。想知道佛陀的出身、行跡嗎？它就在這些極為平常的事物之上呀！

218

卻望并州是故鄉

民間傳說，蚯蚓可以化為百合。例如李時珍[524]《本草綱目》卷四就說：「有人說它（蚯蚓）盤伏的結果可化為百合。」

正堂明辨（辯）[525]禪師喜歡問人一些看起來莫明其妙的問題，例如，他在禪室裡曾問弟子們：「貓兒為什麼愛捉老鼠？」又問：「打板時板響了，為什麼狗就會吠叫？」他還引了前述民間傳說，問：「蚯蚓為什麼化為百合？」他問的，都是一些極為平常的事情。禪道就在平常事情當中呀！

圓極彥岑[526]禪師在禪堂上，就曾對弟子們舉了正堂明辨「蚯蚓化為什麼化為百合？」的這則公案，然後吟了唐朝詩人劉皂[527]（一說賈島[528]）的〈渡桑乾〉詩：

> 客舍并州已十霜，歸心日夜憶咸陽；
> 無端更度桑乾水，卻望并州是故鄉。

詩中寫的是客居并州（山西省太原、大同一帶）時，思念故鄉咸陽（位於陝西省），但在渡過桑乾河（位於河北省西北部和山西省北部）之後，才發現，其實并州就是故鄉。

是呀，真如本心因為被煩惱所覆蓋，人們才會淪落人間。但真如本心這個「故鄉」（咸陽），並不在遠方，它就在處處煩惱的人間——并州呀！不管是蚯蚓或是百合，都是相同的一物呀！

219 狗子佛性有

僧人問趙州[529]禪師：「狗子有無佛性？」趙州答：「無。」僧人說：「上自諸佛，下至螻蟻，都有佛性。為什麼狗子無佛性？」趙州答：「因為狗子有業識（煩惱所覆蓋的心識）。」

嚴康朝[530]居士參究上面這則禪門有名的公案——「狗子無佛性」，開悟後，寫了一首頌：

趙州狗子無佛性，我道狗子佛性有。
驀然言下自知歸，從茲不信趙州口。
著精神，自抖擻。隨人背後無好手。
騎牛覓牛笑殺人，如今始覺從前謬。

的確，下定決心，一心向前，絕不退後；這是禪修者所應持有的態度。不管有佛性或無佛性，都不去理會它，才是禪修的正路。人人本有佛性，不要像騎著牛去找牛一樣，要知道自己本來是佛，決無久缺。

220 一日看盡長安花

慧空[531]禪師在禪堂上，對弟子們說：「《金剛經》說：『佛告須菩提：爾所國土中，所有眾生若干種心，如來悉知。何以故？如來說：諸心皆為非心，是名為心。』你們大家想要知道這段經文的意思嗎？」禪師問著問著，吟了下面兩句詩：

春風得意馬蹄疾，
一日看盡長安花。

是呀，體悟「諸心皆為非心」、一切皆空的解脫者，都知道一切事物，包括所有眾生心的本質呀！這就像在春風中，騎著跑得很快的馬匹，一日之間，看盡長安城裡的花一樣呀！

遼天射飛鴞

五代宋初人張拙[532]秀才，曾參石霜慶諸[533]禪師，因而悟道。悟後寫了下面這首詩：

光明寂照遍河沙，凡聖含靈共我家。
一念不生全體現，六根才動被雲遮。
斷除煩惱重增病，趣向真如亦是邪。
隨順世緣無罣礙，涅槃生死等空花。

一天，雲門[534]在禪堂上說法，一個僧人想問問題，先是吟了張拙秀才的詩：「光明寂照遍河沙……」雲門禪師沒等他吟完，就說：「這不是張拙秀才的話嗎？」僧人答：「是的。」雲門說：「話墮（話說錯）了！」

而混源曇密[535]禪師則舉了雲門的這則公案，然後吟一首詩：

平地撈魚蝦，遼天射飛鴞。
跛足老雲門，千錯與萬錯。

張拙秀才的悟道詩，說的是：不管是凡夫或是聖者，人人本有照遍整個山河大地的「光明」（真如本心）。只要你不生妄念，它就會顯現出來。反之，如果你眼、耳、鼻、舌、身、意這「六根」稍稍生起認知作用，真如本心就會像被烏雲遮住一樣，隱而不現。禪修者千萬不要生起斷除煩惱，也不要生起想要證入真如的念頭。禪修者，應該隨順世間的萬事萬物，應該把涅槃和生死看做是虛空花一樣的空幻不實。

而僧人吟了張拙秀才的詩，想問問題，雲門卻以為那是張拙秀才的意思，不是僧人自己所悟。因此罵僧人「話墮」。的確，禪修貴在說出自己所體悟的話，而不是拾人牙慧。

至於混源曇密禪師的評論，則說反過來肯定僧人所吟張拙秀才的詩句。他說：張拙秀才所悟得的道理——「光明寂照遍河沙……」，真是奇妙呀！它就像在平地上撈到魚蝦一樣奇妙，就像仰天射大鶚鳥一樣的曠遠自在呀！雲門呀，雲門！你罵僧人所吟的這幾句詩，罵得沒道理呀！

222 玉露垂青草

一天，遯庵祖珠[536]禪師在禪堂上，對徒眾說：「不是心，不是佛，不是物。瀝盡野孤涎，趯翻山鬼窟。平田淺草裏，露出焦尾大蟲。太虛寥廓中，放出遼天俊鶻。呵！呵！呵！露風骨。等閒拈出眾人前，分明是何物？咄！咄！」

又一天，禪師又在禪堂上，對徒眾吟了一首詩：

玉露垂青草，金風動白蘋；
一聲寒雁叫，喚起未惺人。

是呀，禪道既不心，也不是佛，更不是物。只要體悟這個道理，那就能夠讓野狐的口水滴乾，就能夠踢翻山鬼的洞窟。那真是奇妙不可思議呀！那時，在淺草的平地裡，有焦尾老虎出現了；在廣闊的太虛空中，把俊美的鶻鳥放飛了。真是雄偉、自在呀！呵！呵！呵！禪者的風骨，終於露出來了。

但那禪道，到底是什麼西呢？咄！咄！還問什麼它到底是什麼東西！

然而，不是心，不是佛，不是物的禪道，究竟是什麼？看哪！垂掛在青草葉上的露珠，還有被秋風吹動的白蘋，就是禪道呀！要不，太虛空中飛翔的寒雁叫聲，就是禪道呀！

不塗紅粉也風流

俱胝[537]初住庵時，在庵中靜坐。有一頭戴斗笠的女尼，名實際[538]來訪，繞著俱胝的四周轉了三周，邊轉邊說：「如果你能說些什麼道理，我就摘下斗笠」。這樣繞了三次，俱胝還是無法回答。實際女尼失望地想離開廟庵，俱胝卻說：「天色已晚，留下來住一宿吧！」女尼還是那句老話：「如果你能說些什麼道理，我就留下來住一宿。」俱胝還是無法回答，於是女尼失望地離開了。

這夜，俱胝無法入眠，心想：「我堂堂一個男子漢，竟然比不過一個女尼！慚愧慚愧！明天一早就離開廟庵吧！」

那夜，俱胝做了一個夢，夢見庵旁土地公廟裡的土地公，來託夢說：「明天你且不要離開。再過幾天，有人會來這裡，你把心中的疑惑拿出來問他，他必定能為你解決心中的疑惑。」

隔幾天，果然有一個自稱天龍[539]的禪師來到庵裡。俱胝把心中疑問拿出來問天龍，天龍一句話也不說，只豎起一根手指。俱胝大悟。

這是禪門有名的「一指禪」公案。報恩法演[540]禪師在禪堂上，為弟子們舉了這則公案，然後吟了一首詩：

佳人睡起懶梳頭，把得金釵插便休；
大抵還他肌骨好，不塗紅粉也風流。

人人都有佛性，都是莊嚴的佛陀，哪裡還需要什麼化妝呢！就像原本長得很標緻的婦人，哪裡還需要梳頭呢！實際女尼要俱胝回答的，正是這個道理。天龍伸出一指，指示俱胝的，也正是這個道理。

牛帶寒鴉過遠村

世尊[541]在靈山上說法，天神從天上帶了一朵金色蓮花，來獻給世尊。世尊一句話也沒說，只是用手拈起這朵金色蓮花。底下的弟子們，都不知釋尊[542]的用意。只有迦葉[543]尊者破顏微笑。世尊見迦葉破顏微笑，於是開金口說：「我已經把不立文字、教外別傳的正法眼藏，傳給了迦葉尊者。」

這是禪門有名的「拈花微笑」公案。

肯堂彥充[544]禪師舉這則公案，在禪堂上，對弟子們說：「世尊不說（而）說，迦葉不聞（而）聞。」然後拿起榻杖，在地上頓了一下，吟了兩句詩：

水流黃葉來何處？
牛帶寒鴉過遠村。

禪道（正法眼藏）無法口說而傳，也無法耳聽而得。但畢竟還是傳承下來了，那是「以心傳心」呀！這就像黃葉隨著流水，流遍各地一樣。也像寒鴉停在牛背上，經過許多村莊一樣。

225

一聲江上侍郎來

有一次，劍門安分[545]庵主在江中，看著建築華麗的岸上宮闕。聽到街市的一個官員，大叫：「侍郎（官名）過來。」因而大徹大悟。於是作了一首悟道詩：

幾年箇事掛胸懷，問盡諸方眼不開；
肝膽此時俱裂破，一聲江上侍郎來。

的確，禪道無所不在，當然也在官員喊叫「侍郎過來」的叫聲上。

山色不同觀

浙翁如琰[546]禪師在禪堂上，拿起拄杖（枴杖），說：「蔣山[547]禪師把這叫做拄杖，你們也把這叫做拄杖。這當中，有黑白之分嗎？」說完，又吟了兩句詩：

闌干雖共倚，
山色不同觀。

是呀，都把它叫做拄杖，但卻有迷與悟之分呀！就像兩個人，同樣倚在欄杆上觀賞山色，卻有不同的心情一樣呀！禪道只有一個，悟者知道它就是禪道，而迷者呢？

227 本身盧舍那

僧人問鹽官齊安[548]國師：「什麼是本身盧舍那[549]（佛陀的真身）？」國師說：「替老僧拿淨瓶過來。」僧人把淨瓶拿過來給國師。國師說：「放回原來的地方吧。」僧人把淨瓶送回原來的地方之後，復來問同樣的問題：「什麼是本身盧舍那？」。國師說：「古佛已經逝世很久了。」

有一天，性空智觀[550]禪師在禪堂上，舉了上面這則公案，然後對弟子們說：「眼睛瞎掉的人，很難跟他形容有顏色的東西。耳朵聾掉的人，很難跟他談論聲音。那個僧人既然不能體會鹽官國師的指點，國師的指點也只是空談了！」說完，又拿起拂子，畫了一畫，然後說：「前面的葛藤（前面所說的這些話），一時畫斷。你們說說看，什麼是本身盧舍那？」說完，丟掉拂子，然後走下禪座來。

的確，禪道（本身盧舍那佛）無所不在，當然也在淨瓶上。鹽官國師兩次指點僧人，像是瞎眼、耳聾的僧人，卻沒有因此悟入，所以國師只好感嘆地說：「古佛已經逝世很久了。」

一簑煙雨屬誰家？

俗姓王的南泉[551]禪師，曾對弟子們說：「王老師（南泉自稱）從小養了一頭水牯牛（母牛），想放牠到溪東去吃草，卻免不了要吃到國王的水草；想放牠到溪西去吃草，同樣，免不了要吃到國王的水草。不如隨分納些些（安份一點），全都不要。」

鐵牛印[552]禪師在禪堂上，舉了這則公案，然後吟了一首詩：

不如隨分納些些，喚作平常事已差；
綠草溪邊頭角露，一簑煙雨屬誰家？

禪道雖然無所不在，但卻不侷限在溪東，也不侷限在溪西。想修禪道，就必須安分一點，不執著在像東、西這種對立的想法上。禪道就在平常的事物之上，但把禪道稱作「平常事物」已經錯了，更何況執著在東、西這種對立、矛盾的概念之上。那麼，禪道在哪裡呢？看哪！它就在綠草溪邊露出的牛角上，就在一簑煙雨之上呀！

229 真如佛性

演化戈[553]禪師問報慈[554]禪師：「什麼是真如佛性？」報慈答：「誰無？」演化不懂，又去問護國[555]禪師，護國答：「誰有？」演化聽了大悟。

秀嵓師瑞[556]禪師對弟子們舉了這則公案，然後吟了一首詩：

誰無誰有全機道，言下翻身不唧溜；
直饒未舉已先行，錯認簸箕作熨斗。

吟了詩，又「呵，呵，呵」大笑三聲，然後說：「如果有人懂得倒騎驢子，那麼他一生就都不跟在別人的後面了。」

有真如佛性也好，無真如佛性也好，都可以讓了悟入真如佛性，那可是「全機道」（圓滿無缺的禪機道理）呀！但若執著在有、無的語言概念上，那就「不唧溜」（不機靈）了。就算你比別人先行一步踏入禪修之路，你還是會把不是禪道的東西，誤認為是禪道呀！我們要當個懂得倒騎驢子（懂得靈巧變化）的人，這樣才能走在眾人前面，當個解脫者呀！

古磵寒泉

有個僧人問雪峰[557]禪師：「在古磵寒泉中的時候，怎麼樣？」雪峰答：「睜大眼睛，也看不見古磵寒泉的底部。」僧人又問：「喝寒泉的人，怎麼樣？」雪峰答：「喝的時候，不從嘴巴喝進去。」

僧人又把相同的問題，拿去問趙州[558]禪師：「在古磵寒泉中的時候，怎麼樣？」趙州答：「苦啊。」僧人又問：「喝寒泉的人，怎麼樣？」趙州答：「死了。」

住在育王寺的孤雲權[559]禪師，舉了上面這則公案，對弟子們說：「一個隨波逐浪，一個截斷眾流。檢點一下，發現（那僧）總是欠缺體會。今天，如果有人問我育王[560]：『在古磵寒泉中的時候，怎麼樣？』我就對他說：『必須親身見到雪峰。』再問：『喝寒泉的人，怎麼樣？』就對他說：『去問趙州吧！』」

禪道就在深不見底的古磵寒泉底下。而喝寒泉（禪道），不是用嘴巴（語言文字）喝，而是用心喝（用心體會）。這是雪峰的回答。那是隨順僧人的問題，正面地回答。

趙州就不同了，他用「苦」和「死」兩字，截斷僧人像流水一樣的思緒，讓他直接頓入禪道。

而育王寺的孤雲權禪師則說：要知道禪道在哪裡，那就必須親自體會雪峰的話。想要證入禪道，那就必須親自去問趙州。

禪道不是用嘴巴說的，而是要親身用心證入呀！

231 殘紅隨流水

笑翁妙堪[561]禪師在禪堂上，對徒眾吟了一首詩：

膏雨及時，江山如洗。
幽鳥語喬林，殘紅隨流水。
可憐盲聾瘖瘂人，不識此方真教體。

禪道是佛陀所教導給我們的，它就是「真教體」。它在哪裡？它無所不在，就在雨中的江山，就在喬林中啼叫的鳥兒身上，就在隨著雨水流去的殘紅。可是人們卻像盲聾瘖瘂人一樣，完全不能體會呀！

俗人沽酒三升

法華全舉[562]禪師來到瑯琊慧覺[563]禪師的住處，瑯琊問：「從哪裡來？」全舉答：「從兩浙（浙江東和西，即浙江）來。」瑯琊又問：「坐船來，或走陸路來？」全舉答：「坐船來。」瑯琊問：「船在哪裡？」全舉答：「就在我腳下。」瑯琊問：「不去管路途的經過，這句話怎麼說？」全舉用坐具打一打，然後說：「不老實的長老，如麻似粟（到處都是）！」說完，拂袖而出。

瑯琊問侍者：「這是什麼人？」侍者答：「全舉上座。」瑯琊訝異地說：「難道是全舉師叔嗎？先師曾教我去找他呢！」不一會兒，吃早餐時，瑯琊來到全舉的面前，說：「上座是全舉師叔嗎？不要怪我剛才的不禮貌。」全舉喝斥一聲，然後問：「長老哪時來到汾陽（在山西）？」。瑯琊答：「某某時到的。」全舉說：「我在浙江早就聽說你的大名了。沒想到你的見解，只是這樣！怎麼會聲名遠播呢！」瑯琊於是行禮說：「罪過，罪過。」

石鼓希夷[564]禪師在禪堂上，舉了上面這則公案，然後吟了一首詩：

聞名不如見面，見面不如聞名。
此地無金二兩，俗人沽酒三升。

聞名和見面，都不如。瑯琊這俗人，身上所有還不到二兩錢，只能買到三升酒呀！

六月無霜也道寒

達摩[565]命門人各說心得。道副[566]說：「不執著文字，也不離開文字，就是禪道。」達摩說：「你得到我的皮。」女尼總持[567]說：「就像慶喜[568]（阿難尊者）見到阿閦佛[569]國，見了之後，不想再見一樣。[570]」達摩說：「你得到我的肉。」道育[571]說：「四大（地、水、火、風）本空，五陰（色、受、想、行、識）非有，沒有一法可得。」達摩說：「你得到我的骨。」最後慧可[572]出來禮拜，一句話也不說地回到自己的位置。達摩說：「你得到我的髓。」

禪道不可說，所以不說的慧可得到了達摩禪法的精髓。

簡庵嗣清[573]禪師在禪堂上，舉了這則公案，然後吟了一首詩：

捏目生華立問端，得他皮髓被他謾。

者般瞎漢能多事，六月無霜也道寒。

嗣清說：揉揉眼睛，眼睛看到了許多花；然後在這些不存在的花上，提出問題。有的回答這樣，有的回答那樣；說這得到了皮，說那得到了髓。全都被達摩給欺騙了。這般瞎了眼的傢伙，實在多事，在六月沒有霜雪的天氣中，還說寒冷呢！

的確，禪道不可說，說這說那都不是禪道。得皮的道副所說固然不是禪道，得肉、得骨的總持女尼和道育所說，也不是禪道。甚至連得髓的慧可，不說一句話，也被達摩欺瞞呀！禮拜、回到原位，這些身體語言，也是語言。達摩門下這般多事的瞎漢，在無霜雪的六月天，也喊冷呢！

風從花裏過來香

雪峰義存[574]禪師在禪堂上，對弟子們說：「各位！望州亭和你相見了，烏石嶺和你相見了，僧堂前和你相見了。」

保福從展[575]禪師把雪峰的這幾句話，拿來問鵝湖大義[576]禪師：「僧堂前相見，就暫且不說吧！但是，望州亭、烏石嶺在什麼地方相見呢？」鵝湖聽了，一句話也不說，快步走回方丈室，而保福則低頭走進僧堂。

有個僧人舉了上面這則公案，問退庵道奇[577]禪師：「望州亭和你相見，是什麼意思？」退庵答：「左眼半斤。」僧人又問：「烏石嶺與你相見，是什麼意思？」退庵答：「右眼八兩。」僧人接著問：「僧堂前和你相見，又是什麼意思？」退庵答：「鼻子大頭向下。」僧人又問：「鵝湖快步回到方丈室，保福進入僧堂，又是什麼意思？」退庵以兩句詩回答：

水向石邊流出冷，
風從華裏過來香。

禪道無所不在，在望州亭，在烏石嶺，在僧堂。但卻無法用言語文字來傳達。這就難怪保福問鵝湖「你在什麼地方相見」時，鵝湖一句話也不說走回方丈室，保福則進入僧堂。至於退庵所謂左右兩眼半斤八兩，只不過指出問題的共同處。兩個問題，都在闡釋禪道的不可說呀！而「鼻子大頭向下」，乃至石邊流出的水是冷的、從花叢吹過來的風是香的，不過是在強調「平常心是（禪）道」罷了。

235

染得一谿流水紅

印度禪宗第二十四代祖師子尊者，來到罽賓國。國王問他：「你是不是已經證得五蘊（色、受、想、行、識，即身心）皆空的道理？」師子尊者[578]答：「是的，我已經證得五蘊皆空的道理。」國王又問：「既然已經證得五蘊皆空的道理，那麼是不是已經沒有生死的束縛？」尊者答：「是的，我已經沒有生死的束縛。」國王又說：「既然已經沒有生死的束縛，那麼你的頭顱可以給我嗎？」尊者答：「我的身心都是空的，怎麼會吝惜一顆頭顱呢！」於是國王揮刀，把尊者的頭顱砍了下來。

咦庵鑑[579]禪師在禪堂上，對弟子們，說了這則故事，然後吟了一首詩：

尊者何曾得蘊空，罽賓徒自斬春風；
桃華雨後已零落，染得一谿流水紅。

既然一切皆空，那麼，師子尊者的證入禪道（五蘊皆空）是空，罽賓國王斬下的頭顱也是空。

然而，一切皆空不是什麼都沒有，看哪！雨後的桃花雖然零落，但溪水中卻滿是紅色的桃花呀！

如風吹水，自然成文

破庵祖先[580]禪師在杭州靈隱寺當首眾（第一座）時，有個道人來請益：「胡孫子（猴子）捉不住，請禪師開示。」禪師答：「為什麼要捉牠。如風吹水，自然成（水）文。」

木陳忞[581]禪師讀到這則公案後，寫了一首詩：

至仁天子調玉燭，宇宙風清八百州；
寸刃不施王化徧，一人端拱坐龍樓。

人說心猿意馬，如何才能捉住這隻胡孫，不讓牠亂走亂跳？這是禪修者最大的問題。唉！就讓這隻胡孫子亂走亂跳吧！幹嘛去捉牠呢？不捉牠，牠自己會靜下來的。這就像由仁王所統治的太平盛世，仁王不必用兵，不必用重典，也能國強民富。（玉燭，風調雨順。八百州，全國。）

237

蝶戀芳叢對對飛

破庵祖先[582]禪師在禪堂上，對弟子們說：「十五日已前，像鏡子一樣的明亮。十五日以後，則像漆一樣的黑。正當十五日，又如何呢？」一說完，吟了兩句詩：

鶯遷喬木頻頻語，
蝶戀芳叢對對飛。

證得禪道之前和之後，一明一暗。（比喻禪修時的安祥，以及證道後的萬事寂然。）正當證道時，又如何呢？那真是美麗的境界呀！你看，飛到喬木上的鶯鳥，正在高興啼叫呢！你看，花叢中的蝴蝶，正雙雙飛舞呢！

238

鷓鴣啼處百花香

疏山匡仁[583]禪師聽說大溈安[584]禪師，曾有「有句無句，如藤倚樹」的話。於是來到大溈安住的地方，發現大溈安正在泥壁。疏山近前問：「聽說禪師有『有句無句，如藤倚樹』的話，是嗎？」大溈安說：「是的，沒錯。」疏山又問：「忽遇樹倒藤枯，句歸何處？」大溈安聽了，放下泥盤，呵呵大笑，回到自己的方丈室。疏山追到方丈室，說：「我從老遠特地跑來請教你問題，花了不少銀兩。你卻不肯回答。」大溈安於是叫侍者拿了兩百錢給疏山，並告知明招德謙[585]禪師，可以為他回答問題。

疏山於是來到明招的住處，把前後的情形，向明招報告。明招說：「大溈安頭正尾正，只是不遇知音。」疏山還是不明白，於是又問：「忽遇樹倒藤枯，句歸何處？」明招答：「你的問題，又要讓溈山大笑了！」疏山聽了大悟，有感而發地說：「溈山原來笑裡有刀！」

枯禪自鏡[586]禪師在禪堂上，對弟子們說了上面這則故事之後，停了一陣子不說話，最後則吟了兩句詩：

長憶江南三月裏，
鷓鴣啼處百花香。

禪道無形無相，無法用言語文字來描述。說禪道「有」，不對；說禪道「無」也不對。禪道是絕對的，甚至連「絕對」兩字，也不能用來描述禪道。「有」和「無」這兩個矛盾、對立的概念（語句），就像樹木和爬藤相倚相持一樣，有「有」就有「無」，有「無」就有「有」；二者相依相持。禪修者，必須拋棄「有」和「無」的對立概念，才能悟入禪道。就像樹倒藤枯，樹和藤才能結束相依相持的狀態一樣。這個道理，只能意會，無法言傳，所以大溈安被問到「樹倒藤枯時如何？」，以哈哈大笑回答。

想起江南的三月天，鷓鴣鳥啼叫著，百花正盛開呢！這是一幅多麼美麗的解脫境界呀！

239

佛來亦不著

一個行腳僧來扣門找鶴林[587]禪師，鶴林問：「是什麼人？」行腳僧答：「我是行腳僧。」鶴林說：「莫說是行腳僧來，就算是佛來亦不著！」行腳僧問：「為什麼？」鶴林答：「沒有祂停留的地方。」行腳僧聽了大悟。

住在天童寺的枯禪自鏡[588]禪師，在禪堂上對徒眾們說了上面這則故事，然後說：「天童[589]我就不一樣了。如果有人來扣門，我就把門打開，讓他進來。等他進來，就攔胸捉住他，然後說：『你說說看呀，你說說看呀！』如果來的人想回答，那就在胸膛上打一拳。如果他在這裡能夠轉身、能夠吐氣（能夠正確地應對），那就請他在明亮的窗下，安排他更上一層樓。」

一切皆空，這是禪門最高的境界。一切皆空，必須連佛也空，也不執著。

禪門的最高境界——一切皆空，也不可用語言來說。如果有所說，那就在他胸膛上重重打一拳吧！

二三千座管絃樓

五祖法演[590]禪師問前來參學的開聖覺[591]禪師：「釋迦[592]、彌勒[593]猶是他奴，這個『他』指的是什麼人呢？」開聖覺禪師回答說：「黝張三、黑李四。」法演禪師印可了他的見地。

有一天，萬庵致柔[594]禪師參訪密庵傑[595]禪師，密庵舉這則公案，說：「你說說看，這個『他』是誰？」萬庵答：「無地頭漢（沒有處所的人）。」密庵用責備的口吻說：「千聞不如一見。」萬庵聽了便打密庵一拳。密庵捉住萬庵大聲說：「你這個小鬼，到底見到什麼道理，胡亂打我。」萬庵說：「你更要再吃一拳。」萬庵正要出拳時，密庵連揮兩拳說：「打你這個無地頭漢！」萬庵豁然大悟。

法音[596]禪師為密庵和萬庵的對話，寫了一首詩：

虛空處處著拳頭，這漢何曾沒地頭；
四五百條花柳巷，二三千座管絃樓。

能夠把釋迦、彌勒當成奴隸的「他」，是誰呀？「他」是每一個本來是佛的你和我呀！「他」就是黝張三、黑李四呀！「他」就是沒有固定處所（無地頭）的每個人呀！

原先，萬庵只是在概念上了解這個道理。經過密庵的再三指默下，萬庵終於真正體悟「無地頭漢」的道理。他豁然大悟了！密庵的拳頭，打在萬庵身上，就像打在虛空上呢。萬庵哪裡是不懂「無地頭漢」這道理的人呢。看哪！四五百條花街柳巷裡，到處都是管絃樓呀！「他」，正如萬庵所說的，到處都是，無所不在呀！

枉喫羅山白米飯

明招德謙[597]禪師是羅山道閑[598]禪師的徒弟。一日天寒，明招走上禪堂，眾僧才剛集合在禪堂，禪師便說：「這裡風頭稍硬（冷風很大），不是大家安身立命的地方。就暫且回到暖房，再做商量吧！」說完，便回到他的方丈室去，大眾跟著過來，站立著。這時，禪師又說：「才到暖房，就想瞌睡。」說完，用楖杖把大眾趕走。

淮海原肇[599]禪師為上面這則公案，寫了一首詩：

稍硬風頭早已乖，更將暖處自沈埋；
反令千古成蹤跡，枉喫羅山白飯來。

禪道不可說，也不必說。在風大的地方不能說，說了就「乖」（乖離，離禪道很遠）；在暖房一樣不能說，說了就「自沈埋」（埋沒了自己）。

不管是在風大的地方說禪道，或是在暖房說禪道，都使得千古以來、無形無相的禪道，變成有形有相、有蹤跡可尋；這是不對的。這就白白吃了羅山的白米飯（辜負羅山道閑師父）呀！

242 窗外一聲婆餅焦

有一種鳥，有三種叫聲。起初叫聲像「婆餅焦」，因此鳥名婆餅焦。宋．王質[600]《林泉結契》卷一說：「婆餅焦，身褐，聲焦急，微清，無調。作三語：初如云婆餅焦；次云不與吃；末云歸家無消息。後兩聲若微於初聲。」

龍溪文[601]禪師，對弟子們開示，就引了婆餅焦鳥的叫聲——「婆餅焦」，來讚頌禪道：

無相無形本寂寥，擬擡眸處轉迢遙。
蒲團靜倚無餘事，窗外一聲婆餅焦。

禪道無形無相，你刻意地想張眼看個清楚，它卻變得更加遙遠了。只要以「平常心」看待禪道，靜靜坐在蒲團上，聽聽窗外婆餅焦鳥的叫聲，就會發現婆餅焦的叫聲，就是禪道呀！

243 慣將筋折攪滄溟

德山宣鑑[602]禪師常用棒打的方式，來接引學人，形成特殊的家風，世稱「德山棒」。《五燈會元》卷七，曾這樣記載德山的禪法：「道得也三十棒，道不得也三十棒。」《景德傳燈錄》卷一更說：「（德山禪）師尋常遇僧到參，多以拄杖打。」

而臨濟義玄[603]禪師，則常以喝斥的方式，來教導弟子，世稱「臨濟喝」。《臨濟錄》說：「（臨濟義玄禪）師問僧：『有時一喝如金剛王寶劍，有時一喝如踞地金毛師子，有時一喝如探竿影草，有時一喝不作一喝用。汝作麼生會？』僧擬議，師便喝。」

住在虎丘（在蘇州）的東山道源[604]禪師，在禪堂上，拿起柺杖，這樣評論德山棒和臨濟喝：「德山棒、臨濟喝，都是前人用過的閒家具。虎丘[605]我，用什麼方法教導人呢？」說完，拿起柺杖，在地上頓了一下，然後吟了兩句詩：

不假鉗鎚烹佛祖[606]，
慣將筋折攪滄溟。

吟完，丟下柺杖，然後走下禪座。

不用鉗鎚，就把佛祖烹煮了。常常折斷筋骨，拿來攪動大海。這是何等氣概呀！也只有不用前人用過的德山棒、臨濟喝，而用自己手中柺杖教導弟子的禪師，才能這樣呀！

244 月輪穿海水無痕

夢窗嗣清[607]禪師於佛涅槃日（佛逝世那天，即農曆二月十五日），在禪堂上，對弟子們說：「佛陀[608]的真身——法身佛，像虛空一樣廣大無邊。為什麼卻在二月十五日，在雙林樹[609]下，做盡死模樣？」說完，隔了一陣子，又吟了兩句詩：

竹影掃階塵不動，
月輪穿海水無痕。

佛陀真身——法身佛，無形無相。禪道也同樣無形無相。法身佛無所謂死亡、不死亡。禪道也同樣無所謂死亡、不死亡。但佛陀的應化身，卻在二月十五日，死在雙林樹下。祂真的死了嗎？不！祂不動不移，哪會死亡。祂就像階梯上的塵土，竹子的影子是掃不動的。祂就像大海，映在上面的月亮，即使從東升起轉移到西，但大海卻是沒有水痕。

不是關公也大難

僧人問巖頭[610]和尚：「浩浩紅塵中，怎麼樣才能分辨（找到）主人翁？」巖頭答：「銅沙鑼裡滿盛油。」

一天，無鏡徹[611]禪師在禪堂上，向弟子們說了這則公案，然後吟了一首詩：

百萬雄兵入漢關，威如猛虎陣如山。
單刀直取顏良首，不是關公也大難。

顏良[612]，東漢末年，袁紹[613]麾下的名將。後來被曹軍擊敗，並被關羽[614]斬殺。四句詩旨在讚嘆關羽的勇猛。

僧人問：滾滾紅塵中，主人翁在哪裡？巖頭答：到處都是呀！人人本來是佛，何假外求？就像銅沙鑼（一種銅製容器）中盛滿了油一樣呢！

然而，畢竟在哪裡呢？他就是勇猛的關公呀，他斬下了袁紹麾下名將顏良的頭呢！

246 爛冬瓜

一日，癡鈍穎[615]和尚問荊叟如珏[616]禪師：「什麼是佛？」禪師答：「爛冬瓜。」然後寫了一首詩，呈給癡鈍和尚：

如何是佛爛冬瓜，歛著冰霜透齒牙。
根蒂雖然無窖子，一年一度一開花。

禪門以為一切皆空，一切都必須泯除，包括佛在內。因此如珏禪師以「爛冬瓜」來回答「什麼是佛[617]？」的問題。

這回答就像咬到了冰霜一樣，牙齒都凍壞了，真是令人印象深刻的回答。爛冬瓜，雖然爛掉了，果實不見了，但還沒爛掉的種子，卻能發芽，一年一度開花呢！這就像佛陀，雖然被空掉、泯除掉了，但佛法還是可以一代傳一代呀！

247 自然成紋

無準師範[618]禪師跟隨破庵祖先[619]禪師同遊石筍庵（在杭州），庵中一個修道者向祖先請益：「捉不住胡孫（心猿意馬）怎麼辦，請您開示。」祖先說：「幹嘛要捉牠？就像風吹水，自然成（水）紋。」隨侍在一旁的無準聽了，有所省悟。[620]

牧雲門[621]禪師讀了這則公案，寫了一首詩來讚嘆：

城門失火臭煙熏，殃及池魚尾盡焚。
無處更求三尺水，直看振鬣上青雲。

禪道的證得不是靠刻意去求，而是以「平常心」，讓它自然而得。就像風吹水面，水面自然有水紋一樣。也像城門失火，殃及魚池裡的魚兒。魚兒怎樣才能逃過這場災難呢？那就振鬣（魚頭兩旁的鬚鬚）上青雲（以平常心禪修）吧！青雲上一定有水。

248

一舉四十九

閻王[622]問雪峰[623]禪師：「我想要蓋一座佛殿，你看怎麼樣？」雪峰答：「大王何不蓋一座空王殿。」閻王問：「請禪師把空王殿的藍圖，畫出來給我。」雪峰一句話也不說，只是展開他的一雙手。雲門[624]禪師說：「一舉四十九（四十九：任務完成、功德圓滿）。」

即庵慈覺[625]禪師讀到這則公案，寫了一首詩讚嘆：

空王殿樣子，雪峰展兩手。
添得老韶陽，一舉四十九。
總是面南看北斗。

是呀，禪道（空王殿）怎麼會有形狀、樣子呢！所以雪峰只好一句話不說，用展開兩手來作答。而老韶陽（韶陽，雲門弘教的地方）——雲門禪師，只有讚嘆地說：雪峰的任務完成了（已經交出空王殿的藍圖了）。至於「面南看北斗」這句反話，不過是用來讚嘆雪峰和雲門，說他二人不可思議，能夠面向南邊，卻看到北邊的北極星呀！

249 鬼家活計豈能傳？

德誠[626]禪師是藥山惟儼[627]禪師的弟子，隨侍藥山三十餘年。離開藥山後，泛舟於朱涇、松江之間，接送四方來者，隨緣度世，時人稱他為船子和尚。

一日，夾山善會[628]禪師在道吾[629]禪師（船子[630]和尚的師兄弟）的推薦下，來到船子和尚這裡。船子才見，便問：「大德住什麼寺？」夾山說：「寺即不住，住即不似。」（這正如《金剛經》說的「應無所住，而生其心。」）船子說：「不似？不似個什麼？」夾山說：「不是眼前的東西。」船子說：「從哪裡學來的？」夾山曰：「非耳目所能理解的。」船子說：「一句合頭語，萬劫繫驢橛。」（一句像是合乎道理的話，永遠只像是綁驢子的短木片——障礙禪修的東西。）

船子又問：「垂絲千尺，用意在垂釣深潭裡的魚兒。但是釣勾離水三寸，你為什麼不說？」夾山想開口回答，卻被船子一橈，打落到水裡去。夾山才剛冒出頭來，又被船子打了下去。像這樣，來回幾次，船子又說：「你說呀，你說呀！」夾山想開口說，又被船子打。這回，夾山豁然大悟，乃點頭三下。

接著，夾山把自己所悟，向船子報告：「話語帶著玄奧，卻沒有明顯的路可走；舌頭說而不說。」船子聽了高興地說：「釣盡江波，金鱗始遇。」山乃掩耳。船子說：「就是這樣，就是這樣！」又說：「我三十年在藥山師父那裡，只明白這件事情。而現在，你已得到了。你去吧！」夾山剛離開，船子站在船上看著，就大聲叫他：「和尚！」夾山禪師回過頭來。船子豎起橈子把船弄沉，自己也因而淹死在河中。

即庵慈覺[631]禪師為這則感人的故事，寫了一首詩：

三十餘年在藥山，鬼家活計豈能傳？

當時不得夾山老，你且奈煩撐破船。

慈覺把船子和尚從藥山禪師那裡習得的禪法，稱為「鬼家活計」。的確，如果執著在那「不是眼前的東西」、「非耳目所能理解的」禪道之上，禪道就成了「鬼家活計」了。

250

松柏千年青，不入時人意

石田法薰[632]禪師對弟子們開示：「只要把握住根本，就不必為枝末發愁。然而，什麼是根本？什麼是枝末呢？」說完，吟了兩句詩：

松柏千年青，不入時人意；
牡丹一日紅，滿城公子醉。

吟完詩，接著又說：「山僧我這麼說，如果有人認為我說錯，那他就是我的同參。」

的確，把握住根本，枝末也就跟著把握住了。然而，人們往往忘本，更不必說枝末了。人們就像城中的公子哥兒，只愛盛開的牡丹，哪裡還去珍惜千年不凋的松柏呢！如果你不是這樣，那你就是禪師的同參呀！

251

笑入蘆花萬傾秋

一個新來的僧人，來參訪天目文禮[633]禪師。禪師問：「你叫什麼名字？」僧人答：「智虎[634]。」禪師作出驚怕的樣子。僧人想繼續說話，禪師不理會他，回到了方丈室。

石林鞏[635]禪師讀到了這則公案，寫了一首詩：

白浪堆中下一鉤，錦鱗紅尾尚悠悠。
漁翁不計竿頭事，笑入蘆花萬傾秋。

人人本來是佛，智虎——多麼響亮的名字呀！他就是佛。禪師點破了，僧人卻不懂，還想繼續說話。這就像漁翁（禪師）垂下釣竿，想要釣魚。錦鱗（僧人）卻沒有上鉤。漁翁見牠沒上鉤，於是不理會釣魚的事兒，微笑著，走入了秋天的蘆花叢（方丈室）中。

252

踏雪沽來酒倍香

一個僧人問香林[636]禪師：「什麼是衲衣底下的事情？」香林答：「臘月火燒山。」

蒺藜曇[637]禪師對這則公案，下了這樣的評論：「兔子哪裡會離開洞窟。」接著又說：「如果有人問我：『什麼是衲衣底下的事情？』我就對他說……」說著說著，禪師吟了兩句詩：

就船買得魚偏美，
踏雪沽來酒倍香。

衲衣，僧人穿的衣服。衲衣底下的事情，那當然是指勤奮的禪修者。勤奮地禪修，修得像臘月（農曆十二月）火燒山一樣的熾熱。衲衣底下的禪修者，還必須像兔子不離開洞窟一樣，不離開作為禪修者的本分。透過勤奮、努力而得到的道行，才是最珍貴的。就像到漁船上買回來的魚兒，特別鮮美；踏著雪去買回來的酒，特別香醇。

253 不是，不是！

放牛余[638]居士參訪無門慧開[639]禪師，凡有所問，無門都回答：「不是，不是！」

一日，余居士向同參臭庵宗[640]禪師問說：「我們的師父，到底有什麼見解，怎麼敢對人天顛倒是非？」臭庵宗說：「我在無門師父座下，沒得到什麼道理，也沒什麼道理可以傳遞。我只得到兩個字。」余居士問：「哪兩個字？」臭庵宗說：「不是，不是！」余居士聽了，大徹大悟。

的確，禪道無形無相，無法用言語文字來描述。禪道非心、非佛、非物，自然是「不是，不是」！

月子彎彎照九州

沈道婆[641]問放牛余[642]居士：「是非的關卡，一共有幾句？」余居士答：「共有四句。」道婆問：「哪四句？」居士答：「第一句：『有是，有非，則不可。』第二句：『無是，無非，也不可。』第三句：『是是、非非，也不可。』第四句：『非是是，非非非，也不可。』如果遠離這四句，就能見到本地風光。」

道婆又問：「我能遠離這四句嗎？」居士答：「你無法遠離。」道婆說：「人人有分，為何只有我無法遠離？」居士答：「嫁鷄隨鷄飛，嫁狗隨狗走。」

道婆又問：「什麼是本地風光？」居士答：「月子彎彎照九州，幾人歡喜幾人愁。」道婆說：「我不問這種本地風光。」居士問：「那麼，你要問什麼本地風光？」道婆答：「我問的是無男女相的本地風光。」居士說：「既然無男女相，還問什麼是非的關卡！」

道婆問：「還有更上一層的事情嗎？」居士答：「有。」道婆問：「什麼是更上一層的事情？」居士答：「馬蝗叮住鷺鷥腳，你上天時我上天。」

禪道不是「是」，不是「非」（不是），不是「非是」（不是「不是」），也不是「非非」（不是「不是『不是』」）。這四句，窮盡了語句的所有形式；而它們都無法描述禪道。如果能夠體悟這點，那就見到了「本地風光」（自己原本就有的解脫境界）。而道婆，隨著凡俗流轉——所謂「嫁鷄隨鷄飛，嫁狗隨狗走」，因此無法證得本地風光。

然而，什麼是「本地風光」呢？那是有人看了歡喜，有人看了發愁的「月子彎彎照九州」（九州：全國各地）。已證得自己原本就有的解脫境界的人，歡喜；未證得自己原本就有的解脫境界的人，發愁呀。

有人歡喜，有人發愁；這畢竟還是不究竟。有沒有無男女相，無歡喜、發愁，超越一切矛盾、對立的境界呢？有！那就是叮住鷺鷥腳，隨鷺鷥飛上天的馬蝗。自由飛翔的鷺鷥，就是禪道；叮住（證得）禪道，跟著往天空飛翔的人（馬蝗），就是見到「本地風光」的聖者，就是超越男女相，超越一切矛盾、對立的解脫者。

255

春風落盡桃華片

德山宣鑒[643]禪師聽聞南方禪宗，主張「不立文字，教外別傳」，不研究佛典。因此來到南方，參見龍潭崇信[644]禪師。

德山見法堂空無一人，便大聲說：「龍潭[645]是我嚮往已久的地方，誰知來到之後，既不見龍，又不見潭！」龍潭剛好來到，接著說：「你現在到的地方難道不是龍潭嗎？」德山無言以對，請求在寺裡住幾天。

一天，德山陪龍潭在禪堂上閒話，不知不覺已經夜深。龍潭說：「天晚了，該回去休息了。」德山便出屋而去，隨即又返身回來說：「天太黑，路不好走。」龍潭點起燈籠，作出遞給德山的樣子。德山伸手來接，龍潭撤回燈籠，一口吹滅了。德山大悟，倒身便拜。龍潭問：「你見到什麼道理了？」德山回答：「從今之後，我再不會懷疑和尚的舌頭了。」

孤峰秀[646]禪師舉了上面的公案，問皖山正凝[647]禪師：「你認為，什麼是德山親自證得的？」皖山用手捂住孤峰的嘴巴，不讓他說話，然後吟了一首詩：

潭不見，龍不現，全身已在空王殿。
夢回忽聽曉鶯啼，春風落盡桃華片。

當德山抱怨「潭不見，龍不現」時，他已身在空王殿（禪道）裡。然而，德山證得什麼道理呢？看呀！當他入夢時，忽然聽到早上的鶯鳥在啼叫呀！而春風正把片片桃花吹落呢！禪道就在這些景色上面呀！

256

百花叢裏躍鞭過

慈明楚圓[648]禪師，一日在方丈內放了一盆水，上面橫了一口劍，下面放了一雙草鞋，然後拿著楖杖而坐。看見有僧人進門，便指著這盆水。僧人想說話，慈明便棒打。

斷橋妙倫[649]禪師在禪堂上，對弟子們，舉了上面這則公案，然後吟了一首詩：

百花叢裏躍鞭過，俊逸風流有許多。
未第儒生偷眼覷，滿懷無奈舊愁何。

放下利劍吧！脫掉草鞋吧！好好洗洗手、洗洗臉吧！長途跋涉的禪修者呀！既然已經證得禪道，那就停歇下來，好好休息吧！

你騎在馬背上，已經躍過百花叢，你留下了俊逸風流的身影。雖然你是個沒有中第的書生，但為什麼還要滿懷無奈的舊愁呢？你是證道的解脫者，該是拋去一切舊煩惱的時刻了。

257

不見蘆華對蓼紅

雲岫靖[650]禪師在禪堂上，對徒眾說：「古人說：『依照佛經，而解釋其中的道理；那是三世佛冤。反過來，離開佛經一字而說法，那就和魔說沒有兩樣。』依照佛經不可以，離開佛經也不可以，到底要怎麼才好？」說完，用枴杖在地上頓了一下，然後吟了兩句詩：

漁人只看絲綸上，
不見蘆華對蓼紅。

不可依照佛經而說，也不可離開佛經而說；因為禪道是超越「依照」和「離開」的。千萬不要像漁人那樣，一直盯著釣魚絲（超越或不超越）而看，卻忽略了河邊美麗的雪白蘆花和紅咚咚的蓼花（忽略了禪道）呀！

258 玻璃盞子喫茶時

無著[651]和尚到五臺山，和老翁（文殊[652]菩薩化身）喫茶。老翁拿起玻璃盞子，問無著：「你從南方來，南方有這個嗎？」無著答：「沒有。」老翁又問：「那麼，南方平常用什麼喫茶？」無著聽了，不知怎麼回答。

象潭泳[653]禪師為上面這則公案，寫了一首詩：

五臺凝望思遲遲，白日青天被鬼迷；
最苦一般難理會，玻璃盞子喫茶時。

禪道無所不在，當然也在玻璃盞子之上。禪道既在北方，也在南方。南方怎麼會沒有喫茶的玻璃盞子呢！無著在五臺山上，想法太遲鈍了，白日青天的，他被鬼迷了，以致把喫茶用的玻璃盞子，想得太難理會了。

259

大道無人獨自行

陸亘[654]大夫問南泉[655]禪師：「您貴姓？」南泉答：「俗姓王。」大夫又問：「有眷屬嗎？」南泉答：「四臣[656]不昧。」（我有四類賢能的臣子，都很聰明。）大夫又問：「王住在什麼位置上？」南泉答：「我住在生苔的玉殿中。」大夫又問：「生苔的玉殿怎麼樣？」南泉答：「不住在正位當中。」[657]

石帆衍[658]禪師為這則公案，寫了一首詩：

金鴨香銷更漏深，沈沈玉殿紫苔生；
高空有月千門照，大道無人獨自行。

已證得禪道的「王」（這是雙關語，一者指國王；二者指南泉，他俗姓王），有四臣（許多菩薩）作為眷屬。他住在哪裡呢？他住在生苔的玉殿當中。而所謂住在生苔的玉殿，指的就是「不住在正位（正位：涅槃）」。解脫者到處救渡眾生，怎會停留在「正位」當中呢！

香爐（金鴨：鍍金的鴨形銅香爐）裡的檀香已經燒完了，夜很深了。沈沈的玉殿，生長著紫苔呢！高空中的月亮，照耀著千門萬戶，證得禪道的解脫者，獨自一人，走在救渡眾生的大道上呢！

260 月上青山玉一團

文殊[659]菩薩問庵提遮女[660]：「『生』是什麼意思？」庵提遮女答：「『生』的意思是：不生之生。」文殊問：「什麼是不生之生？」庵提遮女答：「若能明白地、水、火、風四緣，不是獨立存在，而是和合而生。這就是『生』的意思。」文殊又問：「『死』是什麼意思？」庵提遮女答：「『死』的意思是：不死之死。」文殊問：「什麼是不死之死？」庵提遮女答：「若能明白地、水、火、風四緣，不是獨立存在，而是有所離散。這就是『死』的意思。」庵提遮女又問文殊：「明知生是不生之理，為什麼卻落在生死輪迴當中？」文殊答：「因為修行的力量，還沒有達到圓滿的緣故。」（見《佛說長者女菴提遮師子吼了義經》）

的確，地、水、火、風這四大（四種元素）有聚有散。聚則組成我們的身心，也就是「生」；相反，散則是「死」。人們雖知道這個道理，但卻道行不深，不能看破，所以墮在生生死死的輪迴中。

簡翁敬[661]禪師在禪堂上舉了這段經文，然後吟了一首詩：

問處分明答處端，當機覿面不相謾；
死生生死元無際，月上青山玉一團。

文殊菩薩和庵提遮女的問答，非常明白而且正確。他們親身面對彼此，把握住了最好的機宜，而不互相欺騙。人們死死又生生，墮在無限的輪迴當中。然而，只要你體悟了其中的道理，那就可以看到一輪明月，像一團美玉一樣地升上山頭。

261 不知流出洞中春

性原慧朗[662]禪師，在佛陀[663]涅槃日（佛陀逝世的紀念日），在禪堂上，對弟子們說：「涅槃和生死，就像空中花一樣虛幻。佛陀和眾生，只是多餘的話。各位！在這裡，怎麼樣體會？」默然無言好一陣子，然後吟了兩句詩：

但見落花隨水去，
不知流出洞中春。

證得涅槃就是佛，有生死輪迴就是眾生。然而在無形無相、一切皆空的禪道中，涅槃和生死都是空花，佛陀和眾生也都是多餘的分別。體悟這點，才真的是體悟禪道的解脫者；否則，還是個落在生死中的凡夫。要知道，春天的落花隨水流去，流過了山洞，流出來的還是一樣美麗的春花。體悟一切皆空，體悟無所差別的人，才是真正解脫者。

262 不如緘口過殘春

天鏡元瀞[664]禪師在禪堂上，對徒眾說：「即心即佛，嘉州牛喫禾。非心非佛，益州馬腹脹。不是心不是佛，天下覓醫人，炙豬左膊上。」說完，默然無語好一陣子，然後吟了兩句詩：

啼得血流無用處，
不如緘口過殘春。

牛是吃草的，但聽到「即心即佛」後，卻吃起稻禾來了。馬是健康的，但聽到「非心非佛」後，卻腹脹了。而天底下，想找醫生的人，在聽了「不是心不是佛」後，卻在豬的左胳膊上，烤了起來。可見不管「即心即佛」、「非心非佛」，或是「不是心不是佛」，都與無形無相、不可言說的禪道相違背。像鳥兒那樣，啼得口裡流血，也是沒有用的。還不如閉口不說話，好好過完沒剩幾天的春天。

263 今日熱如昨日

僧問趙州[665]禪師：「萬法歸一，一歸何處？」趙州答：「我在青州（在山東濰坊）作一領布衫，重七斤。」

了幻法林[666]禪師在禪堂上，對弟子們說：「趙州雖然很會用太阿寶劍，把問問題的僧人舌頭割斷；但未免自揚家醜。我就不一樣了，如果有人問我：『萬法歸一，一歸何處？』我就對他說：『今日熱如昨日。』」

僧人問：「萬法歸一，一歸何處？」趙州卻回了一個不相干的答案。因為禪道不可言說呀！而了幻禪師雖然回了一句不相同的答案，卻同樣不相干呀！

264 三箇猢猻夜簸錢

仲猷祖闡[667]禪師在禪堂上，對弟子們說：「即心即佛，非心非佛，不是心不是佛。五臺山上雲蒸飯，佛殿階前狗尿天，剎竿頭上煎鎚子，三箇猢猻夜簸錢。」

禪道不可言說，卻有一些禪師，偏偏喜歡說什麼「即心即佛」，說什麼「非心非佛」，說什麼「不是心不是佛」。這完全是錯誤的，就像五臺山上的雲蒸煮米飯一樣的荒謬；就像佛殿的台階前，狗向天空尿尿一樣的荒謬；就像在剎竿[668]煎鎚子一樣的荒謬；就像三個猢猻在晚上賭博一樣的荒謬。

一覺和衣到曉眠

無方智普[669]禪師在禪堂上，對弟子們吟了一首詩：

六月行人口吐煙，區區只為利名牽；
爭如林下無心客，一覺和衣到曉眠。

吟完詩，禪師拍了一下禪牀，然後又接著說：「我不惜造口業，也要為你們說破。等到臘月三十日（死亡日）到來，閻老子要向你索討飯錢。」

六月大熱天，人們忙忙錄錄，只為名和利而忙。還不如在林下做個無心客（沒有煩惱的人），穿著衣服睡到天亮。千萬不要等到一年的最後一天——臘月三十日（生命的盡頭——死亡），下了地獄，吃著地獄的牢飯，還讓閻羅王[670]來向你要飯錢。

266

石頭路滑

有個僧人問雲門文偃[671]禪師：「久雨不晴時，怎麼樣？」雲門答：「劄（扎下去）。」

仲方天倫[672]禪師在禪堂上，對弟子們舉了上面的這則公案，然後吟了一首詩：

雲門一劄，猿啼巴峽；
熊耳峰高，石頭路滑。

雲門禪師的家風（教學風氣）是孤危聳峻，一般人很難理解。他常常以「出奇言句」，來回答弟子們的提問。這裡的「劄」就是一個實例。採用出奇言句來回答弟子們的提問，無非想要阻斷弟子們的胡思亂想，這樣才能直證禪道。僧人問「久雨不晴」（禪修很久卻無法悟道）的問題，雲門卻答了一個不相干的「劄」（扎下去）字。他這一「劄」，連巴峽（湖北巴東的長江峽谷，即三峽）的猿猴都啼叫了。他的這一「劄」，就像熊耳山[673]一樣的高。熊耳山的石頭路滑，想攀登都很困難呀！

九州四海一家風

舍利弗[674]入城，遙見月上女[675]出城。舍利弗想：「這位姊姊見佛[676]，不知是否已經得到無生法忍（很高的一種禪定）？我來問問她。」於是便問月上女：「你要到哪裡去？」月上女答：「就像舍利佛你那樣而去。」舍利弗說：「我才要入城，你卻要出城。怎麼說你像舍利佛我那樣去呢？」月上女說：「諸佛弟子，應當依靠什麼而安住呢？」舍利弗說：「應當依大涅槃而安住。」月上女說：「既然要依大涅槃而安住，那麼我就像舍利弗你一樣，就那麼去了。」

嶺鐵〔此束〕念[677]庵主讀到這則故事之後，寫了一首：

出城入廓兩相逢，來去誰云路不同？
回首涅槃臺上望，九州四海一家風。

安住在涅槃的解脫境界當中，一切都無差別；入城、出城自然也不例外。登上涅槃的解脫臺上，向四處一望，發現九州[678]、四海都是一樣的呀！

謹防惡犬

無能教[679]禪師，在門口掛了一面牌子，上面寫著：「謹防惡犬。」

一天，竺源盛[680]禪師來參訪，才跨進門，就說：「老和尚！請你為我趕狗。」無能聽了，一句話也沒說，就走進他的房間。智首座[681]出來迎接竺源。

這時，無能正好從他們兩人的面前走過去。智首座對無能說：「這位上人特地來參見和尚您。」無能說：「剛剛已經相見過了。」

禪道貴在無言無語。在相互默契之下，禪道默默然傳遞下去了。

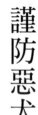

大似楊花逐曉風

一日，高峰原妙[682]禪師因同宿道友，把枕頭推落地，因而大徹大悟。悟後，他自稱：「就像到泗州見大聖，遠客還故鄉一樣。原來只是舊時人，不改舊時所走過的路。」

雪嶠信[683]禪師讀到這則公案，寫了一首詩：

南北無門路不通，分毫有主賊來攻；
直饒主客都星散，大似楊花逐曉風。

而朝宗忍[684]禪師也寫了一首詩，來讚嘆這則公案：

月落霜天夜正寒，錦鱗透網潑天瀾；
枕頭落地何時悟？遮覺從前被悟瞞。

禪道無所不在，當然也在枕頭落地這件事情之上。體悟了禪道，就像到泗州見到了泗州大聖[685]，然後回故鄉，所走的路都是舊時路，所見的人都是舊時人。原來，禪道原本就在人人心中，人人本來是佛，是泗州大聖呀！

地雖無南、北之分，但有時還是會有賊人（煩惱）來攻打主人。只要禪修到主、客（賊，煩惱）的對立都泯除了，那就悟得禪道，解脫了。那時，就像楊花隨著清晨的微風而飄一樣，自由自在呀！

而朝宗禪師則說：經過寒冷的晚上（辛苦的修行），錦鯉終於衝破魚網，跳上天了。（終於悟道解脫了。）然而，枕頭落地了，哪時能真正證得禪道而覺悟呢？這種覺悟，從前被那自以為是的悟道，所欺瞞了。而今，錦鯉終於衝破魚網，真正覺悟了。

270 笑倒西天碧眼胡

雪巖祖欽[686]禪師在禪堂上，說：「僧人死了，也火葬——燒了。請問他到哪裡去了？」說完，沒等弟子們回答，便自答：「山河及大地，全露法王身。」弟子鐵牛持定[687]禪師聽了，開悟了。他從眾師兄弟中走出來，向雪巖禮拜，然後說：「剛剛和尚您宣揚般若，讓法堂前的石獅子，驚喜得又笑又舞。」雪巖說：「你繼續說說看。」持定說：「劫外春回萬物枯，山河大地一塵無。法身超出如何舉？笑倒西天碧眼胡。」雪巖敲打桌子，說：「山河大地一塵無，這個是什麼？」持定做出想把雪巖掀倒的樣子，雪巖笑說：「一彩兩賽[688]。」

僧人死了，到哪裡去了？他已融入法（王）身（佛身）當中，而法身是遍整個山河大地的。所以，他在哪裡？他就是法身呀！

聽了這個道理而開悟的持定，雖說那石獅子又笑又舞，其實是說他自己又笑又舞，喜悅極了。雪巖要他繼續說說看，他卻說：解脫境界中，一切皆空，您要我說什麼？您這個要求，要笑倒來自西天的達摩[689]祖師了。雪巖不死心，又叫他解釋什麼是一切皆空——什麼是「山河大地一塵無」？持定這回不說話，做出要掀倒雪巖的樣子。雪巖卻讚美他「一彩兩賽」（你和我同樣精彩）。

271

人前拋作百華毬

民間傳說，那吒[690]太子在戲水時，誤殺東海龍王[691]的三太子，連累一家遭龍王圍困，因此憤而自盡，削骨還父，割肉還母，避免株連親人。佛祖[692]同情那吒的遭遇，以蓮花化身，讓那吒復活，終於修成正果。

雪巖祖欽[693]禪師在禪室中，舉了這則傳說，鐵山瓊[694]禪師因而有所悟，寫了一首詩，來表達悟後的心情：

一莖草上現瓊樓，識破古今閑話頭；
拈起集雲峰頂月，人前拋作百華毬。

禪道（瓊樓）在萬法當中，在一莖草上當中。體悟這點，就識破古今的話頭（禪道）。看哪！悟道者神通廣大，他拈起雲中的月亮（禪道），從山頂上，把月亮拋向眾人面前，化作百花球了。就像那吒削骨還父，割肉還母一樣，換來的卻是修成正果的法身呀！

272

一百十城流水香

投子[695]和尚問僧人：「連日好雨，雨從哪裡來？」僧人不知如何回答。後來，僧人閱讀《華嚴經》，因而有所省悟。

絕象鑒[696]禪師讀了這則公案，寫了一首詩：

陌路遊人競採芳，不知眼底度春光；
夜來一陣落花雨，一百十城流水香。

禪道無邊，從天而降的雨水就是禪道。雨從哪裡來呢？禪道在哪裡呢？不要像陌路遊人那樣，到處尋芳，卻忽略了眼前的春光。看哪！一陣落花雨下下來，滿城的流水都是落花香呀！

只在蘆花淺水邊

僧人問白雲[697]禪師：「舊年已經過去，新年到了。什麼是『不遷』的道理呢？」

月庭忠[698]禪師對弟子們說了這則公案，然後吟了兩首詩：

罷釣歸來不繫船，江村月落正堪眠；
縱饒一夜風吹去，只在蘆花淺水邊。

落葉已隨流水去，春風未放百花開；
青山面目依然在，盡日橫陳對落暉。

是呀，歲月如流水，無常變化。但其中不變（不遷）的道理——禪道，在哪裡呢？

就在沒有綁好的、隨夜風飄流的釣船上。儘管夜風飄流，但怎麼飄流，船還是「不遷」（不變）地停留在蘆花淺水邊呢。

禪道也在對著落日而橫陳在那裡的青山上。儘管落葉已隨流水流去，春風雖然還沒吹來，百花卻已綻開。四季像流水一樣的變化，但青山依然「不遷」地在那裡呢。

274

洎不過此

蘇東坡[699]居士來到蔣山泉[700]禪師這裡，蔣山問：「大儒貴姓？」東坡答：「姓秤。」蔣山又問：「是什麼秤？」東坡答：「稱天下長老舌頭的秤。」蔣山聽了，喝一喝，說：「你說說看，我這一喝，有多少重量？」東坡無語。

竺元妙道[701]禪師對大眾說了這則公案，然後叫大家替東坡居士回答蔣山禪師的問題。這時，有個掌管經藏，名叫別源[702]的禪師，站起來剪燭（把臘燭的燈芯剪短：表示兩人正在促膝長談）[703]。竺元看了，笑著說：「別源藏主剪燭。」有個僧人則請竺元代替東坡居士回答。竺元說：「洎不過此。」（洎，到、及。洎不過此：就是這樣。）

東坡居士和蔣山禪師是在聊天，就像促膝長談一樣。請問：平常人促膝長談時事、心事，東坡居士和蔣山禪師，談的又是什麼呢？

鐵鎚無縫舞春風

張拙[704]秀才參訪石霜[705]禪師。石霜問：「貴姓？」張拙說：「弟子名叫張拙。」石霜說：「在我這裡，想找巧，都不可得，拙從哪裡來？」張拙聽了，大悟。

寶葉源[706]禪師在禪堂上，對弟子們說了這則故事，然後吟了一首詩：

進前峭壁三千丈，退後懸崖十萬重；
珍重大唐張拙老，鐵鎚無縫舞春風。

巧和拙是對立的兩個概念，禪道超越了這種對立。巧不是禪道，拙自然也不是禪道。巧和拙就像三千丈高的峭壁，就像十萬重的懸崖，凡人是無法超越的。但大唐的張拙秀才，卻能夠超越它，在春風中，拿著無縫的鐵鎚（比喻難以悟入的禪道）跳舞呢！

276 末後句

雪峰[707]在德山[708]這裡，作飯頭（掌管飯食的職位）。一日飯來晚了，德山拿著缽出來。雪峰見了，說：「吃飯的鐘還沒敲打，你拿著缽到哪裡去？」德山聽了，便回方丈室。

雪峰把這事，告訴巖頭[709]。巖頭說：「大小德山（指德山和雪峰）不懂得末後句。」德山聽到巖頭的批評，命侍者把他找來。巖頭來了，德山問：「你不同意老僧的作為嗎？」巖頭祕密告訴德山他的本意，德山聽了，便罷休。

第二天，德山的言行果然和尋常不同。巖頭來了，拍手大笑說：「很高興堂頭老漢（指德山）懂得末後句，他日天下人對他無可奈何了。」

一日，寶葉源[710]問虛堂愚[711]：「末後句，如果說它有，德山怎麼可能不懂？如果說它無，巖頭卻說德山不懂。請和尚指點一下。」虛堂說：「我不懂。你去問閒極[712]。」

寶葉來到閒極這裡，碰巧閒極從外面回來，他向寶葉要水洗腳。寶葉端了一盆水來，讓閒極洗腳。然後把見到虛堂的經過，告訴閒極。閒極聽了，把水潑向寶葉，說：「有什麼末後句！」寶葉還是不懂，又來見虛堂，虛堂問：「閒極向你說些什麼？」寶葉把遇到閒極的經過，向虛堂報告。虛堂聽了說：「哪！哪！我不是告訴你，閒極懂得末後句嗎？」寶葉聽了，開悟了。

禪道無形無相，無法用言語描述。那麼有末後句嗎？興許沒有？

277

得見半邊鼻

有一回，民間偽傳，朝庭要選童男童女進皇宮。中峰明本[713]禪師問師父高峰妙[714]禪師：「忽然有人來向您要童男童女，您怎麼辦？」高峰答：「我只給他竹篦子（竹片紮成的刑具）。」明本一聽，開悟了。而高峰則寫了一首描述自己的詩，送給明本：

我相不思議，佛祖莫能識；
獨許不肖兒，得見半邊鼻。

弟子明本問的雖是童男童女，但其實是問：什麼是禪道？師父高峰則以竹篦子回答。禪道就在竹篦子上呀！

高峰還寫了一首描寫自己的詩，送給弟子明本。詩中說：我的樣子不可思議，連佛祖都不認得呢。我這首詩只給明本你這個不肖兒，讓你見到我的半邊鼻。（讓你略略體會我的用心。）表面上，高峰寫的是自己，但其實寫的是竹篦子——禪道。高峰將這禪道，傳給不肖兒明本了。

278 婆羅峰點頭

白雲度[715]禪師問無見先覩[716]禪師：「什麼是祖師[717]西來的密意？」先覩答：「等婆羅峰點頭，我再跟你說。」

介庵進[718]禪師讀到這則公案之後，寫了一首詩：

小姑臨嫁索根由，嫂對歸時向汝訓；
待得歸來問端的，半含笑語半含羞。

達摩[719]祖師從西域來中土的祕密意旨，當然是傳禪道。然而禪道不可說，無法用言語來描述。因此先覩禪師說：什麼是禪道（祖師西來意）？等婆羅峰點頭了，再跟你說。婆羅峰在哪裡？不重要，重要的是：它永遠不會點頭。因此先覩的回答等於說：什麼是禪道（祖師西來意）？我永遠不會跟你說；因為禪道是不可說的。

介庵的詩，寫得真妙！他說：小姑出嫁前，問嫂嫂有關新婚的種種情形。嫂嫂說：等你出嫁後第二天回娘家時，我再跟你說。等第二天小姑回娘家時，再問嫂嫂新婚的種種情形，嫂嫂卻羞答答地笑著，還是不肯說。

是呀！禪道（祖師西來意）無法用言語描述，你叫我怎麼說呢！

四十九年說不到

無見先覩[720]禪師對弟子們開示說：

風冷冷，日杲杲。

薝蔔華開滿路香，池塘一夜生春草。

堪悲堪笑老瞿曇[721]，四十九年說不到。

阿！呵，呵！

說完，拍了一下禪牀，然後走下禪座。

風有點冷，但太陽卻很燦爛。跟旁的薝蔔花開了，滿路都是花香。一夜之間，池塘裡也生了春草。這是禪道呀！這明明是禪道，但哈，哈，哈！可悲又可笑呀！說法四十九年的老瞿曇（釋迦佛[722]的俗名），竟然說不到呀！

讀者們！請問：為什麼說法四十九年，卻說不到這禪道呢？

280 等閒擊破虛空骨

日本夢窗智曤[723]國師，剛到中國禪修時，來到一山寧[724]禪師這裡求法。一山說：「我們禪宗沒有言句，也沒有一法可以傳給人。」國師說：「難道沒有任何方便法門嗎？」一山說：「本來廓然，就是大方便。」國師聽了，心中的懷疑還是沒有去除。

後來，國師來拜見高峰日[725]禪師，高峰問：「一山禪師對你有什麼指示？」國師把和一山的對話，一五一十地報告，高峰聽了，大聲喝斥說：「為什麼不對一山說：和尚你有不少疏漏！」國師聽了，心中有所省悟，更加精進禪修。

一天夜晚，國師久久禪坐，忽然仆倒，他因此大徹大悟。寫了一首悟道詩：

多年掘地覓青天，添得重重礙膺物；
一夜暗中颺碌磚，等閒擊碎虛空骨

他把寫好的悟道詩，呈給高峰，高峰印可了他的悟道。回日本後，大弘禪宗，朝庭賜號「普濟國師」。

是呀，禪道不可說，也不可傳遞。但仍有方便可傳，否則怎麼會有現在的禪宗呢？高峰叫國師喝斥一山不少疏漏，就是這個道理。

然而，禪修畢竟是要放下一切，貪想求得禪道（掘地覓青天），本身就是一種執著，反成禪修的障礙（膺物）。只有把這些執著，像抛磚塊一樣地用力一抛，才能擊破虛空骨呀！

萬派聲歸海上消

希古師頤[726]禪師因為對「狗子為什麼無佛性？」的「無」字公案，有所懷疑，而去請教時庵敷[727]和尚。時庵和尚答：「等冷泉逆流，再向你說。」

有一天，師頤有所省悟，來到時庵和尚的方丈室，對時庵說：「冷泉逆流了。」時庵問：「你見到什麼道理了？」師頤吟了兩句詩作答：

千峰勢倒嶽邊止，
萬派聲歸海上消。

時庵喝斥說：「只會說空話的傢伙！三十年後要吃虧了。」師頤聽了，拂袖便走出方丈室。

的確，禪道，包括「無」字公案，是無法用言語來說明的。這是為什麼時庵不回答師頤所問的原因。等到師頤開悟之後，他才知道：千峰傾倒，總會停止；淙淙出聲的萬派，流到大海上後，流聲就停止了。參究「無」字公案的心，也是一樣，終究要停止的。當他停止再去參究時，就是他頓悟禪道（「無」字公案）的時候。

282 道場唯有一

萬松行秀[728]禪師對弟子們說：「過去有個跨坐在驢背上的人，問眾僧：『到哪裡去？』僧人答：『到道場去。』跨驢人說：『哪裡不是道場！』僧人揮拳打了跨驢人，然後說：『這傢伙沒道理！在道場裡跨坐在驢背上，也不下來。』跨驢人無話可說。」

行秀說完這則故事之後，評論說：「人人都說：這跨驢人有頭無尾，能做不能當。卻不知道僧人前言不對後語。既然知道舉足下足都是道場，為何不了解騎驢跨馬都是佛事。萬松我要評斷這則不平的公案，我的判決是……」說著說著，吟了一首詩：

喫拳沒興漢，莭廣杜禪和。
早是不剋己，那堪錯怪他。
道場唯有一，佛法本無多。
留與闍黎道，戶唵薩哩嚩。

行秀說：倒霉的跨驢人挨打了。打人的僧人是個隨隨便便、沒有真材實料的修禪人。（禪和，禪僧。）他早就不是個克制私欲，嚴以律己的人，那能錯怪他呢！所謂道場，只有一個，（全宇宙都是道場呀！）佛法原本就不多。就把這道理，留給有道行的阿闍黎（上師）來說吧！

的確，禪道只有一個，弘揚禪道的道場也只有一個。禪道無所不在，弘揚禪道的道場也到處都是呀！

283 第一句

僧人問千巖元長[729]禪師：「什麼是第一句？」禪師答：「有口，卻啞了。」僧人問：「什麼是第二句？」禪師答：「有眼，卻盲了。」僧人又問：「什麼是第三句？」禪師答：「棒子折斷了，也不放過你！（還是要打你！）」說完，扔掉拂子，然後說：「這是老僧我所說的第二句，那第一句呢？」說完，便走下禪座。

禪道不可說，因此，固然沒有第一句，更沒有第二、第三句。扔掉拂子已屬次要的第二句，更何況是第一句呢！

284 真大丈夫

調達[730]因為謗佛[731]，因此墮入地獄。佛令阿難[732]尊者去探望他：「你在地獄中，安然無恙嗎？」調達答：「我雖然墮在地獄中，但卻像在三禪天一樣，很是快樂。」阿難說：「你想出地獄嗎？」調達答：「等釋迦來，我便隨他出地獄。」阿難說：「佛是全宇宙的大師，怎麼會有下地獄的分！」調達說：「難道我就有出地獄的分嗎？」

千巖元長[733]禪師，對徒弟們，說了這則故事之後，評論說：「調達臨危不亂，真大丈夫！」

是呀，安然地，以「平常心」過生活，哪怕是在地獄，那就是禪修呀！

285

千山盡懡儸

僧人來參訪千巖元長[734]禪師，禪師問：「從哪裡來？」僧人說：「浙西。」禪師說：「我這裡沒有米飯可以吃，你來做什麼？」僧人說：「求和尚您教我佛法。」禪師叫僧人近前來，僧人近前，禪師打他一拳，然後說：「懂了嗎？」僧人答：「不懂。」禪師說：「呆子！連拳頭也不知道。」

法音[735]禪師對這則公案，評論說：

青山孤月近，趺坐意如何？
要會拳頭旨，千山盡懡儸。

月亮就近在青山上，結跏趺坐而禪修的目的是為了什麼？當然是為了證得禪道。禪道不可說，僧人竟然想要求得禪道，自然要被禪師打一拳。然而，被打一拳的意旨是什麼？這僧不懂，真是呆子！他實在應該感到羞愧呀！連千山都跟他一樣，感到羞愧呀！

286

笑殺全韜殺活機

學士宋景濂[736]，來參訪千巖元長[737]禪師，禪師說：「聽說你讀完了大藏經。」學士說：「是的。」禪師問：「是用耳朵聽聞，或是用眼睛觀看？」學士說：「用眼睛觀看。」禪師又問：「讓眼睛觀看的主人，是誰？」學士揚揚眉毛。禪師看了微笑著。

山茨際[738]禪師讀了這則公案之後，寫了一首詩：

林下尋師叩板扉，揚眉相向頗依稀；
作家手眼天然別，笑殺全韜殺活機。

觀看大藏經的主人——真如本心，是誰？那是不能用語言文字來表達的。因此學士用揚眉來作答。而山茨禪師的詩頌則說：來訪的學士，用揚眉來作答，依稀和禪道相契合。他是個禪修的行家（作家），有別於一般人的手眼。而禪師的微笑，把隱藏著（韜，隱藏）的禪機（殺活機），都表達無遺了。

娑羅峰頂白浪滔天

白雲智度[739]禪師問無見覩[740]和尚：「什麼是祖師[741]西來的密意？」無見答：「等娑羅峰點頭，再為你說。」白雲想進一步說話，無見便喝斥。白雲說：「娑羅峰頂白浪滔天。花開芒種後，葉落立秋前。」無見說：「我這裡沒有殘羹餿飯。」白雲說：「這不是殘羹餿飯，怎麼樣？」無見聽了，微笑了。於是白雲在無見這裡，服勤數年，才辭別。

辭別那天，無見囑咐說：「過去，南嶽[742]禪師受大鑑（惠能）[743]祖師的認可，後來南嶽又把心法傳授給馬祖[744]，這都是針、芥相契，不再多言。你千萬不要用三寸舌頭騙人。真正的見解，是在實際的作為。這樣才是報答佛恩。」

祖師西來意（禪道）無法用言語來說，因此無見不肯回答白雲的問題。白雲卻說：娑羅峰頂白浪滔天。（這怎麼可能！如果這是可能，那麼娑羅峰點頭也是可能呀！）花開在芒種（農曆六月六日前後）這個節氣後，葉也落在立秋（農曆八月七至九日之間）這個節氣前了。一切（農作物——禪修）都成熟了，可以收割了。無見笑了，他認可白雲的看法了。

然而，禪道（祖師西來意）畢竟不可說，從六祖惠能傳法給南嶽懷讓，懷讓再傳法給馬祖道一，都不是靠言語，而是像微細的針頭和細小的芥菜子剛剛好碰在一起一樣，心心相印呀！所以當你辭別後，要記住，不要多言，不要用三寸舌頭去騙人呀！

288 無毛鷂子貼天飛

僧人問敬中普莊[745]禪師：「什麼是雲居山的景色？」禪師答：「路轉溪迴空院靜。」僧人又問：「景色中的人怎麼樣？」禪師答：「太平時代的自由身。」僧人又說：「人和景色師父都已指示了，希望聽到一句接引初機的話。」禪師說：「無毛鷂子貼天飛。」

雲居山（在江西永修）的景色，這可是禪道呀！而禪道就在路轉溪迴、寺院空靜當中呢！至於體悟禪道（雲居山景色）的人——悟道者，那是身處太平時代，自自由由的人呀！

這些道理或許太深奧了，只能接引上上根機者。那麼，接引初機的話，是什麼呢？那句話是：無毛的鷂鳥，竟然飛上天了！那真是不可思議、接引初機的一句話呀！天底下，哪有什麼接引初機的話呢！

289 千年田，八百主

雪庭福裕[746]禪師參訪萬松行秀[747]禪師，行秀問：「你從哪裡得到（禪道的）消息，才來到我這裡的？」雪庭答：「老老大大，都向學人我繳納缺失。」行秀說：「老僧錯在哪裡？」雪庭說：「且讓學人禮拜一番，好幫和尚您把缺失覆蓋掉。」行秀聽了很高興，便印可了他。

而法音[748]禪師則評論說：「說說看，雪庭要幫行秀覆蓋什麼？」說完，「咄」地一聲，又說：「千年田，八百主。」

禪道不可求，行秀卻說雪庭要來求禪道；因此雪庭說行秀有過錯，必須覆蓋起來。畢竟禪風盛衰無常，千年的一塊田地，必定換了八百個主人呀！

290 誰知不值半文錢

時蔚[749]來千巖[750]這裡，千巖問：「拿什麼東西見老僧？」時蔚豎起拳頭，說：「用這個，與和尚相見。」千巖問：「死了，也燒了，向什麼地方安身立命？」時蔚答：「漚生漚滅水還在，風息波平月印潭。」千巖又問：「你是要來受戒的嗎？」時蔚掩住耳朵，走出方丈室。

第二天，時蔚拿一顆石頭，作出向千巖呈獻寶珠的樣子，然後說：「請和尚估個價。」千巖說：「不值半文錢。」時蔚說：「瞎子。」千巖說：「我是瞎子，你也是瞎子。」時蔚說：「瞎子，瞎子。」說完，吟了一首詩：

龍宮女子將珠獻，價值三千與大千；
卻被旁觀人決破，誰知不值半文錢。

是呀，拳頭就是禪道。肉體死殭了，也火葬了，真如本心（禪道）如何安心立命？水泡（漚）生起又消滅，但河水依然靜靜流著；風中波浪起，潭中的月影蕩漾不已，只要風平浪靜，潭中月影就現出來了。人雖死殭了，火葬了，但真如本心（禪道）不滅呀！

禪門不講究戒律，千巖要蔚時受戒，蔚時自然要掩耳（不想聽）而逃。這時，時尉把像龍宮女子所擁有的真如本心（如珠圓石的禪道）呈給千巖，問他值多少錢？千巖卻說一文不值。的確，當你像瞎子一樣，執著真如本心，看不清真如本心時，真如本心就一文不值了。

一喝千江水逆流

有一天，千巖元長[751]禪師陞座，對徒眾們說：「無風荷葉動，決定有魚行。」一萬峰時蔚[752]禪師出來，大喝一聲，然後拂袖而出。

時蔚離開千巖，來到蘭溪（在浙江金華）的嵩山，住了九年。在這期間，千巖曾寄給他一首偈頌：

鬱鬱黃華滿目秋，白雲端坐碧峰頭；
無賓主句輕拈出，一喝千江水逆流。

後來，千巖還付給時蔚法衣。

無風而動的荷葉（賓）底下，必定有游魚（主）。這是賓、主（客體和主體）對立的句子。這決定不是禪道，因為禪道超越一切對立。而時蔚用了「無寡主」（沒有對立）的一喝，把禪道呈顯出來，這實在是不可思議呀！就像千江水逆流一樣奇妙呀！

更在青山外

宋朝大詩人蘇軾[753]，曾寫了一首詩——〈贈東林總[754]長老〉：

溪聲便是廣長舌，山色豈非清淨身？
夜來八萬四千偈，他日如何舉似人！

這是蘇軾夜宿東林寺（在江西廬山西北麓）有感而寫，送給寺中總長老的一首詩。寫的卻是廬山的山色、溪水等景色。溪水的流聲，就是佛陀的廣長舌，講經說法的聲音。青青的廬山山色，就是佛陀清淨的身體。在一夜之中，溪聲響了一夜，佛陀講經說法，說了八萬四千首詩偈。這麼多的詩偈，改天我如何才能說給別人聽呢！（似，給。）

有一次，萬峰時蔚[755]禪師舉了蘇軾的這首詩，然後評論說：「可笑呀！古人還在聲色裡討生活。想要從這首詩，見到佛陀的清淨法身，實在離太遠了。佛陀的清淨法身，既然不在聲色裡，那在什麼地方呢？」說完，沉默了好一陣子，然後又說：「必須知道，更在青山外呀！」

誠然，法身無形無相，怎會在溪聲和山色當中呢！

去聖時遙，尚有此子

西竺[756]禪師來到慈舟濟[757]禪師這裡禮拜，然後說：「我捉到賊了，請和尚決斷，看要怎麼辦？」慈舟說：「贓物在哪裡？」西竺拍一下桌子。慈舟來來回回勘驗了幾次，然後說：「諸佛[758]不說，列祖不傳。除掉搖唇鼓舌，瞚目（眨眼）揚眉，還我到家一句。」西竺聽了，默然無語。慈舟說：「所幸還有你，好好護念著。」

禪道（贓物）不可說，證得禪道的解脫者（賊），也同樣不可說。那是諸佛不說，歷代祖師不傳的東西。慈舟要求：不用嘴唇舌頭而說，也不用揚眉眨目這些「身體語言」而說，請說一句看看！這要求，自然無理。因此西竺默然無語，而慈舟也讚美西竺一番。

龍不藏死水

僧人問大龍[759]禪師：「色身會敗壞，什麼是堅固而不敗壞的法身？」大龍吟了兩句詩作答：

山花開似錦，
澗水湛如藍。

太子久善[760]禪師舉了這則公案，然後評論說：「大龍禪師這麼說，山僧我則不然。如果有人問我：『色身會敗壞，什麼是堅固法身？』我就跟他說……」說著說著，吟了一首詩：

山花瞎人眼，澗水毒人耳；
隺不戀幽巢，龍不藏死水。

大龍禪師說，不會敗壞的堅固法身（禪道），就是山河大地，就是開似錦的山花，就是湛如藍的澗水。大龍這話沒有說錯，但久善禪師卻從另一個觀點說：那些聲聲色色，常常讓人執著，無法證得法身（禪道）。開似錦的山花，往往讓人眼瞎，見不到禪道法身。湛如藍的澗水，也同樣，常常讓人耳聾，聽不到真正的禪道法身。的確這樣呀！我們凡夫不都是這樣，超越不了聲聲色色嗎？真正的禪道法身，就像隺鳥（鶴鳥）不會眷戀幽巢一樣，就像遊龍不會藏在死水中一樣。真正的禪道法身，是無所不在，而無所在呀！

賣私鹽漢

僧人問還源福遇[761]禪師：「什麼是祖師[762]西來意？」禪師答：「風送泉聲來枕畔，月移花影到窗前。」僧人說：「這還是聲色中的事情。」禪師「咄」地一聲，說：「你這賣私鹽漢！」

什麼是祖師西來意（禪道）？祖師西來意（禪道）就在被風送到枕頭邊的泉水聲中，就在被月光移動到窗前的花影上。僧人卻人云亦云地批評說：這只是用聲（泉聲）和色（花影）來回答罷了。禪師罵他人云亦云，不是真正證得禪道的解脫者；就像賣私鹽的商人一樣，終究是犯法的。

296 青州布衫

僧人雪軒成[763]，來參訪秋江潔[764]禪師，禪師問：「從哪裡來？」雪軒答：「從青州來。」禪師問：「你把青州的布衫帶來了嗎？」雪軒說：「已經呈給和尚您了。」禪師說：「那就吃我三十棒吧！」雪軒拂袖便走。禪師說：「這人已經開悟，可以參堂（入禪堂見長老）去了。」（參堂去，表認可成為徒弟。）

原來，青州布衫，是趙州從諗[765]禪師所留下的有名公案。有僧人問趙州：「萬法歸一，一歸何處？」趙州答：「我在青州作一領布衫，重七斤。」萬法都是真如本心所生，因此萬法歸到了真如本心這個「一」。然而，這個「一」（真如本心），又歸到哪裡去呢？這是不可說的，是沒有答案的。所以趙州用一句無厘頭的話——「青州布衫重七斤」，來作答。

秋江禪師引了趙州的這則公案，問來參的僧人雪軒：你是否把青州布衫（禪道）帶來了？已經開悟的雪軒回答：我早就把青州布衫（禪道）呈給您了。秋江試探式地要打雪軒三十棒，雪軒卻拂袖走了。最後秋江認可雪軒已經開悟了。

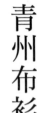

297 獨耀一輪孤

大闡慧通[766]禪師在雪骨[767]禪師這裡參禪。一天夜裡，突然有所省悟，於是寫了一首詩偈：

手把清風斧，毘盧頂豁開；
三千諸佛祖，一串穿將來。

連夜，來到雪骨的方丈室求見，把詩偈呈上。雪骨說：「把舌頭還給我。」慧通聽了，又吟了一首詩：

坐斷恆沙界，全心一物無；
浮雲都散盡，獨耀一輪孤。

雪骨聽了，認可了慧通所悟。

開悟者，總是有讓人感到意外的舉措。慧通開悟時，吟出氣概萬千的詩偈來，就是最好的例子。他的詩偈說：我用清風斧，把毘盧遮那佛的頭顱剖開來；三千諸佛就這樣一大串，被我穿起來了！這種氣概萬千的詩偈，也只有開悟者，才能吟出。

但雪骨卻怕慧通只是概念上了解，不是真正開悟。所以他對慧通說：你恐怕只是嘴巴說說，沒有真正開悟。還我舌頭來吧！禪道是遠離舌頭，遠離語言文字的。慧通為了證明自己真正開悟，不是嘴巴說說而已，於是當場又吟了一首詩：我已經坐斷像恆河沙一樣多的世界，整個心都空無一物了。我心中的浮雲（煩惱）都散盡了，只剩下一輪明月，照耀著天空。

298

一卷佛經

一日，楚山紹琦[768]禪師在房間裡讀佛經的時候，豁堂祖裕[769]禪師來看紹琦，他問：「和尚您看的是什麼？」紹琦聽了便喝一聲，然後說：「你說說看，我在看什麼？」祖裕也喝一聲。紹琦拿起佛經來，對祖裕說：「百千三昧（禪定）都從這一卷佛經流出，你說說看，這一卷佛經又從什麼地方來？」祖裕彈指一下，紹琦便休息去了。

誠然，萬法歸一，一歸何處？百千三昧都從這一卷佛經流出，這一卷佛經又從哪裡來？這是沒有答案的。

依然是青天白日

隱山昌雲[770]禪師來參訪楚山紹琦[771]禪師，紹琦問：「你叫什麼？」昌雲答：「叫昌雲。」紹琦又問：「外號呢？」昌雲說：「隱山。」紹琦說：「雲隱藏在山中，怎麼又飛出山了？」昌雲說：「只因夜來鶴，帶過嶺頭關。」紹琦又問：「變成霖雨（甘霖）時，怎麼樣？」昌雲說：「徧潤寰區（全國、全世界）。」紹琦接著問：「忽然被猛風吹散了，怎麼樣？」昌雲說：「依然是青天白日。」紹琦聽了哈哈大笑。

雲（禪道）隱藏在山（煩惱）中，怎麼又飛出山來了？因為祥鶴（禪修，或佛菩薩）把它帶出來的。雲中的雨，變成甘霖，下下來了（證得禪道時）怎麼樣？滋潤了全國、全世界（普度眾生）。忽然被猛風吹散了（禪道不見了），怎麼辦？別怕，依然是青天白日，一片好天氣呀！

300 臺山婆子

五臺山下有一個老婆婆[772]，凡是有僧人問：「五臺山怎麼走？」老婆婆便說：「驀直去（直直去）。」僧人才離開，老婆婆便說：「好個師僧，又那樣去了！」

有個僧人，把這情形告訴趙州[773]禪師，趙州說：「待我去勘查一下。」第二天，趙州便去老婆婆所在的地方，他和其他僧人一樣，問老婆婆：「五臺山怎麼走？」老婆婆還是回答：「驀直去。」。趙州說：「老婆婆，你被我勘破了。」

有一天，一個僧人來參訪無明慧經[774]禪師，禪師舉了這則公案，然後問僧人：「趙州說他勘破了老婆婆，畢竟他勘破什麼？」僧人答：「和尚您今天恐怕有失誤。」禪師說：「老僧我一生無可奈何，要讓你知道（什麼才是正確的答案）。如果你真實了解，那就拿出來給我看看。」僧人想回答，禪師便打他一棒，然後說：「你這掠虛漢（慢心躁急之人）！」

禪修之人，貴在一心，「驀直去（直直去）」，不要拐彎抹角地一心兩意。趙州說他「勘破」了老婆婆；到底勘破了什麼？如果能用言語來說，那就錯了。當禪師問僧人，到底趙州勘破什麼時，僧人想回答，那就錯了，難怪要被禪師打一棒，還罵他「掠虛漢」！

註釋

1. 釋迦牟尼（約公元前五〇〇～公元前四〇〇）：巴利語 Sakyamuni，梵語 Śākyamuni，意譯「寂默能仁」，意為「釋迦族的聖者」。（釋迦，巴利語 Sakya，梵名 Śākya，意譯為能仁，釋迦牟尼所屬種族的名稱。牟尼，巴、梵：muni，譯為寂默，沒有煩惱侵擾的意思。即聖人。）俗姓喬達摩（又譯瞿曇，巴利語 Gotama，梵語 Gautama），名悉達多（巴利語 Siddhāttha，梵語 Siddhārtha），佛教的創始人。出生於今尼泊爾南部的王族（剎帝利種姓）家庭。又稱佛或佛陀（巴利語 Buddho，梵語 Buddha，意為「覺悟者」）、如來（又譯「如去」，巴利、梵語同：Tathāgata，釋迦佛十大名號之一。「如」（又譯如如、真如，梵、巴語同：Tathā），指萬物真實不變的本性。體悟「如」而「來」（或「去」）世間的人，即如來。）、世尊（世人所尊敬的人）等。入涅槃（去逝）後，弟子結集他生前所說的道理，即成《阿含經》（巴利、梵語：āgama）。（漢譯共有四阿含，即：《雜阿含經》、《中阿含經》、《長阿含經》、《增一阿含經》。）

2. 雲門文偃（八六四～九四九）：唐、五代禪僧，俗姓張，浙江嘉興人，為禪門雲門宗開宗祖師。禪風常以「出奇言句」來教導弟子。宋．晦巖智昭《人天眼目》卷三，曾這樣評論雲門宗的禪風：「雲門宗風，孤危聳峻，人難湊泊。非上上根，孰能窺其彷彿哉！」

3. 瑯琊（慧）覺：北宋禪門臨濟宗禪師，生卒年不詳。汾陽善昭禪師（九四七～一〇二四）的弟子。天聖四年（一〇二六）住滁州瑯琊山（在今安徽），大振臨濟宗風。門人元聚將其弘法行宜，集成《滁州瑯琊山覺和尚語錄》一卷。

4. 黑氏梵志：即皈依釋迦佛之後的師子王迦羅比丘。原為佛世時的一位外道婆羅門（梵志）。修習四禪，得到五種神通，善於飛行，到處講經說法。一日，閻羅王來聽法，預告梵志七日後壽命將盡，死墮地獄。黑氏憂愁苦惱，後來聽取善神的勸告，皈依釋迦佛，斷盡一切煩惱，因而增壽。有《黑氏梵志經》一書，敘述黑氏梵志皈依釋迦佛的經過。

5. 雪竇重顯（九八〇～一〇五二）：宋代雲門宗僧，北宋遂州（四川遂寧市船山區）人。俗姓李，字隱之。得法於複州北塔之智門光祚禪師。曾住於明州雪竇山資聖寺，大揚宗風，乃有「雲門宗中興之祖」的美稱。諡號「明覺大師」。遺有《明覺禪師語錄》六卷、《碧巖錄》百則頌，及詩集《瀑泉集》。

6. 徑山宗杲（一〇八九～一一六三）：即大慧宗杲。俗姓奚，字曇晦，號妙喜，又號雲門，諡號普覺禪師，宣州寧國（今安徽）人，昭覺圓悟克勤禪師（一〇六三～一一三五）的弟子，禪門臨濟宗楊岐派第五代傳人，提倡看話禪。南宋前期對金主戰派的代表人物。宋高宗紹興七年（一一三七年），受宰相張浚之請，住持徑山寺（在今浙江杭州餘杭區徑山鎮徑山），人稱徑山宗杲。宗杲因為對金朝主戰，受到牽連，遭追回度牒，流放衡州（今湖南衡陽）。紹興二〇年，又將宗杲改流放至梅州（今廣東梅縣）。隆興元年（一一六四年），宋孝宗即位，召見宗杲，賜號大慧禪師。著有《大慧語錄》、《正法眼藏》、《大慧武庫》。

7. 寶覺：即潤州（在今江蘇鎮江）金山（寺）寶覺禪師，南漳人，名務週，字無外。大覺懷璉（一〇一〇～一〇九〇）禪師的法嗣。蘇軾一生多次到潤州，與寶覺禪師交往密切。作有〈余去金山五年而復至，次舊詩韻，贈寶覺長老〉詩。

8. 廣額：波羅奈國（Vāraṇasi）人。因隨釋迦牟尼的弟子舍利弗受八戒，因而在當天夜裡，即往生成北方天王毗沙門的兒子（見《涅槃經》卷一九）。另依照《涅槃經》卷一〇，拘尸那城有旃陀羅（梵語 caṇḍāla 或 cāṇḍālá），名歡喜。釋迦佛為他授記（預言）：歡喜因為一念發心，因此將來會成為千佛之一。（旃陀羅〔梵語 caṇḍāla 或 cāṇḍālá〕，印度種族名，乃最低賤的種族，通常從事人類及動物屍體，擔任劊子手或屠夫。）

9. 文殊思業：常德府（今湖南常德）人，文殊心道禪師之法嗣。皈依佛陀前，從事屠宰工作。文殊心道（一〇五八～一一二九），俗姓徐，眉州（今四川省眉山市）人，宋代臨濟宗楊岐派僧人。

10. 傅翕（四九七～五六九）：南朝梁代禪宗著名的長者。東陽烏傷（今浙江義烏）人。字玄風，號善慧。又稱善慧大士、傅大士等。與寶誌合稱梁代二大士（大士，菩薩的意譯）。傳世著作有《心王銘》、《語錄》（四卷，即《傅大士集》或《善慧大士語錄》）、《還源詩》等。

11. 保寧：即保寧仁勇，俗姓竺，四明（今浙江省寧波市）人，北宋禪門臨濟宗楊岐派禪師，楊岐派開宗祖師，楊岐方會禪師（九九六～一〇四九）的弟子。因住持金陵（今江蘇南京市）鳳臺山保寧寺，因此後世稱他為「保寧仁勇禪師」。著有《保寧仁勇禪師語錄》（一卷），編輯有《楊岐方會和尚語錄》（一卷）。

12. 傅翕：參見註10。

13. 斷橋倫（一二〇一～一二六一）：即（臨安淨慈）斷橋妙倫禪師。俗姓徐，天臺黃岩松山（今浙江省）人，號斷橋、松山子。徑山無準師範禪師（一一七八～一二四九）的法嗣，南宋臨濟宗楊岐派僧人。住持臨安（杭州）淨慈寺。

14. 布袋和尚（?～九一七）：五代後梁時期的僧人，生卒年、師承都不詳。明州奉化（今浙江寧波奉化）人。因常背負一隻布袋開口而笑，又稱布袋和尚。後梁明州評事蔣宗霸常與交遊，拜他為師。《宋高僧傳》記載他：「形裁腲脮，蹙頞皤腹，言語無恆，寢臥隨處。」逝世前，吟了下面的詩：「彌勒真彌勒，化身千百億。時時示時人，時人自不識。」詩中暗示他是彌勒菩薩的化身，後世就以他的形像（肥胖、笑口常開、背著布袋），當作彌勒菩薩禮拜。

15. 彌勒菩薩：梵文 Maitreya，譯為慈氏。繼承釋迦牟尼的未來佛，現居兜率天。《彌勒下生經》說祂將於五十六億七千萬年後，從兜率天下生人間。那時人間已成淨土：「爾時人壽極長，無有諸患，皆壽八萬四千歲。」「爾時閻浮地內自然生粳米，亦無皮裹。極為香美，食無患苦。所謂金、銀、珍寶車磲、馬瑙、真珠、虎珀，各散在地，無人省錄。」（見：竺法護譯《佛說彌勒下生經》）

16. 彌勒菩薩：參見註15。

17. 布袋和尚：參見註14。

18. 青原行思（六七一～七四〇）：吉州安城（在今江西）人，俗姓劉，住持江西青原山淨居寺。與南嶽懷讓，並列禪宗六祖惠能大師（六三八～七一三）座下兩大弟子。在他後世，分出曹洞宗、雲門宗、法眼宗三大宗派。

19. 希遷（七〇〇～七九〇）：即石頭希遷，青原行思禪師的弟子。俗姓陳，端州高要（今廣東省肇慶市）人。七四二年，希遷在南嶽衡山南台寺東方一塊巨石上結廬而居，人稱「石頭和尚」。衡山，南中國的宗教文化中心，禪宗南嶽、青原兩系的發源地。希遷即是青原系派下的禪門高僧。

20. 希遷：參見註19。

21. 馬祖（七〇九～七八八，或六八八～七六三）：即馬祖道一禪師，漢州什邡（今四川什邡縣）人，南嶽懷讓禪師的弟子。俗姓馬，弟子們稱他為「馬大師」，後世則多尊稱為「馬祖」。提倡「即心是佛」、「平常心是道」的禪法。洪州宗、石頭宗的開創者。

22. 道林（七四一～八二四）：俗姓潘，杭州人，幼名香光。牛頭宗的最後一位禪師。徑山國一禪師的弟子。因為像鳥一樣，住在樹上，人稱鳥巢禪師。白居易出任杭州刺史，與師相交，嘗問：「如何是佛法大意？」師答：「諸惡莫作，眾善奉行。」白居易說：「三歲孩兒也解恁麼道。」師謂：「三歲孩兒雖道得，八十老人行不得。」居易歎服，乃築造竹閣，讓他居住。

23. 慧忠（六七七～七七五）：浙江諸暨人，俗姓冉，六祖惠能的弟子。離開六祖後，慧忠禪師便到南陽（今河南省西南部）白崖山黨子谷，靜坐專修定慧，四十幾年足不出山。因此有人稱他為「南陽慧忠」。唐．肅宗、代宗並禮慧忠禪師為國師。與行思、懷讓、神會、玄覺等四人，並稱六祖門下五大宗匠。

24. 惠能（六三八～七一三）：又作慧能，俗姓盧，祖籍河北范陽，生於廣東新興縣，禪門「南宗」的開宗祖師。與「北宗」的開宗祖師——師兄神秀（六〇六～七〇六）分庭抗禮。主張「直指人心，見性成佛」的「頓禪」，與神秀所提倡的「漸禪」爭鋒相對。唐朝後，北宗的漸禪沒落，中國禪宗只剩提倡頓禪的北宗。惠能也成了中國禪宗的第六代祖師，後世即以「六祖惠能」來稱呼惠能。

25. 丹霞（七三九～八二四）：即丹霞天然禪師。習禪時，首參馬祖道一禪師（七〇九～七八八或六八八～七六三），又參石頭希遷禪師，後來成為石頭希遷的弟子。曾駐錫在南陽（河南省）丹霞山，故稱丹霞天然。他最有名的故事「丹霞燒佛」：一日天冷，丹霞把寺中的佛像，拿來燒。院主看了，責備他說：「為什麼你要燒木佛？」丹霞說：「我要把它燒出舍利子來。」院主說：「這是假佛，木頭彫的，怎會燒出舍子來。」丹霞說：「既然是假佛，那就再拿一尊來燒！」

26. 慧忠國師：見註23。

27. 普賢菩薩：又譯遍吉菩薩，漢傳佛教四大菩薩之一。是象徵理德、行德的菩薩，與文殊菩薩的智德、正德相對應。這二位菩薩，是釋迦牟尼佛的右、左脅侍。其形象為騎象菩薩。

28. 文殊菩薩：漢傳佛教四大菩薩之一，釋迦牟尼佛的左脅侍菩薩，代表智慧。文殊的形象為駕青獅、持寶劍，騎獅表威猛，持劍表智慧。文殊在佛教中是智慧的象徵。

29. 仰山（八〇七～八八三）：即仰山慧寂禪師。俗姓葉，韶州湞陽（今廣東省韶關市曲江區）人。師事溈山靈祐禪師（七七一～八五三），為溈仰宗的開創者。唐僖宗時，住在大仰山（現江西宜春境內），大振溈山宗風，被稱為仰山小釋迦。曾住持江西觀音院，後又遷往韶州（今廣東省韶關市南）東平山，因此有時他自稱東平。

30. 茶陵山主：「茶」又作「荼」。即衡州茶陵縣郁山主。衡州茶陵是地名，在今湖南衡陽。「郁」應是山主的名字（通常名字有二字，這裡只保留了一個「郁」字。這是禪宗為尊重禪師的名字而設立的規矩）。又稱柴陵郁禪師，宋朝禪僧，衛州（今衛輝）人，為白雲守端禪師（一〇二五～一〇七二）的授業老師。

31. 法燈：即金陵清涼泰欽法燈禪師，法眼宗開宗祖師——清涼文益（八八五～九五八）禪師的弟子。初住洪州（今陝西省境）雙林院，不久，南唐李璟請住清涼道場，因此遷住於金陵（今南京）清涼山。

32. 僧肇（三八四～四一四）：南北朝時的高僧。俗姓張，京兆（今西安）人。為鳩摩羅什（三四四～四一三）門下的著名弟子。《高僧傳‧僧肇傳》記載：他出身寒門，曾以抄書為業，因為繕寫而遍覽經史典籍。著有《肇論》一書，內含〈宗本義〉、〈物不遷論〉、〈不真空論〉、〈般若無知論〉和〈涅槃無名論〉等五篇論文。

33. 鳩摩羅什（三四四～四一三）：東晉十六國時期西域龜茲人，佛教比丘，是漢傳佛教的著名譯師。譯著如《金剛般若波羅蜜經》、《妙法蓮華經》、《中論》、《大智度論》等等。

34. 須菩提：古印度拘撒羅國舍衛城人，出生婆羅門教家庭。古印度拘薩羅國舍衛城長者鳩留之子，釋迦牟尼十大弟子之一，以「恆樂安定、善解空義、志在空寂」著稱，號稱釋迦牟尼佛弟子中，「解空第一」。

35. 百丈懷海（七四九～八一四）：俗姓王，名懷海，福州長樂人，為馬祖道一的弟子，承繼洪州宗禪法。因居洪州大雄山百丈巖（位於今之江西宜春市奉新縣），人稱百丈懷海。成名弟子有黃檗希運、溈山靈祐等。懷海有感於有些印度戒律，在中國窒礙難行，因此制訂了《清規》（後人稱之為《百丈清規》），提倡全體寺僧（包括住持懷海本人）都必須親自躬耕，力行倡導「一日不作，一日不食」，把印度僧侶托缽乞食的傳統，改為中國式的自食其力。

36. 馬祖：見註21。

37. 雪竇重顯：見註5。

38. 百丈懷海：見註35。

39. 馬祖：見註21。

40. 南泉普願（七四八～八三四）：俗姓王，鄭州新鄭（今河南省鄭州新鄭市）人，馬祖道一大師的弟子。因俗姓王，因此向弟子們開示時，常自稱「王老師」。唐德宗貞元一一年（七九五），到池陽（今安徽省池州市貴池區）南泉山，專心禪觀，三十年不下山。時人尊稱為「南泉禪師」、「南泉古佛」。

41. 雲峰文悅（九九八～一〇六二）：北宋臨濟宗僧。俗姓徐，南昌人，大愚守芝禪師（？～一〇五六）的弟子。歷住翠岩寺（位於南昌市灣裡區翠岩路北端）、南嶽法輪寺等，後又住南嶽雲峰（即衡山上的雲峰，位於中國湖南省衡陽市），所以人稱雲峰文悅。

42. 夾山（八〇五～八八一）：即善會禪師，北宋禪僧。廣州峴亭人，俗姓廖，船子德誠禪師（?～八五八）的弟子。悟後，住湖南澧州夾山，大揚禪風。

43. 定山：北宋禪僧，長蘆應夫的弟子。

44. 大梅（七五二～八三九）：即法常禪師，因長住明州大梅山（浙江省寧波市鄞州區橫溪鎮境內），因此人稱大梅禪師。馬祖道一禪師的弟子，湖北襄陽人，俗姓鄭。

45. 仰山：見註29。

46. 如會（七四三～八二三）：即湖南東寺如會禪師，韶州始興曲江縣人（今廣東始興），馬祖道一禪師的弟子。得法後，住長沙東寺，因此人稱東寺如會禪師。

47. 溈山（七七一～八五三）：即溈山靈祐，唐朝禪僧，為仰宗初祖。福州長溪人，俗姓趙。百丈懷海的弟子。元和（八〇六～八二〇）末年，師往長沙，路過大溈山時，生起在此棲息的念頭。因此人稱溈山靈祐禪師。

48. 智堅：即池州杉山智堅，唐代禪僧，生卒年及其籍貫不詳，馬祖道一的弟子。與南泉普願同行，居位在杉山（位於今安徽省池州市石台縣）。

49. 歸宗：即歸宗智常，江陵（今屬湖北省）人，俗姓陳。馬祖道一禪師的弟子。唐代元和年間（八〇六～八二〇）住廬山歸宗寺。他染有目疾，曾用藥治療，以致雙目皆赤，因此人稱「赤眼歸宗」。

50. 南泉：見註40。

51. 大溈智：生平不詳。

52. 水潦和尚：又作水老和尚，馬祖道一禪師之法嗣，生平不詳。

53. 馬祖：見註21。

54. 達摩（三八二～五三六）：即菩提達摩，又作菩提達磨，簡稱達摩或達磨。為南天竺人或波斯人，將佛教禪宗帶入中國，為中國禪宗之開創者，被尊稱為「達摩祖師」、「東土第一代祖師」，並與寶誌禪師、傅翕大士合稱梁代三大士。曾在河南嵩山少林寺面壁禪坐九年。

55. 裴休（七九七～八七〇）：字公美，河東聞喜（今山西省聞喜縣）人，一說孟州濟源（河南濟源）人。唐朝名相、書法家。隨圭峰宗密學華嚴，精通《華嚴經》與禪宗心要。

56. 華林善覺：唐朝禪僧，潭州（今屬湖南）人，生平事蹟不詳，馬祖道一禪師的弟子。常持錫杖，夜出林麓間。七步一振錫，一稱觀音名號。

57. 觀世音：簡稱觀音，菩薩名。民間信仰中常被尊稱為觀音佛祖、觀音大士、觀音娘娘、觀音媽、白衣大士。與大勢至菩薩分別為阿彌陀佛的左、右脅侍菩薩，並稱「西方三聖」。祂也是四大菩薩（觀音、文殊、普賢、地藏）之一。

58. 打地和尚：生平不詳。馬祖道一的弟子。

59. 馬祖：見註21。

60. 妙喜（一〇八九～一一六三）：即徑山宗杲，見註6。

61. 龐蘊（?～八〇八）：唐代著名在家禪者，世稱龐居士、龐翁。衡陽（湖南）人。馬祖道一禪師弟子。貞元（七八五～八〇四）初年，參謁石頭希遷，頗有領悟。復愛丹霞天然的風采，與之終生為友。亦與藥山惟儼、齊峰、百靈、松山、大梅法常、洛浦、仰山等禪林碩德頻相往來。

62. 靈照：龐蘊居士的女兒。（龐蘊，見註61。）

63. 李翱（七七四～八三六）：字習之，汴州陳留縣（今河南省開封市）人。唐文宗即位，入朝為諫議大夫，不久以本官知制誥，太和七年（八三三年）自桂管都防禦使改授潭州刺史、湖南觀察使，累官山南東道節度使。曾從韓愈學古文，在文學主張上大抵同於韓愈，同樣反佛。

64. 藥山惟儼（七五一～八三四）：唐代僧，俗姓韓，山西絳州人，一說祖藉在江西信豐縣。馬祖道一和石頭希遷的弟子。得法後，至澧州藥山，廣開法筵，四眾雲集，大振宗風，因此人稱藥山惟儼。

65. 張無盡（一〇四三～一一二二）：即張商英，字天覺，號無盡居士，成都府路晉原（今四川新津）人。北宋名相。兜率從悅（一〇四四～一〇九一）禪師的弟子。治平二年（一〇六五）進士，初任通川縣主簿，累遷檢正中書禮房公事、監察御史、尚書右僕射、宰相等要職。初不信佛法，後讀《維摩詰經》才深信之。著有《護法論》一卷，駁斥韓愈、歐陽修等人對佛教的觀點。

66. 藥山惟儼：見註64。

67. 李翱：見註63。

68. 丹霞：見註25。

69. 雲峰：即雲峰文悅禪師。見註41。

70. 文殊道（？～一一三〇）：即文殊心道禪師，舒州太平慧懃禪師的弟子，俗姓徐，眉州（今四川眉縣）人。常德府文殊寺沙門。他參究「三界唯心，萬法唯識」的唯識思想多年，可是對於心識的問題，仍然不能契會，於是四處行腳參訪，尋師問道。後來才在舒州太平慧懃禪師那裡，得到印可。

71. 彭祖（公元前一二三七或公元前一二一四～一一〇〇年）：彭祖，顓頊的來孫，父親陸終是吳回的長子，母親是鬼方首領之妹女嬇，因擅長以野雞烹飪雞湯，受帝堯的賞識，受封於大彭，是為大彭氏國（今江蘇徐州）。中國神話中的長壽仙人，傳說中是南極仙翁的轉世化身。

72. 秦皇（公元前二五九～二一〇）：即秦始皇。嬴姓，趙氏，名政，時稱趙政，史書多作秦王政或始皇帝，祖籍嬴國（今山東濟南市萊蕪區），生於趙國首都邯鄲（今河北邯鄲市），是秦莊襄王之子。秦皇是首次完成中國大一統的政治人物，也是中國第一個稱皇帝的君主。

73. 石崇（二四九～三〇〇）：字季倫，小名齊奴，勃海郡南皮縣（今河北省滄州市南皮縣）。西晉司徒石苞的第六子，西晉著名官吏、盜賊。為人豪奢且又文藻不凡。

74. 百丈：即百丈懷海。見註35。

75. 黃檗希運（？～八五〇）：唐代僧，福州閩縣人，姓氏不詳。在洪州高安縣（江西省高安縣）鷲峰山建寺弘法，並改其山名為黃檗山，鼓吹直指單傳之心要。繼承馬祖道一「即心即佛」的思想，而力倡「心即是佛」禪法。門下有臨濟義玄、睦州道縱等十數人。

76. 黃檗：即黃檗希運。見註75。

77. 唐宣宗（八一〇～八五九）：名李忱，唐朝第一九代皇帝（八四六～八五九年在位）。初名怡，登基之前封為光王，在位一三年。母親鄭氏，原為鎮海節度使李錡的侍妾，李錡謀反失敗後，鄭氏被送入後宮當郭貴妃的侍兒，後來被唐憲宗臨幸，生下李忱，封為光王。唐宣宗登基之前，為了逃避姪唐武宗的迫害而在河南淅川香嚴寺出家為僧，法名瓊俊。會昌六年（八四六），唐武宗被道士上供的長壽丹毒死。光王李怡被宦官擁立為帝，改名李忱，是為唐宣宗。

78. 黃檗：即黃檗希運。見註75。

79. 黃檗：即黃檗希運。見註75。

80. 徑山杲：即徑山宗杲。見註6。

81. 佛鑑懃（一〇五九～一一一七）：即佛鑑慧懃禪師，北宋禪僧。俗姓汪，舒州太平人。五祖法演禪師的弟子。晚年因樞密史鄧洵武的奏請，宋徽宗賜紫衣和「佛鑒」法號，故史稱佛鑒慧懃禪師。與佛眼清遠以及佛果克勤禪師三人，同為五祖法演的門下弟子，素有「演門二勤一遠」、「演門三佛」之稱，被譽為「叢林三傑」。

82. 佛慧泉（一二五五～一三二五）：即佛慧法泉。又稱蔣山法泉。亦即臨濟宗楊岐派靈山道隱禪師。「佛慧禪師」為其謚號。隨州（湖北隨縣南）人，俗姓時。雲居曉舜禪師的弟子。住蔣山（江東建康）。晚年詔住京城大相國智海禪寺，謚號「佛慧禪師」。宋仁宗延祐六年（一三一九），東渡日本弘法，其門流稱佛慧派，為日本禪宗二十四流之一。

83. 長慶大安（七九三～八八三）：即福州長慶大安禪師，別號懶安，唐朝溈仰宗僧人，百丈懷海禪師的弟子。俗姓陳。為溈山靈祐禪師住溈山、創立溈仰宗時，躬耕以助之。後住溈山三十餘年。晚年住福州怡山。

84. 石霜（八〇七～八八八）：即湖南長沙石霜山慶諸禪師，唐朝禪僧。俗姓陳，廬陵新淦（今江西吉安清江縣）人，道吾宗智禪師的弟子。

85. 溈山：即溈山靈祐，見註47。

86. 道吾（七六九～八三五）：即道吾圓智或道吾宗智。號悟真，唐朝禪僧，豫章（江西）海昏人，俗姓張，藥山惟儼禪師的弟子。石霜楚圓的弟子。住於潭州（今湖南長沙）道吾山興化寺。著有《潭州道吾真禪師語要》一卷，世稱道吾圓智，《五燈會元》卷五稱之為宗智。

87. 古寧神贊：福建人，百丈懷海禪師的弟子。晚年在古靈禪寺轉法輪，故名古靈神贊禪師。

88. 百丈懷海：見註35。

89. 石霜性空：見註84。

90. 達摩：見註54。

91. 暢和尚：未詳。

92. 仰山：見註29。

93. 躭源：又作耽源，即吉州耽源山應真禪師。南陽忠國師的侍者，仰山慧寂禪師的師父。耽源禪師用極其神祕的方式，傳授仰山慧寂「九十七圓相」，並說這是是六代祖師相傳。禪師住持在耽源保安寺（在江西省新幹縣金川鎮桁橋村丹元（古稱耽源）山），乃唐朝肅宗皇帝下令敕建的道場。

94. 溈山：見註47。

95. 趙州從諗（七七八～八九七）：晚唐高僧，曹州郝鄉（今山東省曹縣）人，俗姓郝。南泉普願門下，洪州宗傳人。以「平常心是道」開悟心地。八十歲時受請，住趙州（在今河北省境）城東觀音院，教授後進，時人尊稱為「趙州古佛」。從諗承襲馬祖道一傳下的洪州宗風，重視在日常生活中的修行，常以「喫茶去」來接引學人，因此有「趙州茶」的稱號。

96. 湛堂準：即隆興府（今江西南昌）泐潭湛堂文準禪師，宋代禪僧，真淨克文（一〇二五～一一〇二）的弟子，大慧宗杲的師父。俗姓梁，興元府（今陝西漢中）人。

97. 趙州從諗：見註95。

98. 省和尚：即汝州（今河南臨汝）葉縣廣教院歸省禪師。首山省念禪師的弟子，俗姓賈，冀州（位於河北省東南部）人。《景德傳燈錄》描寫他是一位「嚴冷枯淡」，為人非常的嚴苛自持的僧人，但「衲子（出家人）敬畏之」。

99. 趙州從諗：見註95。

100. 睦州（七八〇～八七七）：即睦州道明禪師。唐代僧人。黃檗希運禪師的弟子。又稱道蹤。江南人，俗姓陳。住在睦州（浙江）龍興寺。常織蒲鞋，放在路上，賣之以奉母，有陳蒲鞋之稱。弟子眾多，人們尊之為陳尊宿。

101. 趙州從諗：見註95。

102. 妙喜：即徑山宗杲禪師，見註6。

103. 趙州從諗：見註95。

104. 幻菴覺：未詳。

105. 陸遜（一八三～二四五）：三國時代的名將。字伯言，吳郡吳人。本名陸儀，字伯言，吳郡吳縣（今江蘇省蘇州市）人，三國時代吳國著名的軍事家、政治家。負責統領吳國軍事和政治多年，並同時掌管民事，輔佐太子等。

106. 陸贄（七五四～八〇五年）：字敬輿。吳郡嘉興（今浙江嘉興人），祖籍吳郡吳縣（今蘇州），唐代政治家、文學家、醫學家，曾為唐德宗宰相，後遭流放。

107. 趙州從諗：見註95。

108. 蒙菴嶽：南宋禪僧。即福州東禪蒙菴思嶽禪師，名思岳，號蒙庵。大慧宗杲禪師的弟子。住漳州淨眾寺，遷鼓山，晚住福州東禪寺。有《東禪蒙庵岳和尚語》一卷應世。

109. 景岑招賢（七八八～八六八）：即湖南長沙景岑招賢禪師，唐代禪僧。幼年出家，參南泉普願。初住長沙鹿苑寺，後來居無定所，但隨緣接物，隨宜說法。後住湖南長沙山，大宣教化，時人稱為長沙和尚。與仰山對話中，曾踏倒仰山。仰山說：「直下似箇大蟲。」從此諸方謂為岑大蟲。

110. 雪竇重顯：見註5。

111. 智通：即五臺山智通禪師。智通原是廬山歸宗寺智常禪師的弟子。開悟後，來到了山西五臺山法華寺居住弘法，並自稱大禪佛。

112. 歸宗：見註49。

113. 普化：唐朝臨濟宗禪師，知名的瘋顛僧，生年不詳，出生地和俗姓皆不詳。本是幽州盤山寶積的門徒，性格率真癲狂。

114. 盤山寶積：住在幽州（河北）盤山，宣揚宗風，因此世人稱他盤山寶積。籍貫、生卒年均不詳。諡號「凝寂大師」。

115. 臨濟（？～八六七）：即臨濟義玄，唐代禪宗高僧，名義玄，黃檗希運禪師的弟子。因居臨濟院（位於河北省正定縣），世稱臨濟義玄，為臨濟宗的開宗祖師。俗姓邢，曹州南華（今山東東明）人。常以棒打、喝叱等粗暴的方法教導弟子，別成一家。在禪門五家七宗當中，臨濟宗是最興盛的一宗。（五家七宗：臨濟、溈仰、曹洞、雲門、法眼等五家，加上出自臨濟的楊岐派和黃龍派，合稱七宗。）

116. 五祖演（？～一一〇四）：即蘄州（今湖北省蘄春縣）五祖法演禪師，鄧氏子，錦州（今四川省綿陽）人。白雲端

（一〇二五～一〇七二）禪師的弟子，北宋臨濟宗楊岐派僧。晚年離開白雲端的所住的安徽省太湖縣白雲山海會寺，遷住鄰近的湖北省黃梅縣東山五祖寺，並於此寺圓寂，故史稱之為五祖法演禪師。

117. 普化：見註113。

118. 臨濟：見註115。

119. 良遂：唐代僧。生卒年、籍貫、俗姓均不詳。蒲州（在今山西省臨汾市）麻谷山寶徹禪師的弟子。在壽州（安徽壽縣北）弘揚禪旨，世稱壽州良遂。

120. 麻谷：即蒲州（在今山西省臨汾市）麻谷山寶徹禪師，馬祖道一禪師的弟子，唐代禪僧。

121. 溈山靈祐：見註47。

122. 仰山：見註29。

123. 芭蕉徹：即郢州（今武漢市武昌）芭蕉山繼徹禪師，五代人。

124. 睦州尊宿：見註100。

125. 睦州：見註100。

126. 青峰楚：即鳳翔府（今陝西省鳳翔縣）青峰傳楚禪師，涇州（今甘肅涇川北）人。唐僧。洛浦元安禪師（八三五～八九九）的弟子。住持鳳翔（位於陝西省西部）青峰院。性淳貌古，眼有三角。

127. 釋迦牟尼佛：見註1。

128. 大隨真（八三四～九一九）：即益州（今四川成都）大隨法真禪師，唐末、五代禪僧。梓州（今四川三台縣）人，俗姓王。長慶大安禪師的弟子。那時，長慶大安在溈山那裡當典座（負責大眾齋粥的職稱）。數年後，法真辭別溈山和長慶大安，返回四川，寄居在四川彭州九隴縣龍懷寺，每日於路旁煮茶，普施過往客人，時間長達三年之久。在龍懷寺的後山，法真又發現了一處古老寺院，名曰大隨。法真於是移居於此，這是「大隨法真」一名的來由。

129. 投子：即舒州（今安徽安慶）投子山大同禪師，唐代禪僧，翠微無學禪師的弟子。俗姓劉，舒州懷寧人。最初修習安般守意法門（數息觀），接著又研讀《華嚴經》，對經中義理頗有心得。後來聽說翠微無學禪師開法示眾，因此就前去參禮。

130. 大隨真：見註128。

131. 大隨真：見註128。

132. 白雲端（一〇二五～一〇七二）：舒州（在今安徽懷寧縣）白雲守端禪師，北宋禪宗臨濟僧人，楊歧方會禪師的弟子。俗姓葛，衡陽人。守端禪師幼時即從事文章、書法。長大後依茶陵郁禪師出家。後來在楊歧方會門下，參禪多年，因此傳揚楊岐派的禪法。

133. 新興嚴陽：名善信，五代禪僧，洪州（江西）武寧新興人，趙州從諗禪師的弟子。

134. 黃龍南（一〇〇二～一〇六九）：俗姓章，宋代信州玉山（今江西省玉山縣）人，為臨濟宗黃龍派初祖。慧南大師初學禪宗雲門宗，後承法於臨濟宗傳人石霜楚圓。慧南後受請至黃龍山（在今江西省南昌市）崇恩院，因此被稱為黃龍慧南。他在這開衍出臨濟宗黃龍派。

135. 多福：即杭州多福淨啟禪師，明代禪師。杭州錢塘縣的人，俗姓陳。依石雨和尚出家，聽《楞嚴》至「若見是樹」，身心脫落，會得山河大地，刀剪不開。

136. 妙喜：見註6。

137. 石梯和尚：興化（福建）軍梯山石梯禪師，唐代禪僧。南泉普願嫡孫，鄂州（湖北）茱萸和尚嫡子。

138. 仰山：見註29。

139. 溈山：見註47。

140. 東平：仰山禪師自稱。東平原是地名，仰山曾住在這裡，因此自稱東平。參見註29。

141. 香嚴智閑（？～八九八）：唐代禪僧，溈山靈祐禪師的弟子。青州（山東益都）人，初從百丈懷海出家。住在鄧州（今河南南陽）香嚴山，後人稱他為香嚴禪師。

142. 百丈：見註35。

143. 溈山：見註47。

144. 香嚴智閑：見註141。

145. 仰山：見註29。

146. 香嚴智閑：見註141。

147. 虎頭招：唐朝禪僧，生平未詳。

148. 雪竇：見註5。

149. 達摩：見註54。

150. 臨濟義玄：見註115。

151. 臨濟義玄見註115。

152. 徑山杲：見註6。

153. 臨濟義玄：見註115。

154. 黃檗：見註75。

155. 臨濟義玄：見註115。

156. 石霜慶諸：見註84。

157. 溈山：見註47。

158. 石霜：見註84。

159. 雪峰（八二二～九〇八）：即雪峰義存禪師，唐末五代禪僧。泉州（福建）南安人，俗姓曾。湖南德山宣鑒的弟子。咸通一一年（八七〇）登福州象骨山，建庵弘法。其山未冬先雪，即使盛夏也感到寒次，因此有雪峰之稱，義存也以雪峰為號。他的弟子雲門文偃，開創了雲門宗。

160. 投子：見註129。

161. 雪竇：見註5。

162. 德山宣鑑（七八二～八六五）：唐代禪僧，劍南道簡州（今四川簡陽、資陽一帶）人，俗姓周姓。因精通《金剛經》，著有《青龍疏鈔》，時人譽為「周金剛」。後來拜入龍潭崇信禪師的門下，在龍潭的引領下悟道，體會禪門本意，因而焚燒他所註釋的《青龍疏鈔》。德山的禪風，喜好用棒子打弟子，因此人稱「德山棒」。

163. 德山宣鑑：見註162。

164. 臨濟：見註115。

165. 洛浦（八四三～八九八）：即澧州（在今湖南）洛浦山元安禪師，唐代禪僧，夾山善會禪師的弟子。俗姓淡，鳳翔（今陝西鳳翔）麟遊人。先是問道於臨濟禪師，並成為臨濟禪師的侍者。臨濟很鍾愛洛浦，曾當眾讚美他說：「臨濟門下一只箭，誰敢當鋒？」後來離開臨濟，來到夾山善會禪師的座下，成為善會的弟子。

166. 龍牙（八三五～九二三）：即潭州（在今湖南長沙）龍牙山居遁證空禪師，唐末五代禪僧。俗姓郭，撫州（今江西撫州）人。初參翠微無學禪師，後來到洞山良价禪師座下，成為洞山良价禪師的弟子。得道後，住持湖南潭州龍牙山妙濟禪苑，人稱證空大師。

167. 德山：見註162。

168. 洞山（八〇七～八六九）：即洞山良价禪師，禪宗曹洞宗的開山祖師。晚唐會稽（浙江會稽）人，俗姓俞。因為居於江西南昌洞山普利院，人稱洞山大師。曾從學於南泉普願、溈山靈祐，後為雲巖曇晟的弟子。他與弟子曹山本寂（八四〇～九〇一），共同創立了曹洞宗。

169. 德山宣鑑：見註162。

170. 達摩：見註54。

171. 雲門文偃：見註2。

172. 洞山良价：見註168。

173. 溈山：見註47。

174. 南陽慧忠：見註23。

175. 雲巖（七四二～八四一）：即雲巖曇晟禪師，俗姓王，洪州建昌（今江西省永修縣），唐朝禪僧。初從百丈懷海禪師學禪法，後從藥山惟儼禪師，證得心法。住於潭州（今湖南長沙）攸縣雲巖山（今屬醴陵），故人稱雲巖曇晟。弟子有洞山良价等。洞山良价禪師和他的弟子曹山本寂禪師開創了禪宗「五家」之一的曹洞宗。

176. 興化存獎（八三〇～八八八）：興化（在福建）存獎禪師，臨濟義玄大師的弟子，臨濟宗第二世祖師。河北薊縣人，俗姓孔。曾到仰山慧寂禪師座下參學，後來在臨濟義玄大師座下，擔任侍者，直到義玄大師逝世。義玄逝世後，來到師兄三聖慧然大師座下繼續參學，並擔任首座。最後在大覺禪師座下，徹悟臨濟禪的玄妙大意。

177. 晦堂心（一〇二五～一一〇〇）：即隆興府（今江西省南昌市）黃龍祖心寶覺禪師，宋代禪僧，俗姓鄔。臨濟宗黃龍派開派祖師，黃龍慧南的弟子。偶於石霜楚圓座下，閱讀《景德傳燈錄》，因而開悟。悟後回到黃龍處，獲得黃龍的印可。

178. 徑山杲：見註6。

179. 洛浦：見註165。

180. 保福別：未詳。可能與雲門文偃（八六四～九四九）同時的禪師，因為在《洞山悟本禪師語錄》當中，他兩人有一些對話。（見：《洞山悟本禪師語錄》）

181. 雪峰義存：見註159。

182. 元沙（玄沙，八三五～九〇八）：又作玄沙，即玄沙師備禪師。俗姓謝，名師備，號宗一大師，福州閩縣人，五代十國時期閩國著名禪師，為石頭宗門下，雪峰義存的弟子。他的門下，後來形成了法眼宗。初住梅谿普應院，不久遷福州玄沙寺，因而稱為玄沙師備。

183. 雲門：見註2。

184. 妙喜：見註6。

185. 南平鍾王（？～九〇六）：即南平郡王鐘傳。鐘傳為唐末江西高安人，原以商販為業，乘王仙芝、黃巢起義之際，招兵買馬，糾集地方勢力，自封「高安鎮撫使」。後來又攻佔洪州（今陝西省境），聲勢越來越大，朝廷被迫任命他為鎮南節度使，封他為南平郡王。

186. 曹山本寂（八四〇～九〇一）：俗姓黃，法號本寂，泉州莆田（今福建莆田）人，唐代禪宗高僧，洞山良价的弟子，為曹洞宗第二祖。唐咸通年間（八六〇～八七三），禪法興盛，尤以大溈山靈祐之禪法為最盛，而石頭希遷、藥山惟儼之禪法稍歇。當時洞山良价闡揚石頭之禪法，往來請益者雲集，本寂即是其中之一。得法後，開堂於撫州（江西）吉水，改名曹山（舊名荷玉山，為思慕曹溪六祖惠能，改名曹山）。講授〈洞山五位〉之旨訣，成為叢林之標準，並註解寒山詩以饗學人。

187. 大梅：見註44。

188. 鹽官（？～八四二）：即鹽官齊安禪師，唐末禪僧，江西馬祖道一的弟子。俗姓李，海門郡（浙江，一作海汀郡）人，皇族的後裔。曾住於杭州鹽官之海昌院，故有鹽官之稱。

189. 雲居道膺（八五三～九〇二）：唐代曹洞宗僧，洞山良价的弟子。俗姓王，幽州玉田（今河北省玉田縣）人。開悟後，初居三峰庵（在河南省禹州市西南三十里），後住洪州（江西）雲居山，創真如寺，講學三十年，大振曹洞宗風。

190. 趙州：見註95。

191. 長慶（八五四～九三二）：即長慶慧稜禪師，唐末、五代禪僧。俗姓孫，杭州鹽官（今浙江省嘉興市海寧市）人。歷參靈雲志勤、雪峰義存、玄沙師備等禪師，依止雪峰義存三十年，雪峰義存禪師的弟子。唐．天祐三年（九〇六），住泉州昭慶院，後住福州長慶院。

192. 雲居道膺：見註189。

193. 世尊：即釋迦牟尼佛。祂是世人所尊敬者，因此稱為世尊。見註1。

194. 迦葉尊者：即摩訶迦葉（Mahākāśyapa）。又被譯為大迦葉，為釋迦牟尼十大弟子之一，人稱「頭陀第一」。釋迦牟尼入滅後，大迦葉成為僧團領袖，在王舍城召集第一次「結集」，收集了釋迦一生所說的道理——經、所制定的僧人規矩——律、祂和弟子們所討論的道理——論。這三種文獻，稱為《三藏》。後世禪宗將迦葉尊為禪宗第一代祖師。

195. 阿難尊者：阿難（Ānanda），又譯阿難陀，意譯「慶喜」。釋迦牟尼佛的堂弟，佛陀的侍者，佛陀十大弟子之一，人稱「多聞第一」。在迦葉所召開的第一結集中，負責朗頌釋迦所說過的話。佛經中開頭的經句——「如是我聞」中的「我」，即是阿難自稱。禪宗尊他為第二祖。

196. 菩提達摩：見註54。

197. 疎山匡仁（？～九一二）：即撫州（今江西境內）疏山匡仁禪師，又作光仁禪師，五代曹洞宗僧，洞山良價禪師的弟子。吉州新淦（今江西清江縣）人。出家後，參謁香嚴智閑等人，後親近洞山良价，住撫州疏山，建疏山寺，弘揚洞山宗風。因其身形矮小，容貌不揚，所以被稱為矮師叔、矬師叔，或矮闍黎。卻因辯才無礙，常令他人無開口發言的機會，所以又有「疏山嚙鏃」之稱。為了避宋太祖（趙匡義）諱，又稱光仁。

198. 大溈安（七九三～八八三）：即大溈山懶安和尚，又名長慶大安。俗姓陳，福州長溪人。最初在福清（福建福州東南部）黃檗山學戒律，後往江西南昌參拜百丈祖師，與溈山靈佑為同門師兄弟。因為住在大溈山（即溈山），所以號大溈。

199. 明招謙：即婺州（浙江）明招德謙禪師，唐末五代禪僧。浙江金華義烏人，俗姓柳。後梁貞明年間（九一五～九二一），拜見福州羅山法堂大師——羅山道閑禪師，印可後，羅山道閑禪師以之為嫡傳大弟子。不久受羅山道閑禪師的印記衣缽。曾任婺州（浙江）智者寺首座，後住於明招山（在浙江金華）四十餘年。因左眼殘疾，人稱獨眼龍。

200. 龍牙：見註166。

201. 神鼎諲（約九〇七～九九三）：即神鼎洪諲禪師。北宋禪僧。俗姓扈，湖北人。嗣首山省念（九二六～九九三）的弟子。最初隱居在南嶽（湖南衡陽市），後來遇到湘陰（在湖南）豪門之士來遊，請他住持神鼎寺。

202. 翠巖真（？～一〇六四）：即洪州（陝西）翠岩可真禪師，北宋臨濟宗僧人。福州人。參石霜慈明楚圓禪師，言下大悟。因為遍參眾師，因而自負，叢林稱為「真點胸」。起初住在南昌（江西）翠巖（寺），後來遷住潭州（湖南長沙）道吾山。

203. 神秀（六〇六～七〇六）：唐代高僧，為禪宗五祖弘忍的弟子，六祖惠能的師兄，北宗禪創始人。俗姓李，汴州尉氏（今河南）人。早年當過道士，五十歲時，到蘄州雙峰山東山寺（在湖北黃梅縣東北）拜見禪宗五祖弘忍求法。弘忍逝世後，在江陵當陽山（今湖北當陽縣東南）玉泉寺，大開禪法，聲名遠播。武則天聞其盛名，於久視元年（七〇〇）遣使迎至洛陽，後召到長安內道場，深得武則天敬重。中宗、睿宗，更加禮重。時人稱之為「兩京（長安、洛陽）法主，三帝（武則天、中宗、睿宗）門師」。因主張「時時勤拂拭」的漸修禪法，後世稱其禪法為「漸禪」。因主要流傳的地點在北方，因此稱為「北宗禪」。

204. 龍牙：見註166。

205. 達摩：見註54。

206. 雪峰：見註159。

207. 玄沙師備：見註182。

208. 鼓山（八六〇～九四四？）：即唐末五代的鼓山神晏禪師。大梁（河南開封）人。雪峰義存禪師的弟子。雪峰圓寂後，神晏應閩帥王延彬的禮請，遷住於福建鼓山湧泉禪院，闡揚宗風三十餘年，有「興聖國師」、「聖晏國師」、「神晏國師」的稱號。

209. 玄沙師備：見註182。

210. 玄沙師備：見註182。

211. 羅漢桂琛（八六七～九二八）：俗姓李，浙江常山人。五代禪僧，玄沙師備的弟子。開悟後，受漳州州牧之請，出住福州城西地藏院。後又受請住漳州羅漢院，世稱「羅漢桂琛」。弟子有清涼文益、清溪洪進、清涼休複等七人。清涼文益繼承桂琛的禪法，創立法眼宗，是為禪宗五家七宗之一。

212. 雪竇：見註5。

213. 離婁：古代（黃帝時代）人名，眼力特好。《孟子．離婁（上）》：「離婁之明，公輸子之巧，不以規矩，不能成方圓。」（《孟子．離婁（上）》說：「離婁眼神好，公輸班技巧高，但如果不使用圓規曲尺，也不能畫出方、圓。」）焦循《孟子正義》：「離婁，古之明目者，黃帝時人也。……能視於百步之外，見秋毫之末。」

214. 師曠：字子野，又稱晉野，冀州南和（今河北省南和縣）人，受封於晉國羊舌食邑（今山西省洪洞縣曲亭鎮師村），晉國的盲人樂師，春秋時期著名的音樂家。

215. 長慶慧稜：見註191。
216. 雪峰：見註159。
217. 玄沙：見註182。
218. 雲門文偃：見註2。
219. 雪峰：見註159。
220. 雲門文偃：見註2。
221. 徑山杲：見註6。
222. 達摩：見註54。
223. 雲門文偃：見註2。
224. 雲門文偃：見註2。
225. 圓悟（一〇六三～一一三五）：即圜悟克勤禪師。俗姓駱，字無著，法號克勤，彭州崇寧（今四川省成都市）人。宋代高僧，臨濟宗楊岐派禪師，五祖法演的弟子。宋徽宗敕封佛果大師，宋高宗敕封圜悟大師，又作圓悟大師。弟子有大慧宗杲、靈隱慧遠與虎丘紹隆等。門徒根據他講解《頌古》的稿子，整理成《碧巖錄》。《碧巖錄》有「禪宗第一書」的美譽。
226. 雲門文偃：見註2。
227. 玉磵林：即廬山玉澗林禪師，生平未詳。北宋禪僧。宋．惠洪《禪林僧寶傳》（卷一五），曾記錄北宋禪僧舒州法華院全舉禪師（？～一〇一一？）和玉磵林禪師的一段對話：「又謁玉澗林禪師，林曰：『北斗藏身事已彰，法身從此露堂堂；雲門賺殺他家子，直至而今亂度量。』（有些文獻稱此偈為〈雲門北斗藏身因緣〉）曰：『我作此偈，天下人不肯。上座肯麼？』對曰：『爭敢。』曰：『作麼生？』對曰：『清晨升寶座，應不讓南能。』」
228. 雲門文偃：見註2。
229. 大龍智洪：即鼎州（今湖南常德）大龍山智洪禪師，又號「弘濟」，北宋禪僧。得法於白兆山安州（今湖北安陸）的白兆志圓禪師。
230. 洞山守初（九一〇～九九〇）：即襄州（今湖北省襄陽市）洞山守初禪師，號宗慧。俗姓傅，鳳翔良原（今甘肅省平涼市崇信縣）人，五代宋初雲門宗僧人，雲門文偃禪師的弟子。
231. 呂洞賓（七九六～一〇一六）：原名呂喦（喦或作岩、巖），字洞賓，道號純陽子，綽號回道人，山西芮城人。中國道教仙人，八仙之一，五恩主之一，五文昌之一，全真派五陽祖師之一、鍾呂內丹派和三教合流思想代表人物。民間信徒尊稱為呂仙、呂祖、純陽祖師、孚佑帝君。北方稱之為呂仙翁，閩南、臺灣民間信仰俗稱其為呂仙公，簡稱「仙公」、「仙公祖」。扶鸞的信眾則稱之為呂恩主，與關帝君、張司命、王靈官、岳鄂王合稱為「五恩主」。在道教的在全真道中，是五陽祖師中的純陽祖師。通稱為純陽祖師、孚佑帝君。
232. 鍾離權（一六八～二五六）：複姓鍾離，名權，字寂道，號雲房子，燕京人，自稱「天下都散漢鍾離權」。漢朝大將軍。呂純陽之師，八仙之一，全真道五陽祖師之一，內丹派代表人物，道號正陽真人。相傳鍾離權曾經十試純陽真人呂洞賓，度呂成仙。
233. 歸宗：見註49。
234. 黃龍：見註134。
235. 遇賢：俗姓林，姑蘇長洲人。五代禪僧，龍華彥球禪師的弟子。住明覺寺（在今浙江省紹興市），每日飲酒，酒後寫歌寫頌，度世人，人號「酒仙」。

236. 龍華（約八六四～九六三）：即杭州龍華寺彥球禪師，五代禪僧。俗姓葉，浙江麗水縉雲人。長慶慧稜禪師的弟子。受人禮請，居六通院（在浙江台州）。漢南國王錢弘俶欽佩他的德行，命住功臣院（在今浙江省杭州市臨安區功臣山南麓）。最後則回住杭州龍華寺。

237. 法眼文益（八八五～九五八）：文益禪師，俗姓魯，浙江餘杭人。羅漢桂琛禪師的弟子。南唐中主李璟追謚他為「大法眼禪師」，因此被稱為法眼文益，他所創的宗派法眼宗，是禪宗五家中開宗最晚的一宗。法眼宗嫡嫡相傳，文益、德韶、延壽三世，宋初最為興盛。另，文益禪師晚年住持金陵（南京）清涼院，因此又被稱為清涼文益。

238. 雲門：見註2。

239. 天衣（九九三～一〇六四）：即越州（今浙江紹興）天衣義懷禪師，俗姓陳，浙江溫州永嘉樂清人。北宋雲門宗僧，雪竇重顯禪師的弟子。雪竇被譽為「雲門中興」，而義懷的禪法，在基本思想脈絡上，繼承了雪竇的遺風，主張禪道自然，貴在悟心。在雪竇的弟子中，最重要的即是天衣，在他努力下，大振雲門宗風。

240. 妙喜：見註6。

241. 慧超：未詳。

242. 法眼文益：見註237。

243. 圜悟：見註225。

244. 雪竇：見註5。

245. 夾山善會：見註42。

246. 雪竇重顯：見註5。

247. 德韶（八九一～九七二）：即天臺德韶禪師，俗姓陳，處州（今浙江省麗水市）龍泉人。五代的法眼宗僧，法眼文益禪師的弟子。受吳越王錢弘俶迎至杭州，尊為國師，因此又稱德韶國師。遊天臺（位於浙江省台州市天臺縣境內），禮拜天臺宗智顗大師的遺址，心中感覺像是以前的舊居一樣。國師又與智顗同姓（智顗，俗姓陳，字德安），因此有人說：國師是智顗的後世。當時天臺智者的著作已經散失，只有新羅國（韓國古國名）有全本，因此到該該國繕寫備足，取回中國。國師因而被視為中興天臺宗的大師。後來，國師在天臺般若寺長住，弟子有永明延壽、長壽朋彥、大寧可弘等百餘人，大弘法眼宗。

248. 龍牙：見註166。

249. 法眼文益：見註237。

250. 德韶：見註247。

251. 吳越王錢元瓘（八八七～九四一）：字明寶，原名錢傳瓘，五代十國時期吳越國君主，是吳越國建立者錢鏐之子。

252. 玄則：即金陵報恩院玄則禪師，滑州（今河南省安陽市滑縣）衛南人，五代時期法眼宗僧，法眼文益禪師的弟子。在法眼住持的道場任監院。

253. 青峰：見註126。

254. 法眼文益：見註237。

255. 石霜慈明（九八七～一〇四〇）：即石霜楚圓禪師，又名慈明楚圓禪師。俗姓李，全州清湘（今廣西全州）人。宋代臨濟宗禪師汾陽善昭的弟子。長居潭州（湖南長沙）石霜寺，人稱石霜楚圓。弟子楊岐方會，開楊岐派，另一弟子黃龍慧南，開黃龍派。楊、黃二派都尊楚圓為祖師。宋仁宗時，賜號「慈明禪師」。

256. 雲居曉舜：北宋雲門宗僧。俗姓胡，瑞州（今江西高安縣）人。字老夫，人稱舜老夫。洞山曉聰禪師的弟子。曾住廬山棲賢寺，後住京都淨因寺。晚往南康（今江西星子縣）雲居山，人稱雲居曉舜。

257. 洞山（？～一〇三〇）：指瑞州（今江西省高安市）洞山曉聰禪師，雲居曉舜的師父。俗姓杜，韶州（今廣東省韶關市）人。北宋雲門宗僧，是雲門宗的第四代祖師，三祖文殊應真禪師的弟子。曾雲遊到江西雲居山，在寺裡擔任「燈頭」（司掌燈燭）一職。在江西洞山東北處的山嶺，手植上萬棵松樹。每種一棵松，便坐下來誦一卷《金剛經》，自稱栽松比丘，這座山嶺也因而名為金剛嶺。

258. 雲居曉舜：見註256。

259. 洞山曉聰：見註257。

260. 石霜永：即潭州石霜法永禪師，北宋臨濟宗僧，汾州（今山西汾陽）太平寺太子禪院善昭禪師（即汾陽善昭，九四五～一〇二三）的弟子。住潭州（湖南長沙）石霜崇勝院。與石霜楚圓、琅琊慧覺、法華全舉、大愚守芝等為師兄弟。

261. 承皓（一〇一一～一〇九一）：即荊門軍（今湖北省荊門市）玉泉（寺）承皓禪師，又名皓布裩，北宋禪僧。復州（今湖北沔陽）北塔思廣禪師的弟子。俗姓王，眉州（四川眉山市）丹棱縣人。他製作了犢鼻褌（齊膝的短褌〔褲〕），把歷代祖師的名字寫在褌上。還說：「只有文殊、普賢較些子（比較好一些）。」因此人們稱他為「皓布褌」。北宋神宗元豐年間（一〇七八～一〇八四），住襄陽（在湖北）穀隱山，後移住荊門郡（在湖北）玉泉寺，因此稱為玉泉承皓禪師。

262. 張無盡：見註65。

263. 洞山：指瑞州（今江西省高安市）洞山曉聰禪師，見註257。

264. 法昌倚遇（一〇〇五～一〇八二）：北宋雲門宗禪師。俗姓林，福建漳州人。北禪智賢禪師的弟子。歷謁浮山遠、芭蕉庵主、圓通等諸名宿，後參智賢因而開悟。晚年住在洪州（江西）法昌（禪院），老屋數間，刀耕火種，安貧樂道。

265. 黃龍慧南：見註134。

266. 達摩：見註54。

267. 蘇東坡（一〇三七～一一〇一）：即蘇軾，眉州眉山（今四川省眉山市）人，北宋著名文學家、政治家、藝術家、醫學家。字子瞻，一字和仲，號東坡居士、鐵冠道人。累官至端明殿學士兼翰林學士，禮部尚書。有《東坡先生大全集》及《東坡樂府》詞集傳世，宋人王宗稷收其作品，編有《蘇文忠公全集》。蘇軾的散文為唐宋四家（唐代韓愈、柳宗元、宋代歐陽修、蘇軾）之一，與唐代的古文運動發起者韓愈並稱「韓潮蘇海」，也與歐陽修並稱「歐蘇」；更與父親蘇洵、弟蘇轍合稱「三蘇」，父子三人，同列唐宋八大家。

268. 了元佛印（一〇三二～一〇九八）：宋代雲門宗僧。法名了元，字覺老，俗姓林，饒州浮梁（今江西省景德鎮市）人。雲門宗第四世延慶子榮的弟子。曾整編白蓮社流派，擔任青松社社主，宣導弘揚淨土思想，開創禪淨雙修的思想。與蘇東坡過從甚密，兩人應酬文字很多，例如：南宋刊行，題為宋·蘇軾撰的《東坡居士佛印禪師語錄問答》一書，所記都是蘇東坡與佛印的往來之語。

269. 趙州：見註95。

270. 趙王（八七三～九二一）：即王鎔，又名王鏻，五代十國初期趙國的君主。王鎔是成德（今河北省石家莊市正定縣）節度使王景崇的兒子，八八二年，王景崇去世，王鎔繼位為成德節度使。九〇七年，朱溫建立後梁，封王鎔為趙王。九二一年，趙國發生兵變，王鎔被殺。

271. 蘇東坡：見註267。

272. 了元佛印：見註268。

273. 慈明：見註255。

274. 翠巖可真：見註202。

275. 楊傑（約一〇三一～一一〇〇）：字次公，安徽無為人，自號無為子。宋神宗時，官職太常（掌管禮樂郊廟社稷之事）；哲宗時為禮部員外郎，出知潤州，除兩浙提點刑獄，因此又稱楊提刑。起初喜好禪宗，拜天衣義懷禪師為師。後來歸心淨土，曾繪丈六阿彌陀佛，隨身觀念。

276. 天衣：見註239。

277. 龐蘊（?～八〇八）：字道玄，湖南衡陽縣人。世人稱他龐居士、龐翁。又因躬耕於襄陽（湖北）鹿門山下，世稱他為襄陽龐大士。被譽稱為達摩東來開立禪宗之後，白衣居士的第一人。曾在馬祖道一、石頭希遷座下習禪，與丹霞天然、藥山惟儼、百靈、大梅法常、洛浦、仰山慧寂等當代知名禪師頻相往來。後世譽稱他為中國的維摩詰。遺有《龐居士語錄》一書，乃其生前好友節度使于頔所編。

278. 法明：即邢州（河北）開元（寺）法明上座，嗜酒。每次大醉，就唱柳詞（宋朝婉約派詞人柳永的詞）數闋。鄉民欺侮他，召他吃齋就拒絕，召他飲酒則順從。鄉民都叫他「醉和尚」。一日，他對寺裡的眾人說：「我明天早上就要走了，你們不要到別的地方法。」眾人都竊笑。第二天清晨，穿好衣服就座，大聲說：「我走了，聽我唸一首詩偈。」眾人圍觀過來，而他唸了起來：「平生醉裡顛蹶，醉裡卻有分別。今宵酒醒何處，楊柳岸曉風殘月。」唸完，默然無語，搖動他的身體，才知道他已經往生了。

279. 柳永（九八七～一〇五三）：北宋著名詞人。字景莊，後改字耆卿，福建崇安人。排行第七，時人或稱他為柳七，而不直稱其名。以屯田員外郎致仕，故又稱柳屯田。作品流傳甚廣，盛行一時，民間相傳「凡有井水飲處，即能歌柳詞」。風格較為卑俗，為士大夫所鄙視。其詞主要描寫男女之情與羈旅行役，坦率生動，直言無隱，不避口語，影響其後詞人如蘇軾和周邦彥的作品，後世通俗文學亦推崇柳永的地位。

280. 祖心晦堂（一〇二五～一一〇〇）：即隆興府（今江西省南昌市）黃龍（山）祖心晦堂禪師。俗姓鄔，號晦堂，南雄始興（今廣東省韶關市始興縣）人，北宋臨濟宗黃龍派禪僧，黃龍派初祖黃龍慧南禪師的弟子。偶於石霜楚圓處閱《傳燈錄》而開悟，徑返黃龍，獲黃龍慧南的印可。與北宋著名文人黃庭堅（黃山谷）有密切來往。

281. 雲峰文悅：見註41。

282. 黃檗南：即宋朝臨濟宗黃龍派創始初祖黃龍慧南禪師。他曾住筠州（今江西高安縣）黃檗山，因此又稱黃檗慧南。

見註134。

283. 祖心晦堂：見註280。

284. 夏倚：未詳。

285. 僧肇：見註32。

286. 寶峰克文（一〇二五～一一〇二）：即隆興府（今江西南昌）寶峰克文雲庵真淨禪師。俗姓鄭，陝府閿鄉（河南陝縣）人。北宋臨濟宗黃龍派禪僧，號真淨大師。初參黃龍慧南禪師而不契機，到香城（陝西朝邑）見順和尚，和他對談，始知黃龍用意，回黃龍，成為黃龍的弟子。北宋英宗治平三年（一〇六六），慧南禪師移居黃龍山，克文心隨而前往。王安石曾捐宅建寺，延請克文當住持，即金陵（南京）保寧禪寺。弟子有湛堂文準、兜率從悅等。

287. 寶峰克文：見註286。

288. 泐潭洪英（一〇二二～一〇七〇）：俗姓陳，福建邵武人，人稱英邵武。北宋臨濟宗黃龍派禪師，黃龍慧南的弟子。慧南圓寂後，住在泐潭寺（今江西靖安縣寶峯寺）弘法，故稱泐潭洪英。

289. 泐潭洪英：見註288。

290. 釋迦牟尼：見註1。

291. 景福順（一〇〇九～一〇九三）：西蜀人。北宋臨濟宗黃龍派禪師，黃龍慧南的弟子。亦稱上藍順禪師、香城順和尚。

292. 白雲守端：見註132。

293. 荼陵郁：見註30。

294. 楊岐（九九二～約一〇四九）：即楊岐方會禪師，宋代臨濟宗楊岐派創派祖師。因住袁州楊岐山普明禪院（今江西萍鄉上栗縣楊岐山普通寺），故名楊岐方會。俗姓冷，出家於筠州九峰（在今江西高安），師事臨濟宗門下之石霜楚圓禪師。

295. 善本大通（一〇三五～一一一〇）：北宋雲門宗僧。潁州（安徽省阜陽市）人。俗姓董，漢朝大儒董仲舒的後代。慧林宗本禪師的弟子。師徒二人曾相繼住持過杭州的淨慈寺，人稱「大小本」。哲宗聞其名，詔其住持京都法雲寺，並賜號大通禪師。後歸杭州象塢寺，修淨業（淨土宗）。

296. 趙抃（一〇〇八～一〇八四）：字閱道（一作悅道），號知非子，衢州西安（今浙江衢縣）人。北宋時期的高官。死後，謚號清獻，後人稱他為趙清獻。

297. 佛慧（一五三八～一六二八）：即嘉興府天寧幻也佛慧禪師。會稽人，俗姓史。年一四，禮天台松谷為師。後參諸方，最後成為笑岩德寶禪師（一五一二～一五八一）的弟子。開悟後，住在燕山（在河北）天寧寺、嘉禾（湖南省郴州市）優曇苑，自號懶石叟，著有《懶石語》。

298. 死心悟新（一〇四四～一一一五）：即隆興府（今江西南昌）黃龍死心悟新禪師，黃龍祖心禪師的弟子，北宋臨濟宗黃龍派初祖黃龍慧南的法孫。俗姓黃（亦作王），韶州（今廣東省韶關市）曲江人。晚年號死心叟、韶陽老人。受黃庭堅等人敦請，多次主持義寧黃龍崇恩禪院。對黃龍派有重大的貢獻。

299. 法昌遇：見註264。

300. 黃龍晦堂：見註280。

301. 死心悟新：見註298。

302. 寒山：約活躍於唐德宗至唐昭宗年間，巨鹿郡（今邢台）

人，唐朝著名詩僧。出家後，來到天台山，隱居於寒岩，因此而得名「寒山（子）」。而後，與豐干、拾得垂跡於國清寺。他將詩句，隨意寫在山壁、牆壁或樹葉上，經台州刺史閭丘胤的努力收集，共得二百多首，集成《寒山詩集》。

303. 保福本權：北宋臨濟宗黃龍派禪僧。臨漳（今河北省邯鄲市）人，黃龍寶覺晦堂祖心禪師的弟子。生卒年、參學行止、弟子等均不詳。

304. 死心悟新：見註298。

305. 吳恂：宋朝臨濟宗黃龍派在家居士，字德夫，黃龍祖心晦堂禪師的在家弟子。宋神宗元豐初年，任豫章（今江西省南昌市）法曹（掌刑法訴訟）。參晦堂祖心於大梵院，言下大悟。後官至祕書（皇宮中藏書的祕記）。

306. 晦堂：見註280。

307. 兜率從悅（一〇四四～一〇九一）：即隆興府（今江西南昌）兜率從悅禪師，宋代臨濟宗黃龍派僧，寶峰克文禪師的弟子。俗姓熊，虔州（江西贛縣）人。因住於隆興（江西南昌）兜率院，故世人尊稱兜率從悅。宋徽宗宣和三年（一一二一），丞相張商英（無盡居士）奏請謚號「真寂禪師」。

308. 張無盡（張商英）（一〇四三～一一二一）：見註65。

309. 死心（悟新）：見註298。

310. 湛堂（文）準：見註96。

311. 湛堂文準：見註96。

312. 石頭懷志（一〇四〇～一一〇三）：即南嶽（位於湖南省衡陽市南嶽區）石頭懷志庵主，北宋臨濟宗黃龍派僧，寶峰克文禪師的弟子。俗姓吳，婺州（今浙江金華）人。所住之菴，位於南嶽石頭雲溪。住菴二十餘年。

313. 五祖法演：見註116。

314. 五祖法演：見註116。

315. 圜悟：見註225。

316. 五祖法演：見註116。

317. 五祖法演：見註116。

318. 五祖法演：見註116。

319. 達磨：見註54。

320. 盤山寶積：見註114。

321. 五祖法演：見註116。

322. 五祖法演：見註116。

323. 五祖法演：見註116。

324. 高峰妙（一二三八～一二九五）：即高峰原妙禪師。宋末、元初臨濟宗僧，袁州（江西省宜春市）仰山雪巖祖欽禪師的弟子。俗姓徐，江蘇吳江人。宋咸淳一〇年（一二七四），從臨安（浙江杭州）龍鬚山至高峰村（在浙江省德清縣），擴建了高峰禪院。

325. 陳玄祐：唐代宗大曆（七六六～七七九）時人，生平事蹟不詳。《離魂記》的作者。

326. 鄭光祖（一二六四～約一三二〇）：字德輝，平陽襄陵（今山西襄汾縣）人，做過杭州的小吏。元代著名的雜劇家和散曲家，與關漢卿、馬致遠、白樸齊名，後人並稱「元曲四大家」。《倩女離魂》的作者。

327. 五祖法演：見註116。

328. 萬菴柔：即太平隱靜萬庵致柔禪師，宋朝禪僧，天童咸傑

（又作咸杰）禪師的弟子。俗姓陳，潮州人。開悟後，四處傳法。但因母親老邁，回鄉省親，郡守吏部朱江，請師於廣法寺弘禪。後移太平（在蘇州）隱靜寺。

329. 顯首座：即西堂顯首座，宋代楊岐派禪僧。贛州（今屬江西）人。保寧仁勇禪師的弟子，後來又拜謁白雲守端禪師。遊湘西，住在鹿苑寺，參禮真如禪師。最後在西堂（寺？）逝世。

330. 保甯勇：見註11。

331. 達磨：見註54。

332. 泐潭景祥（一〇六二～一一三二）：即洪州泐潭（在江西省高安縣洞山）景祥禪師，俗姓傅。宋代臨濟宗僧，大溈慕喆禪師法嗣。五四歲時，住泐潭寶峰，從學修行僧常達五千人，宗風大振。宋徽宗宣和年間（一一一九～一一二五）住金陵（南京）蔣山，後移住九江（在江西省）圓通寺。宋高宗建炎（一一二七～一一三〇）末年歸泐潭。

333. 泐潭景祥：見註332。

334. 真歇清了（一〇八九～一一五一）：即真州（今江蘇省儀征市和南京市六合區）長蘆真歇清了禪師，又稱寂庵。宋代曹洞宗僧，丹霞子淳禪師的弟子。俗姓雍，左綿安昌（四川）人。先後登峨嵋、五臺，禮拜普賢、文殊菩薩。後來到鄧州（河南）丹霞山，參謁子淳禪師，開悟得證。宋高宗建炎四年（一一三〇）入主雪峰寺，大振曹洞宗風。

335. 丹霞：見註25。

336. 丹霞：見註25。

337. 宏智正覺（一〇九一～一一五七）：宋代著名曹洞宗禪師，丹霞子淳的弟子。俗姓李，山西隰州人。法號正覺，逝世後的謚號為宏智禪師。三九歲時，住在浙江天童山景德寺，傳法近三十年，因此又被稱為天童正覺。開創以默然靜坐為主的默照禪，與同一時代的臨濟宗大慧宗杲（一〇八九～一一六三），以參公案（參話頭）為主的看話禪，形成對立但卻齊名。時人稱他二人為二甘露門。

338. 圓通德止（一〇八〇～一一三五）：即江州圓通青谷真際德止禪師，又稱德止真際、青谷道人、圓通德止。俗姓徐，曆陽（今安徽和縣）人。北宋曹洞宗禪僧，寶峰惟照禪師的弟子。宣和三年（一一二一）春，宋徽宗賜他「真際禪師」的名號。

339. 南安巖主（九三四～一〇一五）：泉州同安人。俗姓鄭，因此又稱鄭自嚴。宋朝雲門宗禪僧，雲門宗第三代西峰雲豁的弟子，因此被稱為雲門四世。由於乾德二年（九六四）住在武平縣（在今福建省龍巖市區）的南安巖，因此稱為南安巖主。在這期間，由於廣化鄉民，屢現神跡，因此被鄉民尊為定光佛，成為閩西（特別是含武平縣在內的汀州）客家人的信仰。宋哲宗元祐（一〇八六～一〇九三）年間，在巖後增建後庵，並正名定光寺。逝世後，宋孝宗淳熙二年（一一七五），迎定光（自嚴禪師）真身於南安巖，此後自嚴禪師成為南安巖的巖主。謚號定光圓。（新北市淡水的鄞山寺（淡江大學附近），創建於清朝道光二年（一八二二），是全台唯一保存完整的「定光佛寺」。在清朝中期，淡水是北台灣重要的移民登陸港口。汀州的客家移民，為了供奉家鄉的守護神「定光古佛」，集資購地，興建鄞山寺，也作為鄉親住宿打尖的「會館」。）

340. 華藥智朋：衡州華藥智朋禪師，宋代曹洞宗僧，寶峰惟照禪師的弟子。俗姓黃，四明（今浙江寧波）人。南宋紹興初年（一一三一），智朋禪師開始出世弘化，先住衡州（今湖南衡陽）華藥，故稱華藥智朋禪師。

341. 寶峰（一〇八四～一一二八）：即洪州寶峰闡提惟照禪師，北宋曹洞宗僧人，芙蓉道楷禪師的弟子。俗姓李，簡州（今四川簡陽）人。

342. 枯木成（一〇七一～一一二八）：即枯木法成禪師，北宋曹洞宗僧人，芙蓉道楷禪師的弟子。俗姓潘，崇德人。生平好坐枯木禪，故以枯木稱之。北宋宋徽宗崇寧四年（一一〇六），入香山觀音禪院（今河南平頂山）任住持。宋徽宗政和八年（一一一八），奉詔前往東京開封住持淨因禪寺。

343. 法眼（文益）：見註237。

344. 夾山善會：見註42。

345. 徐明（？～一一二八？）：宋高宗建炎二年（一一二八）五月，嘉興州（在今浙江）軍士徐明等作亂。徐明，未詳。

346. 華亭性空（一〇七一～一一四二）：即嘉興府（在今浙江）華亭性空妙普庵主。臨濟宗黃龍派三世死心悟新禪師的弟子。漢州人（今四川廣漢）。結茅青龍（在今河北省秦皇島市）之野，吹鐵笛以自娛。宋高宗紹興年間（一一三一～一一六二），坐上自造的大盆，拔去盆底的木塞，河水灌進船裡。性空一邊吹笛，一邊吟詩而沒。

347. 華亭性空：見註346。

348. 華亭性空：見註346。

349. 雪竇持：慶元府雪竇持禪師，俗姓盧。臨濟宗黃龍派三世象田卿梵禪師的弟子。

350. 法輪應端（一〇六五～一一二三）：潭州（在今湖南長沙）法輪寺沙門釋應端禪師，北宋臨濟宗黃龍派禪僧，黃龍惟清禪師的弟子。俗姓徐（一說俗姓餘），南昌人。初禮真淨克文禪師，因機緣不諧，一無所得。於是便前往雲居，正好趕上靈源惟清（黃龍惟清）禪師在分座傳法，在他的指導下，應端因而開悟。

351. 靈源（？～一一一七）：即隆興府（今江西南昌）黃龍靈源惟清禪師，北宋臨濟宗黃龍派僧，黃龍派二世晦堂祖心禪師的弟子。號惟清，字覺天。俗姓陳，武寧（今江西武寧）人。開悟後，住靈源寺，自號靈源叟。晚歸住黃龍山。與黃庭堅、程頤等文人為友。

352. 馬祖：見註21。

353. 百丈：見註35。

354. 文殊：菩薩名。又稱文殊師利菩薩、曼殊室利菩薩、妙吉祥菩薩，漢傳佛教四大菩薩之一，釋迦牟尼佛的左脅侍菩薩，代表智慧。因德才超群，居菩薩之首，故稱法王子。文殊菩薩被視為三世古佛、七佛之母。文殊菩薩於無量阿僧祇劫前早已成佛，是空寂世界的「大身如來」、平等世界的「龍種上尊王如來」，現在世為「歡喜藏摩尼寶積如來」。在燃燈佛將成佛時，倒駕慈航為「妙光菩薩」，為燃燈佛說法，如今化現為菩薩，協助釋迦牟尼佛度化眾生。未來文殊師利還要在無垢世界成佛，號「普現如來」，故文殊師利菩薩是三世古佛。又，文殊是七佛（過去三佛：毘婆屍佛、屍棄佛、毘舍浮佛，以及現在四佛：拘留孫佛、拘那含牟尼佛、迦葉佛、釋迦牟尼佛）之師。文殊的形象為駕青獅、持寶劍，騎獅表威猛，持劍表智慧。

在祂的造像中，文殊作為脅侍，位於釋迦佛的左側，與釋迦佛、普賢菩薩並稱為華嚴三聖。

355. 普賢：菩薩名。漢傳佛教四大菩薩之一。是象徵理德、行德的菩薩，與文殊菩薩的智德、正德相對應，是娑婆世界釋迦牟尼佛的右、左脅侍。從《法華經．普賢勸發品》的描述得知：普賢菩薩來自東方寶威德上王佛國，到娑婆世界參加釋迦宣說《法華經》的勝會。因此有人推論：普賢菩薩來自東方寶威德上王佛國淨土。普賢菩薩的法像一般為戴五佛冠金色身，右手持蓮花或玉如意，左手結施願印，半跏趺坐於六牙白象之上。而《華嚴經．普賢菩薩行願品》，則詳細解釋普賢菩薩的十大願王，以及念誦、受持、修行普賢行願的無邊功德利益。普賢菩薩的十大願王最後導歸極樂世界，幫助一切眾生脫離娑婆苦海，往生西方極樂世界阿彌陀佛清淨國土。十大願王是：一者：禮敬諸佛；二者：稱讚如來；三者：廣修供養；四者：懺悔業障；五者：隨喜功德；六者：請轉法輪；七者：請佛住世；八者：常隨佛學；九者：恆順眾生；十者：普皆迴向。

356. 天童普文（一〇四七～一一二四）：又作天童普交。即慶元府（今浙江龍泉）天童普文禪師。俗姓華（一說姓畢），慶元萬齡人。朝臨濟宗黃龍派僧，泐潭應乾禪師的弟子。初住錢塘南屏山聽天臺教觀，並修習懺悔佛事。後歸隱浙江四明天童山。

357. 泐潭（一〇三四～一〇九七）：即洪州（在今江西省）泐潭寶峰應乾禪師。俗姓彭，袁州（江西宜春）萍鄉人。宋代臨濟宗黃龍派僧，照覺禪師東林常總的弟子。常總於宋神宗元豐三年（一〇八〇）受命住持廬山東林寺，應乾即繼掌泐潭之寶峰禪院。

358. 圓通道旻（一〇四七～一一一四）：即江州（在今江西省、浙江省）圓通道旻圓機禪師。俗姓蔡，興化人。北宋臨濟宗黃龍派僧，黃龍派三世泐潭應乾禪師的弟子。先是開法於灌溪（在今江西省吉安市泰和縣），後遷往江州圓通。宋徽宗政和中，賜號「圓機禪師」。俗稱「圓機古佛」。

359. 泐潭：見註357。

360. 釋尊：見註1。

361. 迦葉：見註194。

362. 二靈知和菴主（？～一一二五）：即慶元府（今浙江省寧波市）二靈知和庵主。俗姓張，蘇州玉峰（今上海嘉定）人。北宋臨濟宗黃龍派僧，寶峰應乾的弟子。宋哲宗元符（一〇九八～一一〇〇）間，抵雪竇（在今浙江省寧波市奉化區溪口鎮西北）中峰、棲雲兩庵，後住慶元府二靈三十年，居無長物，只有二虎侍其左右。

363. 泐潭：見註357。

364. 幻寄（一四五六～？）：即杭州仙林雪庭，明朝禪僧。自號梅雪隱人，又號幻寄，仙林休休禪師的弟子。俗姓桂，杭州仁和人。明憲宗成化九年（一四七三），雪庭聽說休休禪師從四川來杭州仙林寺（亦作仙靈寺）傳法，於是前往禮謁。二人相見，言談甚契。雪庭禪師於是從休休禪師落發受戒，並謹遵其教，日夜提撕趙州和尚「無」字公案。明孝宗弘治八年（一四九五），休休禪師應信眾邀請，前往湖南，住持淨慈寺。雪庭禪師亦隨往執侍，朝夕請益，盡得其旨，後蒙印可。

365. 二靈知和菴主：見註364。

366. 大溈：見註198。

367. 黃巢（八三五～八八四）：曹州冤句縣（今山東省菏澤市牡丹區）人。唐朝末年農民起義領袖。初為鹽幫首領，售私鹽為業，後成民變軍首領。唐僖宗乾符二年（八七五）六月，回應王仙芝起義。乾符四年（八七七），攻陷鄆州，殺死天平節度使薛崇。乾符五年（八七八），王仙芝戰死後，成為起義軍領袖，自稱「沖天大將軍」，年號「王霸」。乾符六年（八七九），圍攻廣州。唐僖宗廣明元年（八八〇），進入洛陽，突破潼關，進入長安，即位於含元殿，自稱「承天應運啟聖睿文宣武皇帝」，國號「大齊」，年號「金統」。在唐朝將領李克用、王重榮等人的猛烈進攻下，退出長安。唐僖宗中和四年（八八四），戰死於狼虎穀（在今山東萊蕪市西南）。

368. 慧目蘊能（約一〇六六～一一六五）：即眉州（在今四川）中巖慧目蘊能禪師，宋朝臨濟宗黃龍派僧，黃龍大溈祖瑃禪師的弟子。俗姓呂，眉州人。出家後，蘊能遊方參學，先後親近過寶勝澄甫、永安喜、德山繪等諸禪德。後投大溈祖　禪師座下悟道。悟後返川，最初住持報恩寺，次居中巖寺三十餘年。

369. 五祖法演：見註116。

370. 克勤佛果：即圜悟克勤禪師。見註225。

371. 趙州：見註95。

372. 達磨：見註54。

373. 克勤佛果：見註225。

374. 南堂元靜（一〇六五～一一三五）：又稱大隨元靜。宋代臨濟宗楊岐派僧，五祖法演的弟子。俗姓趙，閬州（今四川省東北部）人。後來在四川彭州大隨山開創南堂，故世稱南堂元靜。歷任成都昭覺寺，及能仁、大隨諸寺住持。

375. 五祖法演：見註116。

376. 無為宗泰：即漢州（今四川廣漢縣）無為宗泰禪師，涪城（今四川涪陵）人，姓氏不詳。北宋臨濟宗楊岐派僧，住漢州無為寺，五祖法演禪師的弟子。

377. 德山（宣鑑）：見註162。

378. 表自：即蘄州（今湖北蘄春）五祖表自禪師，五祖法演禪師的弟子。懷安（今河北境內）人。法演禪師圓寂後，地方太守根據他的遺言，將表自禪師迎請為五祖住持，嗣承法演禪師的法席。

379. 圓悟：見註225。

380. 首山省念（九二六～九九三）：五代後唐、北宋之間的臨濟宗禪僧。俗姓狄，萊州（山東）人。常誦《妙法蓮華經》，人稱「念法華」。後師事風穴延沼禪師，得其心傳。開法於汝州（河南省臨汝）首山。又住持汝州葉縣寶安山廣教院及城下寶應院。

381. 五祖法演：見註116。

382. 九頂清素（？～一一三五）：即嘉州（今四川省樂山）九頂清素禪師。俗姓郭，嘉州（今四川省樂山市）人。宋代臨濟宗楊岐派僧，五祖法演禪師的弟子。開悟後，始住四川青（清）溪，後住四川九頂（山）。

383. 元禮首座（？～一一〇四）：宋代臨濟宗楊岐派僧，五祖法演禪師的弟子。最後在浙江四明瑞巖（寺）終老。

384. 五祖法演：見註116。

385. 首山省念：見註380。

386. 臨濟：見註115。

387. 俞道婆：金陵人，臨濟宗楊岐派琅琊永起禪師的在家弟子。平時以賣油炸菜餅為生，經常跟著眾人一起去參謁琅琊永起禪師，琅琊永起教她參究臨濟禪師「無位真人」的話頭。後來得到琅琊永起的印可。

388. 瑯琊：即滁州（安徽）琅琊山永起禪師。宋臨濟宗楊岐派僧，白雲守端的弟子。生平不詳。

389. 曾開：南宋靈隱慧遠禪師（一一〇三～一一七六）的在家弟子，字天遊，贛州（在今江西省南部）人。及第後，官至國子司業、起居中書二舍人。北宋欽宗時，又遷為顯謨待制。南宋高宗建炎初年，知潭洲兼湖南安撫使。後因功提升為刑部侍郎，不久又改任為禮部侍郎。後因與秦檜不和，被革職。一直到秦檜死後，才被重新起用，任秘閣修撰。

390. 靈隱慧遠（一一〇三～一一七六）：又名佛海慧遠、瞎堂慧遠，俗姓彭，四川眉山金流鎮人。法名慧遠，庵號瞎堂，宋朝臨濟宗楊岐派僧，圓悟克勤的弟子。南宋孝宗乾道六年（一一七一），奉敕住持杭州靈隱寺，敕封佛海大師。曾與宋孝宗同遊飛來峰。道濟禪師（濟公，一一五〇～一二〇九）是他的高足。

391. 葛郯：宋朝人。字謙問，號信齋。官拜知府。首謁無庵禪師，參究「即心即佛」的話頭，卻無所契悟。隨後請益臨濟宗楊岐派僧靈隱慧遠禪師，得悟。

392. 靈隱慧遠：見註390。

393. 巖頭全豁（八二八～八八七）：又作巖頭全奯。唐代禪僧。俗姓柯，福建省泉州人。與雪峰義存、欽山文邃同修互勉，並參訪仰山慧寂。又參學於德山宣鑑，繼承了他的禪法。後來在洞庭湖畔的臥龍山（巖頭）巖頭院大振宗風，故稱巖頭全豁。

394. 圜悟：見註225。

395. 華藏安民（約一〇八六～一一八五）：建康府華藏密印安民禪師，字密印。俗姓朱，嘉定（今四川樂山縣）人。宋代臨濟宗楊岐派禪師圓悟克勤禪師的弟子。出家後專攻經論，一度在四川成都宣講《首楞嚴經》，為義學僧眾所歸仰。後來皈依圓悟克勤，得渡。開法於金陵（南京）保寧，遷常州（位於江蘇省南部）華藏。

396. 范縣君：四川成都人，生平不詳。宋朝臨濟宗楊岐派圓悟克勤禪師的弟子。

397. 圜悟：見註225。

398. 南泉：見註40。

399. 文殊心道：見註70。

400. 佛鑑（一一七八～一二四九）：即杭州府徑山無準師範禪師，字無準。俗姓雍，四川梓潼人。南宋臨安府（杭州）徑山寺沙門，臨濟宗破庵祖先禪師（一一三六～一二一一）的弟子。悟後，擔任過明州清涼寺、焦山寺、雪竇寺、徑山等寺的住持。宋理宗紹定六年（一二三三），奉召入修政殿說法，賜金縷僧衣，賜號「佛鑑禪師」。

401. 趙州：見註95。

402. 達磨：見註54。

403. 覺鐵觜（約八四八～九四七）：即揚州光孝院慧覺，五代禪僧。由於擅長以機鋒應對點撥學人，因此人稱覺鐵觜

（嘴）。洪州宗馬祖道一弟子趙州從諗禪師的弟子兼侍者。

404. 道場明辨：北宋臨濟宗僧，舒州（在今安徽省）龍門清遠佛眼禪師（一一六六～一一二〇）的弟子。俗姓俞，吉安州（江西省西南部）人。得法後，說法於安吉州道場山。

405. 虛堂湛：未詳。

406. 韋應物（七三七～七九二）：唐朝代宗大歷年間（七六六～七七九）著名詩人。字義博，京兆杜陵（今陝西省西安市）人。右丞相韋待價曾孫，宣州司法參軍韋鑾第三子。他的詩以寫田園風物而著稱，是繼陶淵明、二謝（謝靈運、謝朓）和王維、孟浩然之後，又一個田園詩名家。

407. 雲峰澹：未詳。

408. 石頭自回：即合州（今四川合江）釣魚臺石頭自回禪師，北宋臨濟宗楊岐派僧，大隨元靜禪師（一〇六五～一一三五）的弟子。合州人，祖上世代為石匠。雖然不識字，卻求人口授《法華經》。寺寺院修建，需要石料。命他搬取崖石，他手不放下錘鑿，而誦《法華經》不輟口。因為是石匠出身，所以眾人都稱他「回石頭」。悟道後，出世於合州釣魚臺，開法接眾。

409. 大隨：見註374。

410. 趙州：見註95。

411. 世奇：宋朝臨濟宗楊岐派僧，龍門清遠佛眼禪師（一〇六七～一一二〇）的弟子。四川成都人。一日瞌睡，把哇嗚誤為剃頭的打板聲（寺院每月定時剃頭，以打板聲為號），因而開悟。開悟後，佛眼禪師命他分座接眾，世奇首座一再推辭不受。

412. 佛眼（一〇六七～一一二一）：即舒州（在安徽省）龍門清遠佛眼禪師，四川臨邛人。宋朝臨濟宗楊岐派僧。讀《法華經》有疑，因而放棄義學，禮五祖法演禪師為師。後應舒州太守王渙之的禮請，開法於崇寧（位於四川成都）萬壽寺。不久引退，移住舒州龍門山。在龍門山。又遷住和州（在安徽省）褒禪山，蒙樞密鄧洵武上奏，得賜紫衣及佛眼禪師的封號。

413. 羅睺羅（Rāhula）：釋迦牟尼佛與耶輸陀羅的獨生子。羅睺羅跟隨釋迦牟尼佛出家後，以不毀戒律和誦讀不懈，成為「密行第一」，是釋迦十大弟子之一。

414. 南堂：見註374。

415. 莫將（一〇八〇～一一四八）：字少虛，諱名文硯。修水（在江西省九江市）漫江人，宋代名臣。宋高宗紹興七年（一一三七），提升為太府寺丞，翌年再次擢升為徽猷閣待制京畿都轉運使，遷工部侍郎名譽禮部尚書兼侍讀奉使，繼晉工部尚書任京西宣諭使。不久拜敷文閣學士知明州提舉、江州太平觀，繼福州和廣州知府。

416. 菩提達摩：見註54。

417. 大慧宗杲：見註6。

418. 大慧宗杲：見註6。

419. 大慧宗杲：見註6。

420. 德山宣鑑：見註162。

421. 大慧宗杲：見註6。

422. 大慧宗杲：見註6。

423. 龐蘊：見註61。

424. 石頭希遷見註19。

425. 馬祖道一：見註21。

426. 香嚴（智閑）：見註141。

427. 虎頭：即虎頭招上座，生平未詳。

428. 大慧宗杲：見註6。

429. 慧忠（六七五~七七五）：唐代僧，世稱南陽慧忠國師，諡號大證禪師。越州諸暨（在今浙江諸暨）人。六祖惠能門下的五大宗匠之一，與菏澤神會共同在北方弘揚六祖禪風。備受唐朝三代皇帝唐玄宗、唐肅宗和唐代宗的禮遇，受封國師，常被尊稱為慧忠國師。開元八年（七二〇），唐玄宗將他迎往京城長安，擔任南陽龍興寺的住持，因此稱為南陽慧忠。

430. 大慧宗杲：見註6。

431. 夾山善會：見註42。

432. 大慧宗杲：見註6。

433. 大慧宗杲：見註6。

434. 大慧宗杲：見註6。

435. 釋迦：見註1。

436. 見註64。

437. 石頭：即石頭希遷禪師。見註19。

438. 馬祖：即馬祖道一禪師，見註21。

439. 大慧宗杲：見註6。

440. 大慧宗杲：見註6。

441. 觀音：即觀世音菩薩（梵語：Avalokiteśvara），菩薩名，漢傳佛教中，四大菩薩之一。意為「觀察世間音聲覺悟有情」，又譯為觀音菩薩、觀自在菩薩、光世音菩薩等。在民間信仰中常被尊稱觀音佛祖、觀音大士、觀音娘娘、觀音媽、白衣大士。在淨土宗則是西方淨土的大菩薩，與大勢至菩薩分別為阿彌陀佛的左、右脅侍菩薩，並稱「西方三聖」。祂是過去佛號——正法明如來，因為大悲，而倒駕慈航，來到人間。在道教稱為「慈航真人」、「南海碧落覺明悟聲圓通自在天尊」。一貫道則稱為「南海古佛」。而在所有有關觀音菩薩的佛經當中，《法華經》中的《（觀世音菩薩）普門品》，是流傳最廣的一部佛經。在這部經裡，觀音有三三應身，從佛身、辟支佛身、聲聞身，到梵王身、帝釋身、自在天身，再到小王身、長者身、居士身乃至婦女身、童男身、童女身。因此，歷代有許多不同形像的觀音，如送子觀音、魚籃觀音、書卷觀音、白衣觀音（白衣大士）等等。而在唐朝以前以男身示現的觀音，唐朝後也變成了現在我們所熟知的女身。

442. 彌勒：菩薩名。梵文：Maitreya，義譯為慈氏，釋迦牟尼佛的繼任者，將在未來娑婆世界降生成佛，因此被尊稱為彌勒佛或當來下生彌勒尊佛。彌勒菩薩降世的預言，使得彌勒菩薩成為救世主，發展出白蓮教、一貫道等民間宗教，相關經典有《佛說彌勒救苦真經》等。五代後梁時期在江浙，開始出現以契此和尚（布袋和尚）為原型塑成的笑容可掬的大肚比丘。由於契此和尚圓潤豐滿、滿口堆笑，手持布袋，坦胸露腹，逝世前，曾留下偈頌：「彌勒真彌勒，化身千百億；時時示時人，時人自不識。」因此被認為是彌勒菩薩的化身，後人就將契此和尚的樣子，塑為彌勒菩薩的塑像，而被稱為笑佛、歡喜佛、大肚彌勒佛。而在所有有關彌勒菩薩的佛經當中，《彌勒上生經》和《彌勒下生經》是影響最深的經典。後者描寫了彌勒成佛之後，娑婆世界成為淨土的情形。這讓當代一些提倡「人間淨土」環保人士，得到了有力的經證。

443. 泗州大聖（六二八～七一〇）：唐代高僧，又稱泗州祖師、泗州大士、泗洲大師。法號僧伽，唐代諡號大聖明覺普照國師，宋代諡號泗州大聖等慈普照明覺國師菩薩。民間尊稱為泗州佛、泗洲佛祖。西域碎葉人，由涼州入唐傳教。唐高宗時遊歷各地，四處化緣、說法。唐中宗尊為國師，迎大師到長安薦福寺當方丈。在世和死後，屢顯神跡。宋太宗因而加諡為「大聖」，從此人稱「泗州大聖」。相傳泗州大聖為十一面觀音的化現，受大勢至菩薩託付來狼山，為大勢至菩薩開拓道場。另有學者認為，僧伽並非純＋然的佛教僧侶，可能是當時摩尼教的傳教者。

444. 烏龍：宋代禪僧。雪竇重顯禪師（九八〇～一〇五二）曾為長老，作了一首詩——〈寄烏龍長老〉：「雪帶煙雲冷不開，相思無復上高臺。江山況是數千里，只聽嘉聲動地來。」因此，烏龍長老應該是重顯同一時代或稍長的禪僧。

445. 馮濟川（？～一一五三）：名楫蜀，四川遂寧人。南宋佛門居士。曾任給事、知事、邛州守等官。佛眼清遠禪師（一〇六七～一一二〇）的在家弟子。初參佛眼清遠禪師，後謁大慧宗杲禪師。兼修淨土法門，作《彌陀懺儀》。

446. 大慧宗杲：見註6。

447. 明菴：本詳。

448. 雪庭元淨：即蘇州（一說平江，在湖南）府虎丘雪庭元淨禪師，北宋臨濟宗僧，號雪庭。吉安（在江西）雙溪人。昭覺圓悟克勤禪師（一〇六三～一一三五）的弟子。與虎丘紹隆為師兄弟。

449. 雪庭元淨：見註448。

450. 死心：見註298。

451. 彌勒：見註442。

452. 夏安居：又稱安居、坐夏等，僧人修行的一種方式。夏季雨季達三月之久，在這三個月期間，僧人禁止外出而聚居一處，致力修行，稱為夏安居。

453. 福嚴文演（一〇九二～一一五六）：即潭州（湖南長沙）福嚴文演禪師，宋朝臨濟宗黃龍派僧。俗姓楊，四川成都新都縣人。年一八，出家受具足戒（正式僧人的戒律）。遊四川成都大慈寺習經論。後來成為圓悟克勤的弟子。

454. 楊岐（方會）：見註294。

455. 佛性法泰：即大溈法泰，宋朝臨濟宗僧。法名法泰，號佛性。別名佛性法泰、大溈泰、佛性泰。俗姓李，漢州（今四川廣漢）人。圓悟克勤禪師的弟子。曾奉敕住潭州（湖南長沙）大溈山，受賜「佛性禪師」之號。

456. 訥堂梵思：即衢州（在浙江）天寧訥堂梵思禪師。北宋臨濟宗楊岐派僧，圓悟克勤禪師的弟子。俗姓朱，蘇臺（今江蘇蘇州）人。年二一，出家受具足戒（出家正式戒律）。往來於佛鑑、佛眼二禪師的門下。晚依圓悟克勤（一〇六三～一一三五），住衢州天寧寺。

457. 百丈：見註35。

458. 源福子文：台州（在浙江省東部）洪（又作鴻）福（寺）子文禪師，北宋臨濟宗楊岐派僧，圓悟克勤禪師（一〇六三～一一三五）的弟子。生平不詳。

459. 蓬萊卿：即慶元（浙江省寧波市）蓬萊釋卿禪師。北宋臨濟宗僧，太平慧懃禪師（一〇五九～一一一七）的弟子。生平不詳。

460. 法眼：見註237。

461. 雲門：見註2。

462. 趙州：見註95。

463. 茱萸：即湖北鄂州茱萸山禪師，唐朝洪州宗僧。南泉普願禪師（七四八～八三四）的弟子。普願則是洪州宗開創者——馬祖道一禪師的弟子。許多禪宗史書，例如《景德傳燈錄》（卷一〇）、《聯燈會要》（卷六）等等，都記載茱萸最初住湖北護國院時，和金輪可觀和尚（雪峰義存禪師〔八二二～九〇八〕的弟子）之間，有一段討論「如何是道？」的對話。

464. 泐潭澤明：即南昌府泐潭澤明（又作擇明）禪師，北宋臨濟宗僧，太平慧懃禪師（一〇五九～一一一七）的弟子。生平不詳。

465. 趙州：見註95。

466. 能仁默堂：即嘉州（在四川省）能仁默堂紹悟禪師，名紹悟，號默堂。南宋臨濟宗楊岐派僧，大隨元靜禪師（一〇六五～一一三五）的弟子。生平不詳。

467. 古德：未詳。

468. 常庵擇崇：即饒州（今江西）薦福常庵擇崇禪師，宋朝臨濟宗黃龍派僧，德逢通照禪師（一〇七三～一一三〇）的弟子。甯國府（今安徽宣州）人。後住饒州薦福寺。生平不詳。留有頌古詩〈風幡〉一首：「浪靜風恬正好看，秋江澄澈碧天寬。漁人競把絲綸擲，不見冰輪蘸水寒。」

469. 別峰祖珍：即州鼓山別峰祖珍禪師，宋朝臨濟宗黃龍派禪僧，潭州上封佛心諱才禪師（約一〇九二～一一八四）的弟子。俗姓林，興化人。生有奇相，號珍獅子。

470. 別峰祖珍：見註469。

471. 臨濟：見註115。

472. 無傳居慧（一〇七七～一一五一）：即湖州（在浙江）道場無傳居慧禪師，宋朝臨濟宗黃龍派僧，號無傳。俗姓吳，湖州（在今浙江）人。長靈守卓的弟子。紹興（一一三一～一一六二年）初，遷湖州何山，最後住持道場山，繼承法兄普明慧琳禪師的法席。

473. 松堂圓智：即臨安府（即杭州）顯寧松堂圓智禪師，名圓智，號松堂。北宋臨濟宗黃龍派僧，天寧（長寧）守卓禪師（一〇六六～一一二四）的弟子。住臨安府顯寧寺。

474. 嗜山寧（一〇八一～一一五六）：即法寧禪師，號馬嗜山，人稱馬嗜禪師。俗姓李，東密州莒縣（今山東省日照市莒縣）人。宋朝雲門宗僧，雪竇明覺（雪竇重顯）禪師的弟子。

475. 無用淨全（一一三七～一二〇七）：即慶元府（今浙江省寧波市）天童無用淨全禪師，號無用。南宋臨濟宗僧，大慧宗杲禪師的弟子。俗姓翁，諸暨（在今浙江）人。宋孝宗淳熙（一一七四～一一八九）間，應請開法狼山（江蘇省南通市），復移承天、廣教、寶寧等寺，最後住持慶元府天童寺。

476. 萬壽自護：即劍州（今四川省阿壩縣南）萬壽自護禪師，宋朝臨濟宗僧，大慧宗杲禪師（一〇八九～一一六三）的弟子。住持劍州萬壽寺。生平不詳。

477. 雲門（文偃）：見註2。

478. 了庵景暈（一一三一～一二〇一）：又作大溈景暈、了庵景暈。即潭州（湖南長沙）大溈了庵景暈禪師，宋朝臨濟宗僧，大慧宗杲禪師的弟子。曾住持潭州大溈。又，景暈也是湖南芷江景星寺的創建者。他從潭州大溈山密印禪寺，來芷江開山結茅。到了宋孝宗淳熙元年（一一七四），花了六年的時間，建成了景星寺，為沅州（今湖南省芷江侗族自治縣）最早的禪宗道場之一。

479. 菩提達摩：見註54。

480. 佛陀：覺悟者的意思，泛指佛教已證得涅槃的最高位解脫者，如阿彌陀佛、藥師如來佛、燃燈佛等。而在這裡，則專指釋迦牟尼佛，參見註1。

481. 離意：普光佛土天王如來右面的一位女修行者。依據西晉．竺法護譯《諸佛要集經》卷下的記載：普光佛土天王如來右面，有一女人名曰離意，結跏趺坐，進入普月離垢光明甚深三昧。文殊師利菩薩傾其全部神通，無法致令此女出離禪定。

482. 文殊：見註28。

483. 棄諸陰蓋：菩薩名。又名除一切蓋障菩薩、降伏一切障礙菩薩、棄諸陰蓋菩薩、淨諸業障菩薩，佛教八大菩薩之一。祂能讓入定的離意女清醒過來。詳見：西晉．竺法護譯《諸佛要集經》卷下。

484. 光孝致遠：即泰州（江蘇）光孝寺草庵致遠禪師，俗姓許，撫州（江西省東部）人。宋朝臨濟宗僧，大慧宗杲禪師（一〇八九～一一六三）的弟子。住在泰州光孝寺。生平不詳。

485. 趙州從諗：見註95。

486. 達摩：見註54。

487. 劉彥修（一〇九六～一一四六）：又稱寶學劉彥修、寶文劉彥修、博學劉彥修。宋朝臨濟宗居士，字子羽，崇安（今福建武夷山）五夫里人。大慧宗杲禪師的在家弟子。累遷太府簿、樞密院檢詳文字、宣撫使參議軍事、利州路經略使兼知興元府、提舉太平觀等職。

488. 水庵師一（一一〇七～一一七六）：即杭州淨慈水庵師一禪師。俗姓馬，婺州（今浙江金華）東陽人。南宋臨濟宗楊岐派禪師，佛智端裕禪師的弟子。首參雪峰慧照禪師，次謁東禪用、月庵果，後見佛智於西禪寺。宋孝宗乾道七年（一一七一），開始住持臨安府淨慈寺。

489. 普賢：見註27。

490. 達摩：見註54。

491. 修山主：即撫州（今江西撫州）龍濟紹修禪師。五代禪僧。與法眼宗開創者——法眼文益，共同禮拜羅漢桂琛禪師（八六七～九二八）為師。姓氏不詳。悟道後，住撫州龍濟山接眾，人稱修山主。

492. 全庵齊己（？～一一八六）：即慶元府（今浙江省寧波市）東山全庵齊己禪師，名齊己，號全庵。俗姓謝，邛州（今四川省邛崍市）蒲江人。南宋臨濟宗楊岐派僧，靈隱佛海慧遠禪師的弟子。初住鵝湖寺，遷居廣慧寺，後來又移住慶元府東山寺。

493. 歸雲如本：即撫州疎山歸雲如本禪師。江西臨川台城人。南宋臨濟宗楊岐派僧，靈隱佛海慧遠禪師（一一〇三～一一七六）的弟子。住撫州疎山。著有《叢林辨倭篇》。

494. 戊壬：衰運的意思。在關聖帝君的籤詩中，戊壬是第四十九下下籤〈張子房（張良）遁跡〉：「彼此家居只一山，如何似隔鬼門關。日月如梭人易老，許多勞碌不如閒。」

495. 丙丁：火的意思。古人以天干配五行，丙屬純陽之火，名為太陽大火，有普照萬物之功，性情剛烈，故為陽火。丁屬純陰之火，名為燈燭之火，有照亮萬戶之功，性柔質弱，故為陰火。《呂氏春秋．孟夏》：「其日丙丁。」高誘《注》：「丙丁，火日也。」

496. 鳳棲慧觀：即袁州南源行修慧觀禪師。宋朝臨濟宗楊岐派僧，昭覺徹庵道元禪師（圓悟克勤禪師〔一〇六三～一一三五〕的弟子）的弟子。住鄂州鳳棲寺。

497. 楚安慧方：潭州（今湖南長沙）楚安慧方禪師，北宋臨濟宗楊岐派僧，文殊心道禪師（一〇五八～一一三〇）的弟子。俗姓許，潭州人。參心道禪師於大別文殊寺。北宋宣和改元（一一一九），徽宗皇帝聽信道士林靈素排佛之建議，下詔改僧號為德士，令僧尼一律加戴冠巾。慧方和師父心道所住的大別文殊寺，也改為神霄宮。慧方只好離開大別，跟隨商船來到湘南，在船上聽到岸上有人口操鄉音，高聲喊叫：「叫那？」因而開悟。

498. 普雲自圓：即南康軍（今江西星子縣）雲居普雲自圓禪師。俗姓雍，綿州（今四川綿陽）人。北宋臨濟宗楊岐派僧，雲居（江西雲居山）善悟禪師（一〇七四～一一三二）的弟子。出家後，遍參諸山大德。後來來到龍門清遠（龍門佛眼）禪師座下。當時，善悟禪師也在龍門座下，自圓因而成為善悟的弟子。善悟逝世後，自圓就住在雲居，繼承善悟的法席。

499. 龍門佛眼（一〇六七～一一二〇）：即舒州（在安徽）龍門清遠佛眼禪師，北宋臨濟宗楊岐派僧，五祖法演（？～一一〇四）禪師的弟子。讀《法華經》有疑，造訪舒州太平法演（五祖法演）禪師。北宋徽宗崇寧（一一〇二～一一〇六）萬壽寺新成，王渙之請他開法。曾依據唐．法藏所著《華嚴經義海百門》當中的道理，著《圓融禮文》。又摘取《楞嚴》、《法華》裡面的經句，著《普門禮字》並行於世。

500. 高庵悟（一〇七四～一一三二）：即雲居（江西雲居山）高庵善悟禪師，宋朝臨濟宗楊岐派僧，佛眼清遠（龍門佛眼）禪師的弟子。開悟後，宋徽宗宣和元年（一一一九）出住古州天寧，二年（一一二〇）遷居南康（江西省南部）雲居山。

501. 法眼（文益）：見註237。

502. 起雲亭應該是高庵指點自圓的地方。

503. 楊岐宗，即禪門臨濟宗楊岐派。

504. 龍門佛眼禪師乃該派第三代祖師——五祖〔山〕法演禪師的弟子。

505. 張拙：五代唐末、宋初人，生卒年不詳。曾舉秀才。因禪月大師貫休之指示，拜謁石霜慶諸禪師（八〇五～八八八），成為慶諸的在家弟子。

506. 石霜：見註84。

507. 老衲祖證：即隨州（在湖北）大洪（山）老衲祖證禪師，俗姓潘，潭州（湖南長沙）人。宋朝臨濟宗楊岐派僧，潭州大溈（山）月庵善果禪師（一〇七九～一一五二）的弟子。

508. 雲門（文偃）：見註2。

509. 永嘉（六六五～七一二）：即永嘉玄覺大師，唐朝僧，禪宗六祖惠能的弟子。俗姓戴，溫州永嘉人（今屬浙江）。字明道，法號玄覺，又號真覺大師，謚號無相。唐朝禪宗、天台兩宗的大師。提倡天台、禪宗融洽的說法。曾到湖北的玉泉寺拜訪神秀大師，請問禪法。後來參訪六祖惠能，言下契悟，住了一宿就離去，時稱一宿覺。留有《永嘉集》以及《永嘉證道歌》。

510. 窮谷宗璉（一〇九六～一一六〇）：即荊門軍（今湖北省荊門市）玉泉窮谷宗璉禪師。俗姓董，合州（今四川重慶市合川區）雲門人。宋朝臨濟宗楊岐派僧，潭州大溈月庵善果禪師的弟子。得法後，住報恩（在今南京）、福嚴（在今湖南省衡陽市衡山上）及玉泉（在今湖北省當陽市）等寺。

511. 如來：梵語 **Tathāgata**，佛的十大稱號之一。體悟「如」（Tathā，萬物的本來面貌）而來來去去（而生活）的解脫者，即稱如來。

512. 蓬庵德會：即南康軍雲居蓬庵德會禪師，又名雲居德會。俗姓何，四川重慶人。南宋臨濟宗楊岐派僧。而他的師承，禪籍有非常不同的記載。《續傳燈錄》卷三三、《五燈全書》卷四六，說他是石頭自回禪師的弟子。《五燈會元》卷二〇，說他是教忠彌光禪師（即泉州教忠晦菴彌光禪師）的弟子。而明末、清初臨濟宗僧——丈雪通醉禪師（一三六八～一九一一）所著的《錦江禪燈》，則說德會是東林道顏（即江州東林卍庵道顏禪師）的弟子。其中，石頭自回的師父是大隨元靜（參見一五九則，南堂元靜條），而教忠彌光和東林道顏都是大慧宗杲禪師（一〇八九～一一六三）的弟子。所幸這三人都是宋朝臨濟宗楊岐派的禪師，使得德會的師承變得相對單純。

513. 黃檗：見註75。

514. 慧通清旦：即潭州（在今湖南長沙）慧通清旦禪師，宋朝臨濟宗楊岐派僧，大溈法泰禪師的弟子。俗姓嚴，蓬州儀隴（在今四川蓬安）人。出家後，遍禮諸禪師。後來到了鼎州（在湖南）德山，參謁法泰，成為法泰的弟子。悟後，開法於德山，後來移住潭州谷山。還住過嶽州永慶寺，最後則遷居潭州慧通寺。

515. 昭覺辯：即成都府（在今四川省）昭覺（寺）大辯禪師，宋朝臨濟宗楊岐派僧，大溈佛性法泰禪師（約一〇七九～一一七一）的弟子。生平不詳。

516. 李涉：生卒年不詳。號清溪子，洛陽（今河南洛陽）人，唐代詩人，約八〇六年前後在世。唐憲宗時（八〇五～八二〇），曾任太子通事舍人。不久，貶為峽州（今湖北宜昌）司倉參軍，十年後，遇赦放還，回到洛陽，隱居在河南嵩山少室山南麓的少室寺。唐文宗大和（八二七～八三五）中，任國子博士，世稱「李博士」。著有《李涉詩》一卷。

517. 屈原（約紀元前三四三～二七八）：戰國時期的詩人、政治家。姓屈，名平，字原，楚國人（今湖北秭歸）。早年受楚懷王信任，有楚國第一詩人的美稱，任三閭大夫，常與楚懷王商議國事。主張楚國聯合齊國，共同對抗秦國。多次反對楚懷王與秦國交好。秦昭王扣留楚懷王之後，屈原繼續輔佐楚襄王。楚襄王六年（紀元前二九三年），楚襄王計謀再與秦國講和。屈原斥責楚襄王，楚頃襄王大怒，因此被驅除出郢都，流放到遍遠的江南，歷時十八年。流放期間，作出感人的《離騷》，為中國文學史上極為重要的作品。楚襄王二一年（紀元前二七八年），秦軍攻破楚國國都郢都，楚襄王被迫遷都。屈原作〈懷沙〉一賦，懷抱石頭，投汨羅江而死。後世端午節吃粽子即為紀念屈原。

518. 舜帝：中國上古時代的五帝之一，有虞氏，名重華。原姓姬，因為生於姚墟，因而改姬姓為姚姓。又因住在媯水之邊，後人又將姚姓改為媯姓。另一說法是：媯姓陳氏，冀州人。舜受堯帝的「禪讓」，而稱帝於天下，國號「有虞」。都城在蒲阪（今山西永濟）。而在道教和民間信仰，則尊為地官大帝。

519. 娥皇：祁姓，又稱娥肓、倪皇等。中國上古時期部落酋長唐堯的女兒，和妹妹女英同時嫁給了舜帝。舜的父母和弟弟，多次欲置舜於死地，因娥皇、女英的幫助而脫險。舜死後，娥皇、女英跳湘江殉情，後人尊她們為湘君、湘夫人。

520. 女英：祁姓，又稱女瑩、女匽。和姐姐娥皇同時嫁給舜帝，生有一子，名商均。

521. 蔡琰（約一七七～二四九）：字昭姬，晉時為避司馬昭諱而作文姬。陳留圉（今河南杞縣）人，博學有才，通音律，建安時期（一九六～二一九）著名的女詩人。東漢興平二年（一九五），被匈奴擄走，淪為南匈奴左賢王的女奴，並生下二子。建安一二年（二〇七），曹操同情蔡琰的遭遇，遣使以重金將蔡琰贖回，並安排她再嫁同鄉陳留董祀，「文姬歸漢」因而成為中國有名的故事。

522. 雲門：見註2。

523. 覺報清：即平江府（今蘇州）覺報（寺）釋清禪師。南宋臨濟宗楊岐派僧，道場正堂明辨禪師的弟子。住平江府覺報寺。

524. 李時珍（一五一八～一五九三）：字東璧，晚年自號瀕湖山人。蘄州（今湖北省黃岡市蘄春縣蘄州鎮）人。中國歷史上最著名的醫學家、藥學家和博物學家之一，《本草綱目》的作者。與扁鵲、華佗和張仲景並稱中國古代四大名醫。

525. 正堂明辨（辯）（一〇八五～一一五七）：即安吉州（今浙江安吉。又作湖州〔今浙江〕）道場正堂明辯禪師南。俗姓俞，安吉州人。宋臨濟宗楊岐派僧，龍門清遠佛眼禪師的弟子。年一九，跟從報本蘊禪師出家。後謁徑山妙湛思慧禪師等名宿，晚年則拜在清遠佛眼禪師座下，成為他的弟子。後來住持湖洲道場寺。曾評介禪門五家七宗的禪風。（詳見：《嘉泰普燈錄．湖州道場正堂明辯禪師》）

526. 圓極彥岑：即太平州（今安徽當塗縣）隱靜圓極彥岑禪師。名彥岑，字圓極。台城（今南京市）人。南宋臨濟宗楊岐派僧，雲居法如禪師的弟子。

527. 劉皂：唐代詩人。生卒年、生平均不詳。活躍於唐德宗貞元年間（七八五～八〇五）。咸陽（今陝西咸陽市）人。

528. 賈島（七八八～八四三）：範陽（今河北省涿縣）人，字閬仙（又作浪仙），號無本，自號碣石山人，人稱「詩奴」。晚唐著名的「苦吟派」詩人。（苦吟派，指中唐和晚唐詩壇中，以徘徊吟哦的心境和殫精竭慮的態度進行創作，對每個字詞，進行仔細推敲錘煉的詩人。）他曾為自己的〈送無可上人〉頷聯「獨行潭底影，數息樹邊身」寫了注釋，其中兩句——「二句三年得，一吟雙淚流」，道盡賈島吟詩的艱辛。他較為擅長五言律詩，意境多孤苦荒涼。曾出家為僧，法號無本，後來還俗。

529. 趙州：見註95。

530. 嚴康朝：即湖州府（今浙江湖州市）長興教授（官名）嚴康朝居士，湖州（今屬浙江）長興人。南宋臨濟宗在家居士，官拜尚書吏部郎。宋紹興一二年（一一四二）進士。嘗問道於薦福雪堂道行禪師（一〇八九～一一五一），後來拜謁天童應庵曇華禪師（一一〇三～一一六三）而開悟。

531. 慧空（一〇九六～一一五八）：即福州雪峯東山慧空禪師，號東山。俗姓陳，福州（在今福建）人。南宋臨濟宗黃龍派僧，泐潭善清（草堂善清）禪師的弟子。高宗紹興二三年（一一五三），住福州雪峰禪院，次年退歸東庵（在今福建省泉州市）。有《東山慧空禪師語錄》、《雪峰空和尚外集》傳世。

532. 張拙：見註505。

533. 石霜：見註84。

534. 雲門：見註2。

535. 混源曇密（一一二〇～一一八九）：名曇密，號混源。俗姓盧，浙江天台（今浙江省天台縣）人。南宋臨安府（杭州）淨慈寺僧人，臨濟宗楊岐派僧。歷參徑山大慧宗杲、雪巢法一、此庵景元諸師。後參謁晦庵彌光禪師而得法。

536. 遯庵祖珠：即荊南府（今湖北省枝江市）公安（寺）遁（遯）庵祖珠禪師。南平（今湖北公安西北）人。名祖珠，號遯庵。宋朝臨濟宗楊岐派僧，東林道顏禪師（一〇九四～一一六四）的弟子。住荊南府公安寺。

537. 俱胝：即婺州金華山俱胝和尚，唐朝洪州宗師，得法於天龍禪師（馬祖道一的法孫）。生平傳記不詳，約當唐武宗時代（八一四～八四六）的人。住婺州（今浙江省金華、蘭溪、永康等地）金華山寺，常誦〈俱胝（准胝）佛母陀羅尼〉。會昌五年（八四五），唐武宗下令廢佛毀釋，俱胝因為持誦〈俱胝觀音咒〉而躲過兵難，因此專以持吟〈俱胝觀音咒〉為修持，人們也稱他為俱胝和尚。

538. 實際唐朝比丘尼，約當唐武宗時代（八一四～八四六）的人。

539. 天龍：即杭州天龍和尚。杭州（浙江省）人。唐朝洪州宗僧，大梅法常禪師（七五二～八三九～）的弟子。對門下常以一只指頭示之，曾用此法教化金華山俱胝和尚。生平事蹟與生卒年未詳。

540. 報恩法演：即汀州（在今福建）報恩（寺）法演禪師，果州人。宋朝臨濟宗楊岐派僧，東林道顏禪師（一〇九四～一一六四）的徒弟。生卒年及生平不詳。

541. 世尊：見註1。

542. 釋尊：同世尊。見註1。

543. 迦葉：見註194。

544. 肯堂彥充（約一一三三～一二二五）：臨安府淨慈肯堂彥充禪師。俗姓盛，於潛（在今浙江臨安縣）人。南宋臨濟宗楊岐派僧，東林卍庵道顏禪師（一〇九四～一一六四）的弟子。起先參拜大愚宏智、正堂大圓等禪師，後來拜謁東林道顏得悟。後來住持杭州淨慈寺。

545. 劍門安分（約？～一一三一）：即南劍州劍門（今四川劍閣）安分庵主。俗姓林，福州永福（今福建省福州市永福鄉）人。宋代臨濟宗楊岐派僧，西禪懶庵鼎需禪師（一〇九二～一一五三）的弟子。晚年庵居劍門。

546. 浙翁如琰（一一五一～一二二五）：即臨安徑山浙翁如琰禪師，名如琰，號浙翁。又名育王如琰、徑山如琰等。俗姓周，浙江台州人。宋朝臨濟楊岐派僧，育王德光禪師的弟子。曾住蔣山（今江蘇省南京紫金山）。嘉定一一年（一二一八），敕住浙江省杭州市徑山寺。門人靈隱普濟以纂修《五燈會元》而聞名。

547. 蔣山：即蔣山禪師，浙翁如琰禪師自稱，因為他曾住過蔣山。原為山名，即今江蘇省南京紫金山。漢末秣陵尉蔣子文葬於此，被視為山神，故稱蔣山。

548. 鹽官齊安（？～八四二）：即杭州鹽官海昌院齊安國師。俗姓李，海門（又作海汀）人。很長一段時間，都跟隨為他剃度的雲琮禪師。後來聽聞大寂（馬祖道一）禪師行化於虔州（今江西省贛州市）龔公山，於是前去拜謁，並成了大寂的弟子。唐憲宗元和（八〇六～八二〇）末年，出住杭州鹽官（今浙江海寧西南鹽官鎮）海昌院。武宗破佛後，宣宗再興佛法，曾蒙師之感化，因此在齊安圓寂後，諡號「悟空大師」。也因為曾感化宣宗，因此稱為「國師」。

549. 盧舍那：（釋迦牟尼）佛陀有三身：法身、報身、應身。法身佛是真理之身，也是佛陀的真身，無形無相，只有（其他）佛才能見到。報身佛是佛陀多生多劫以來的善報之身，廣大無邊，只有菩薩摩訶薩（大菩薩）才能見到。而應身佛，雖然應化無邊，能化成各種形態，但一般凡人及小乘人即可看見。其中，法身佛稱為毘盧遮那佛（譯為日光遍照佛、大日如來）。報身佛稱為盧舍佛（譯為淨滿、廣博嚴淨）。有時，毘盧遮那佛也簡譯為盧舍那佛。而在這裡的盧舍那佛，即指毘盧遮那佛，也就是佛陀的真身。

550. 性空智觀：即福州東禪性空智觀禪師。南宋臨濟宗楊岐派僧，佛照德光禪師（一一二一～一二〇三）的弟子。住福州東禪寺。

551. 南泉：見註40。

552. 鐵牛印（一一四八～一二一三）：即鍾山（今江蘇省南京市、鍾山縣）鐵牛宗印禪師、或稱靈隱（在杭州）鐵牛宗印禪師。俗姓陳，鹽官（今浙江省海寧市）人。南宋臨濟宗楊岐派僧，育王佛照德光禪師的弟子。宋寧宗（一一六八～一二二四）時，住持靈隱。

553. 演化戈：可能是隨州（在湖北省）護國知遠演化禪師。《五燈會元（卷一四）．護國知遠禪師》，記錄了他的一則公案：隨州護國知遠演化禪師，僧問：「舉子入門時如何？」師曰：「緣情體物事作麼生？」問：「乾坤休駐意，宇宙不留心時如何？」師曰：「總是戰爭收拾得，卻因歌舞破除休。」

554. 報慈（約九〇五～九六五）：即報慈文遂禪師，又稱道場文遂、雷音覺海大導師。俗姓陸，浙江杭州人。北宋法眼宗僧，法眼文益禪師的弟子。開悟後，初住吉州（江西）止觀院，北宋太祖乾德二年（九六四）遷長慶寺（在浙江紹興市），更歷清涼（位於山西省五臺山）、報慈（位於湖北省公安縣）等寺。被尊為雷音覺海大導師。

555. 護國（一〇九四～一一四六）：即台州護國此庵景元禪師，名景元，號此菴。俗姓姚，溫州永嘉縣（今浙江省溫州市永嘉縣）楠溪人。南宋臨濟宗楊岐派僧，圓悟克勤禪師的法嗣。一八歲時依靈山希拱和尚出家、受具足戒，學習天臺宗教法三年。後來參謁圓悟禪師，成為圓悟的傳法弟子。括蒼縣（在今浙江麗水東南）太守，曾延請禪師接任天臺山報恩寺。晚年回住浙江天臺山護國寺。

556. 秀嵓師瑞：又作秀巖師瑞，生平不詳。宋．圓悟《枯崖和尚漫錄》卷上，錄有一則禪師的相關公案。

557. 雪峰：見註159。

558. 趙州：見註95。

559. 孤雲權：即慶元府（今浙江省寧波市）育王孤雲道權禪師，又名育王權禪師。陝西省人。南宋臨濟宗楊岐派僧，佛照德光（一一二一～一二○三）禪師的弟子。住育王寺，為第三十代住持。

560. 育王：孤雲道權禪師自稱，他住育王寺。育王寺，即阿育王寺的略稱，位於浙江省寧波市鄞州區，建於西晉武帝太康三年（二八二），中國現存唯一以印度阿育王命名的古寺。阿育王：阿輸迦．孔雀王（Aśoka Maurya，約西元前三○四～二三二），簡稱阿育王（Aśoka），音譯阿輸迦，意譯無憂，因此又稱無憂王。古印度孔雀王朝的第三代君主。古印度佛教最重要的護法之一。

561. 笑翁妙堪：即慶元府（今浙江龍泉）育王笑翁妙堪禪師，又稱育王妙堪。俗姓毛，浙江慈溪人。南宋臨濟宗楊岐派僧，天童無用淨全禪師（一一三七～一二○七）的弟子。歷任妙勝（在山西省壽陽）、金文（在四川省遂寧市）、光孝（在福建莆田）等寺的住持，後來奉朝廷的旨令移住杭州西湖靈隱寺。不久又回到金陵（南京），在浙江寧波育王寺圓寂。

562. 法華全舉：即舒州法華院全舉禪師。宋朝臨濟宗僧，汾陽善昭禪師（九四七～一○二四）的弟子。有《法華全舉禪師語要》一卷流通於世。

563. 瑯琊慧覺：見註3。

564. 石鼓希夷：即臨安府（杭州）靈隱石鼓希夷禪師，又作靈心石鼓希夷禪師。南宋臨濟宗楊岐派僧，無用淨全（一一三七～一二○七）的弟子。杭州靈隱寺第二八代住持。

565. 達摩：見註54。

566. 道副：南北朝時代的禪僧，菩提達摩（三八二～五三六）的弟子。達磨門下四神足（道副、尼總持、道育、慧可）之一。

567. 總持：即道跡總持比丘尼，又稱尼總持。南北朝時代的尼師。俗姓蕭，名明練，為梁武帝（四六四～五四九）的女兒。出家後，號總持。菩提達摩（三八二～五三六）的女弟子。達磨門下四神足（道副、尼總持、道育、慧可）之一。

568. 慶喜（阿難尊者）：見註195。

569. 阿閦佛：又名不動佛、寶幢如來等。東、西、南、北、中等五方如來之中的東方佛。據《悲華經》的記載：久遠昔時刪提嵐世界中，有轉輪王名叫無諍念，他的第九王子蜜蘇，在寶藏如來面前發願，修持戒行，成就淨土，寶藏如來賜名阿閦，並授記他將於未來在「妙樂世界」佛，號「阿閦如來」。又《阿閦佛國經》說：阿閦佛在成佛久遠之前，曾侍奉大目如來（又譯廣目如來），發願「對眾生不生瞋恨」，經過累劫的修行，即於東方妙喜世界成佛，名不動佛（阿閦佛）。因此，所謂「阿閦」（不動），是指受到眾生惱怒時，不動瞋恨之心的意思。

570. 慶喜見阿閦佛（不動佛）國，一見不想再見，出自《大般若經》卷三四七。大意為禪道（般若波羅蜜多）並非眼等感官所能證得，原文：爾時，世尊四眾圍繞，讚說般若波羅蜜多，付囑慶喜，令受持已……令眾皆見不動如來……為海會眾宣說妙法，及見彼土眾相莊嚴。……佛攝神力，於是大眾忽不復見不動如來……并彼佛土眾相莊嚴。彼不動佛……國土莊嚴眾會等事，皆非此處眼根所行。……爾時，佛告具壽慶喜：「不動如來……汝復見不？」慶喜白言：「我不復見，彼事非此眼所行故。」

571. 道育：又稱惠育、育師。南北朝時代的禪僧，菩提達摩（三八二～五三六）的弟子。達磨門下四神足（道副、尼總持、道育、慧可）之一。

572. 慧可（四八七～五九三）：又名惠可、僧可，號神光。俗名姬光，虎牢人（河南省滎陽縣）。中國禪宗第二代祖師。原是一位精通儒學與佛法的學者，三十歲時至洛陽龍門香山依寶靜禪師出家。四十歲時，到河南嵩山，成為達摩門下弟子。傳說曾經在大雪中，來到達摩面壁禪坐的地方，為表誠心，砍斷一隻手臂，向達摩求法。這即是「斷臂求法」的故事。五七七年，慧可遁隱於舒州皖公山（在今安徽省潛山縣），度僧璨出家，傳以心法，僧璨成為中國禪宗第三祖。

573. 簡庵嗣清：即袁州仰山簡庵嗣清禪師，又稱仰山嗣清。俗姓于，山陰人。南宋臨濟宗僧，水菴師一（一一〇八～一一七七）的弟子。生平不詳。

574. 雪峰義存：見註159。

575. 保福從展（？～九二八）：即漳州保福院從展禪師。俗姓陳，福建福州人。唐末、五代石頭宗禪僧。一五歲即禮雪峰義存（八二二～九〇八）為受業師。五代後梁末帝貞明年間（九一五～九二一），福建漳州的王刺史在龍溪（今福建漳州市南部）的保福山，興建了一座保福禪院，特地迎請從展前來住持，從展在此住持了一二年，前來依止的學僧達七百餘人。

576. 鵝湖大義（七四五～八一八）：即信州鵝湖大義禪師。俗姓徐，衢州須江（今浙江省衢州市、江山市）人。唐朝洪州宗僧，馬祖道一禪師的弟子。唐代宗大歷年間（七六六～七七九年），來到江西上饒市鉛山縣鵝湖山，鵝湖山也成了大義住持的地方。唐憲宗曾召師與諸師論義。

577. 退庵道奇：即鎮江金山退庵道奇禪師。字退庵。宋朝臨濟宗僧，別峯寶印（一一一〇～一一九一）禪師的弟子。有《退庵道奇禪師語錄》一卷流通。原住鎮江（位於江蘇省南部）金山，後遷住東霞（江蘇省鎮江市）。

578. 師子尊者（Simha）：尊者，中印度人。印度禪宗第二四代祖師。從第二三代祖師鶴勒那尊者（Haklena～yaśa）那裡得道之後，遊化到罽賓國，然後把禪道付給第二五代祖師婆舍斯多（Vāsasita）。後來，無緣無故，卻被罽賓王砍頭殺害。

579. 咦庵鑑：即潭州（今湖南長沙）大溈咦庵釋鑒禪師，名釋鑒，號咦庵。會稽（今浙江紹興）人。南宋臨濟宗黃龍派僧，萬年心聞曇賁禪師的弟子。住潭州大溈山。

580. 破庵祖先（一一三六～一二一一）：即夔州臥龍破菴祖先禪師。俗姓王，廣安人。南宋臨濟宗僧，密菴傑禪師的弟子。依澧州德山涓禪師出家。歷參為山行和尚、虎丘瞎堂遠、淨慈月堂昌、水菴師一各禪師，最後見密菴而得法。歷住江蘇常州薦福、江蘇真州靈岩、湖南平江秀峰、湖南平江穹窿、四川鳳山資福等寺。

581. 木陳忞（一五九六～一六七四）：即天童道忞宏覺禪師，字木陳，號山翁，世稱木陳道忞。廣東潮州潮陽人，明末清初臨濟宗僧人，密雲圓悟的弟子。先後住持浙江的靈峰寺、雲門寺、廣潤寺、大能仁寺、萬壽寺、山東的法慶寺等。兩度住持天童山天童寺。清．順治一六年（一六五九），奉詔到北京萬善殿與學士王熙等人辯論。順治帝賜號弘覺禪師。

582. 破庵祖先：見註580。

583. 疏山匡仁：見註197。

584. 大溈安（七九三～八八三）：即福州大溈安長慶大安禪師。俗姓陳。唐朝洪州宗僧，百丈懷海禪師的弟子。最初受業於黃檗山，學習律典。後來禮拜百丈懷海禪師，領得宗旨。同參溈山靈祐禪師創居溈山（在湖南），大安躬耕助道。等到靈祐圓寂，眾人禮請大安接任住持。後來住持福州長慶寺二十餘年。（大溈山是溈山為主體的周圍群山。）參見註584。

585. 明招：即婺州（浙江）明招德謙禪師。唐末五代僧，羅山道閑禪師的弟子。曾經擔任婺州智者寺之首座，在浙江金華的明招山駐錫四十餘年。俗姓、籍貫及生卒年皆不詳。因為左眼殘疾，人稱獨眼龍。

586. 枯禪自鏡：即慶元天童枯禪自鏡禪師。俗姓高，福建福州人。南宋虎丘派僧（虎丘派：臨濟宗楊岐派的支流，虎丘紹隆（一〇七七～一一三六）所開創），密菴咸傑（一一一八～一一八六）的弟子。最初拜謁木庵安永禪師、水庵師一禪師，後來參禮密庵咸傑於杭州靈隱寺，成為密庵咸傑的傳法弟子。開悟後，在隆興、上藍寺傳法，後來遷移到建康（南京）旌忠、江蘇真州北山等地弘法。宋理宗寶慶元年（一二二五），奉旨住持浙江杭州靈隱寺，後來又移住浙江寧波天童寺。

587. 鶴林（六六八～七五二）：即潤州（今江蘇省鎮江市）鶴林玄素禪師，字道清。俗姓馬，潤州延陵（今江蘇省丹陽縣）人。唐代牛頭宗僧，牛頭宗第五祖智威的傳法弟子。唐玄宗開元年間（七一三～七四一），受郡牧韋銑所請，住江蘇鎮江鶴林寺。與牛頭宗的第六祖慧忠齊名。因俗姓馬，所以常被稱為馬素、馬祖。牛頭宗到了六祖慧忠、玄素時，宗門大盛，與神秀北宗、惠能南宗，並列為禪宗三大宗派。這和慧忠、玄素的努力弘傳牛頭禪有關。

588. 枯禪自鏡：見註586。

589. 天童：住天童寺的枯禪自鏡禪師自稱。天童寺，位於浙江寧波鄞州區太白山麓。始建於西晉。北宋景德四年（一〇〇七），宋真宗敕賜「天童景德禪寺」額。南宋建炎三年（一一二九），曹洞宗禪師正覺任住持，推行「默照禪」。與臨濟宗禪師大慧宗杲所推行的「看話禪」，形成禪宗雙碧。嘉定年間，天童寺被列為「禪院五山十刹」的第三山。一二二五年，曹洞宗第一三代祖如淨禪師任住持。日本僧人道元在天童寺師從如淨，回國後創立日本曹洞宗。明洪武一五年（一三八二），明太祖朱元璋敕賜寺額「天童禪寺」，同時御封為天下禪宗五山的第二山。清同治年間，寺院與鎮江金山寺、揚州高旻寺、常州天寧寺並列為禪宗四大叢林。

590. 五祖法演：見註116。

591. 開聖覺：即和州（在今河北）開聖（寺）覺禪師。宋朝臨濟宗楊岐派僧。初參長蘆（在今河北滄州市西）應夫禪師，接著參謁五祖法演禪師（?～一一〇四），成為法演傳法弟子。開悟後，住持開聖寺。

592. 釋迦：見註1。

593. 彌勒：參見註15。

594. 萬庵致柔：見註328。

595. 密菴傑（一一一八～一一八六）：即密菴鹹傑禪師。俗姓鄭，福州福清人。號密庵，南宋臨濟宗楊岐派下虎丘派僧，應庵曇華禪師的弟子。悟道後，先後住持過衢州（在浙江）西烏巨山乾明禪院、衢州大中祥符禪寺、建康府（南京）蔣山太平興國禪寺、常州（江蘇）無錫華藏禪寺。南宋孝宗淳熙四年（一一七七），奉詔住持臨安府（杭州）徑山興聖萬壽禪寺，淳熙七年（一一八〇）奉詔住持臨安靈隱禪寺，淳熙一一年（一一八四）住持明州（浙江寧波）太白山景德禪寺。

596. 法音：未詳。

597. 明招（德）謙：見註199。

598. 羅山道閑：即福州羅山道閑禪師。俗姓陳，長溪（江西省婺源縣）人。唐朝石頭宗僧，巖頭全奯禪師（八二八～八八七）的傳法弟子。曾拜謁石霜慶諸禪師問法，後參禮巖頭全奯禪師而得法。閩帥王審知請住福建福州羅山，號法寶禪師。明招德謙的傳法師父。

599. 淮海原肇（一一八九～一二六五）：即臨安（杭州）徑山淮海原肇禪師。俗姓潘，靜海人。南宋僧，浙翁無琰禪師的傳法弟子。得法後，住通州（在江蘇）光孝寺，後來遷住吳城（江西省樟樹市）雙塔、金陵（南京）清涼、天台（在浙江）萬年、蘇州萬壽、東嘉（浙江溫州）江心等寺（地）。最後住持浙江寧波育王寺，任第四五代住持。晚年遷住杭州的淨慈、靈隱、徑山等寺。

600. 王質（一〇〇一～一〇四五）：字子野，莘縣（山東聊城）人。累官至尚書祠部員外郎。范仲淹稱他「兼通佛老微旨」。編有《寶元總錄》一〇〇卷、《林泉結契》五卷。出知陝州（今陝西陝縣）。卒於任上。

601. 龍溪文：即處州府遂昌龍溪文禪師，南宋臨濟宗楊岐派下大慧派僧，徑山浙翁琰禪師（一一五一～一二二五）的弟子。生平不詳。

602. 德山宣鑑：見註162。

603. 臨濟義玄：見註115。

604. 東山道源（一一九一～一二四九）：即蘇州虎丘東山道源禪師，又名虎丘道源。俗姓黃，福建連江人。南宋僧，徑山浙翁如琰禪師的傳法弟子。出家後，到兩浙一帶，參見前輩禪師二十餘人。（兩浙，即兩浙路。北宋時設置的一個行政區，包括蘇州、杭州、溫州等一四個州。）最後到蔣山（在江蘇南京）見浙翁如琰禪師，因而得法。得法後，在奉化（今浙江省寧波市奉化區）清涼寺傳法。

605. 虎丘：東山道源自稱。虎丘原是山名，位於江蘇蘇州。虎丘古跡中最著名的是雲岩寺塔和劍池。雲岩寺塔建於後周，被稱為「中國第一斜塔」。劍池邊的山崖，寫著「劍池」二字，傳說是東晉書法家王羲之所寫。虎丘另一有名的典故是：東晉的竺道生法師，他是譯經家鳩摩羅什的弟子。卻因為主張「一闡提（斷善根之極惡之人）也可以成佛」，與當時流傳的六卷《泥洹經》的經意不合，因而被羅什逐出門外。傳說他獨自一人來到虎丘山，對著一堆石頭說：「人人都有佛性，一闡提也可以成佛。」石頭聽了，顆顆點頭。後來，大本《涅槃經》譯出，經中果然說到「闡提成佛」，洗涮了竺道生的冤屈。而這個傳說，也是：「（生公說法，）頑石點頭」這一成語的來源。

606. 佛祖：這是民間對佛陀（特指釋迦牟尼佛）的尊稱。

607. 夢窗嗣清：即慶元壽國夢窗嗣清禪師．名嗣清，俗姓于，山陰（今浙江紹興）人。南宋臨濟宗楊岐派下之大慧派僧，浙翁如琰（一一五一～一二二五）的弟子。住持寶陀寺。（大慧派：臨濟宗楊岐派下的一個支派。臨濟宗楊岐派傳至圜悟克勤時，又分成兩派：由大慧宗杲所首創的大慧派，以及由虎丘紹隆首創的虎丘派。前者提倡「看話禪」。）

608. 佛（陀）：見註480。

609. 雙林樹：娑羅雙樹之林的略稱。佛陀在兩棵娑羅樹之間涅槃。兩棵娑羅樹，位於拘尸那城（Kusi-nagara）阿夷羅跋提河邊。拘尸那城，古印度十六大國之一——末羅國的都城。在今印度北方邦戈勒克布林鎮 Kasia 村。

610. 巖頭（全豁）：見註393。

611. 無鏡徹：即天寧（江蘇常州）無鏡徹禪師。南宋臨濟宗楊岐派下之大慧派僧，明州（浙江寧波）天童無際了派禪師（師承大慧宗杲禪師〔一〇八九～一一六三〕）的傳法弟子。

612. 顏良（？～二〇〇）：徐州琅邪臨沂（今山東臨沂）人。東漢末期河北名將。跟隨袁紹東征西討，屢立戰功，因此深受其信任，與文醜同為袁紹麾下大將。後於白馬之戰中被曹軍擊敗並被關羽斬殺。

613. 袁紹（？～二〇二）：字本初，汝南郡汝陽縣（今河南省商水縣）人。被各路諸侯推舉為盟主討伐董卓，極盛時期據有冀州、幽州、并州、青州等四州。官至東漢大將軍，一度為東漢末年最強的諸侯。但在最後，敗給曹操。接著在倉亭之戰再敗給曹軍，不久便病逝。

614. 關羽（？～二二〇）：字雲長，小字長生，河東郡解縣（今山西省運城市鹽湖區解州鎮）人。漢末三國時期名將。跟隨劉備顛沛流離。後被曹操的部將徐晃所殺。隨著小說《三國演義》的流傳，在民間，傳說關羽曾和劉備、張飛「桃園三結義」。並被尊為「關公」、「關聖帝君」，受到百姓的崇拜。

615. 癡鈍穎：即天童癡鈍穎禪師。南宋臨濟宗楊岐派僧。

616. 荊叟如珏：即杭州徑山荊叟如珏禪師。婺州（今浙江金華）人。宋末、元初臨濟宗楊岐派僧，字荊叟，又名徑山如珏。天童癡鈍智穎禪師的傳法弟子。南宋理宗端平（一二三四～一二三六）中，受詔從浙江寧波育王寺，升住杭州徑山靈隱寺。

617. 佛陀：見註480。

618. 無準師範（一一七九～一二四九）：即杭州府徑山無準師範禪師，名師範，號無準。俗姓雍，四川梓潼縣人。南宋臨濟宗楊岐派僧，破庵祖先禪師的弟子。得法後，住明州

（浙江寧波）清涼寺，遷住焦山（在山西大同）、雪竇（在浙江寧波）、徑山（在浙江杭州）等寺。南宋理宗紹定六年（一二三三），召入宮，賜金襴僧衣，賜號「佛鑑禪師」。其弟子圓爾辨圓（一二〇二～一二八〇，日本臨濟宗僧），將《禪院清規》、《宗鏡錄》等禪籍，傳往日本，促進禪宗在日本的傳播。

619. 破庵祖先（一一三六～一二一一）：即夔州（今重慶市奉節縣東）臥龍破菴祖先禪師，名祖先，字破庵。俗姓王，四川廣安人。南宋臨濟宗僧，密菴傑禪師的弟子。歷參為山（在湖南）行和尚、虎丘（在蘇州）瞎堂慧遠、淨慈（寺，在浙江杭州西湖湖畔）月堂道昌、水菴師一諸師，後見密菴祖先而得法。歷住常州（在江蘇）薦福、真州（在江蘇）靈巖、平江（在湖南）秀峰、平江穹窿、鳳山（在河北石家莊）資福等寺。

620. 另參見第236則「如風吹水，自然成文」。

621. 牧雲門（一五九九～一六七一）：即嘉興（在浙江省）古南（禪院）牧雲通門禪師，原來的法名為契門，號樗叟。俗姓張，蘇州常熟人。明末、清初臨濟宗楊岐派僧，天童圓悟禪師的弟子。歷主四明（在浙江）棲真、嘉禾（在湖南郴州）梅溪、興化（在福建）極樂等寺。又住持浙江寧波天童寺，最後退隱京口（在江蘇鎮江）鶴林寺。

622. 閩王：禪宗史籍都沒有記載他的姓名。猜測是王審知（八六二～九二五），因為他的生卒年，和雪峰義存禪師的生卒年（八二二～九〇八）有重疊。王審知，字信通，號詳卿，光州固始（今河南固始）人。五代十國時期閩國開國國君，「開閩三王」（指王潮、王審邽、王審知三兄弟）之一。早年加入王緒起義，隨軍轉戰福建。唐僖宗光啟二年（八八六）八月，帶兵攻取泉州。以泉州為根據地，招懷離散，均賦練兵。為統一福建、鼎建閩國打下基礎。唐昭宗景福初年，攻下福州，逐步統一福建。後梁開平三年（九〇九），出任中書令，冊封閩王。後世尊稱「開閩尊王」、「開閩聖王」、「忠惠尊王」。

623. 雪峰（義存）：見註159。

624. 雲門：見註2。

625. 即庵慈覺：即江州雲居即庵慈覺禪師。四川人。南宋臨濟宗僧，破菴祖先禪師（一一三六～一二一一）的弟子。南康（在江西）太守張公，也是四川人，與慈覺禪師是舊識。碰巧雲居寺（在江西）缺一位住持，於是請慈覺開法，慈覺欣然答應。然而，第二天上山，當晚投宿在麥洲莊，慈覺禪師忽然遷化。

626. 德誠：即秀州華亭船子德誠禪師。四川武信（今四川遂寧）人。俗家姓氏、生卒年不詳。唐末石頭宗僧，藥山惟儼禪師（七五一～八三四）的傳法弟子。開悟後，到華亭朱涇（今金山朱涇），泛一小舟，隨緣度日，以接四方往來之者，時人稱他船子和尚。一日與夾山禪師相遇，一問一答，言語投機，船子高興地說：「釣盡江波，金鱗始遇。」於是傳授生平禪道心得給夾山。傳道後，覆舟自殺而逝。唐僖宗咸通一一年（八七〇），僧人善會為紀念德誠，在覆舟的岸邊，創建法忍寺，法忍寺因此素有「船子道場」之稱。

627. 藥山惟儼：見註64。

628. 夾山（善會）：見註42。

629. 道吾（七六九～八三五）：即潭州道吾山（在湖南省瀏陽縣集里鄉山區）宗智（亦作圓智）禪師。俗姓張，洪州豫章海昏（今江西永修）人。唐末石頭宗僧，藥山惟儼禪師的弟子。道吾乃惟儼門下最優秀的禪師，常與惟儼的其他弟子，例如智宗禪師，一起論道或結伴參訪南泉普願、溈山靈佑等其他禪師。而雲巖曇晟禪師也在道吾的多方引導下而開悟。北宋翰林學士楊億即說：「雲巖多蒙道吾訓誘，乃為藥山之子。」

630. 船子：指德誠禪師。參見本則，德誠條。

631. 即庵慈覺：見註625。

632. 石田法薰（一一七一～一二四五）：即杭州靈隱（寺）法薰禪師，號石田，賜號佛海。俗姓彭，眉山（今四川省眉山市）人。南宋臨濟宗楊岐派僧，破菴祖先禪師的弟子。得法後，住持蘇州高峰、楓橋（今浙江諸暨楓橋區）鐘山等寺。南宋理宗端平二年（一二三五）住杭州靈隱寺。有《石田法薰禪師語錄》四卷行於世。

633. 天目文禮（一一六七～一二五〇）：即四明（浙江四明山）天童（寺）滅翁文禮禪師。俗姓阮（一作沉），杭州人。南宋臨濟宗楊岐派僧，松源崇嶽禪師的弟子。初參混源曇密禪師、佛照德光禪師，後謁松源崇嶽禪師而得法。南宋寧宗嘉定五年（一二一二），在杭州慧雲寺開始傳法。後來又住持北京廣壽寺，然後遷住江西九江能仁、上海福泉、四明（浙江寧波）天童等寺。

634. 智虎：未詳。

635. 石林鞏（一二二〇～一二八〇）：即杭州淨慈石林行鞏禪師。俗姓葉，浙江永康人。宋末、元初臨濟宗楊岐派下之虎丘派僧，天童文禮禪師的弟子。得法後，初住浙江安吉上方寺，後來遷住江西婺源思谿的法寶寺、江西隆興黃龍寺、吳郡（今江蘇長洲）承天寺，最後住在杭州淨慈寺。

636. 香林（九〇八～九八七）：即益州青城（四川都江堰青城山）香林（院）澄遠禪師。俗姓上官，四川綿竹人。五代雲門宗第二代祖師，雲門宗開創者雲門文偃禪師的弟子。依雲門祖師一八年為侍者，人稱「遠侍者」。後來住持四川成都導江縣水清宮吳將軍院，不久移住青城山香林院，弘揚雲門宗風四〇餘年。

637. 蒺藜曇：即蘇州虎丘（寺）蒺藜正曇禪師。南宋臨濟宗楊岐派下之虎丘派僧，靈隱崇嶽禪師（一一三二～一二〇二）的傳法弟子。得法後，初住浙江四明延慶寺，後來遷住蘇州穹窿、震澤、普濟等寺，以及江蘇鎮江甘露、江蘇真州長蘆等寺。最後住於蘇州虎丘寺。

638. 放牛余：俗姓餘，浙江杭州人。南宋臨濟宗楊岐派居士。於南宋理宗淳佑年間（一二四一～一二五二），參謁黃龍無門慧開禪師（一一八三～一二六〇），開悟得法。名字、生卒年和生平都不詳。

639. 無門慧開（一一八三～一二六〇）：即隆興（今江西南昌）黃龍無門慧開禪師。俗姓梁，浙江杭州人。南宋臨濟宗楊岐派僧，月林師觀禪師的傳法弟子。得法後，在浙江安吉報國寺開始傳法，後來遷住隆興府（今江西南昌）天寧寺、黃龍寺、翠　寺，鎮江府（今江蘇鎮江）焦山普濟寺，平江府（今江蘇蘇州）開元寺，建康府（今南京）保寧寺等寺院。南宋理宗淳祐六年（一二四六年）奉旨在杭州開山創建護國仁王寺。他經常奉詔為宋理宗說法，曾因祈雨應驗而獲賜金襴法衣，並勅封為「佛眼禪師」。有《無門慧開禪師語錄》二卷、《無門關》一卷傳世。

640. 臭庵宗：即杭州護國（寺）臭庵宗禪師，字臭庵。南宋臨濟宗楊岐派僧，黃龍無門慧開禪師（一一八三～一二六〇）的弟子。南宋理宗淳祐六年（一二四六年），慧開禪師奉旨在杭州開山創建護國仁王寺，慧開擔任第一任住持。承接慧開當第二任住持的，便是臭庵宗。

641. 沈道婆：即揚州（在江蘇）東陵明徹沈道婆。揚州風化院泰禪師的弟子。生平不詳。

642. 放牛余：見註638。

643. 德山宣鑑：見註162。

644. 崇信（約一〇四七～一〇九七）：即龍潭崇信禪師，又稱淨照禪師、長蘆崇信禪師。俗姓高，渚宮（今湖北江陵）人。北宋雲門宗僧，杭州淨慈寺圓照宗本禪師的傳法弟子。先後住持秀州（浙江嘉興）資聖、真州（江蘇儀徵）長蘆等寺。

645. 龍潭：指崇信禪師。他曾住持龍潭寺，因此稱為龍潭崇信禪師。龍潭寺：坐落在澧州城（今湖南澧縣）西北郊。至遲建于唐德宗建中年間（七八〇～七八三）。澧州外八景之一。

646. 孤峰秀：即興化（今河北承德）囊山孤峰德秀禪師。俗姓陳，福建福州人。南宋臨濟宗楊岐派僧，萬壽崇（崇，又作師）觀禪師的弟子。

647. 皖山正凝（一一九二～一二七四）：即福州鼓山皖山正凝禪師，名正凝（又作止凝），字皖山。姓李，舒州太湖（今安徽）人。南宋臨濟宗楊岐派僧，興化囊山孤峰德秀禪師的弟子。

648. 慈明楚圓見註255，石霜慈明條。

649. 斷橋妙倫（一二〇一～一二六一）：即臨安（杭州）淨慈（寺）斷橋妙倫禪師，又作天臺（浙江天臺山）妙倫、淨慈（寺）妙倫。俗姓徐，台州黃岩（在浙江）人。南宋臨濟宗楊岐派僧，無準師範禪師的傳法弟子。歷住浙江台州瑞巖淨土禪寺、天臺山國清寺、臨安淨慈寺等諸剎。臨終前，南宋寧宗、理宗兩朝宰相魏國公，曾遣使送藥前來，妙倫禪師沒有接受。魏國公於是又派人問妙倫禪師：「師生天臺，為什麼死在淨慈？」妙倫禪師回答說：「日出東方夜落西。」說完便坐化。有《斷橋和尚語錄》二卷傳世。

650. 雲畊靖：即蘇州虎丘雲畊靖禪師，字雲畊。宋代臨濟宗楊岐派僧，天童滅翁文禮禪師（一一六七～一二五〇）的傳法弟子。得法後，住持蘇州虎丘山寺。

651. 無著：無著和尚，永嘉（今浙江永嘉）人。唐朝僧，師承、生平不詳。曾遊歷京師雲華寺，跟澄光法師研習《華嚴經》之教。唐代宗大曆二年五月，無著來至五臺山華嚴寺。在堂中飲茶時，見有一位面貌醜陋的老和尚，正在北面的座位上高坐。本則中，無著和老者（文殊菩薩化身），即是這則故事。

652. 文殊：見註28。

653. 象潭泳：即四明象潭濡泳禪師。南宋臨濟宗僧，雪竇大歇仲謙禪師（一一七四～一二四四）的傳法弟子。斷橋妙倫禪師住持國清寺時，濡泳曾為首座。（見：《斷橋妙倫禪師語錄（第五章）．附筆》）

654. 陸亘（七六四～八三四）：別名陸景山。蘇州吳縣人。唐朝居士，南泉普願禪師的俗家弟子。歷任鄧州刺史、戶部郎中、秘書少監、太常少卿、兗州刺史、蔡州刺史、虢州刺史、蘇州刺史、越州刺史、浙東團練觀察等使。後移任宣歙觀察使，加御史大夫。

655. 南泉（七四八～八三五）：即南泉普願禪師。俗姓王，鄭州新鄭（今河南省鄭州新鄭市）人。自稱「王老師」。唐朝洪州宗僧，洪州宗創始人馬祖道一禪師的傳法弟子。唐代宗大曆一二年（七七七），於河南嵩山會善寺暠律師那裡，受具足戒（正式僧人的戒律），並開始精研法相宗及律宗的戒律學，深入《華嚴經》、《楞伽經》及三論的研究。最後來到馬祖道一門下參學開悟。唐德宗貞元一一年（七九五），在池陽（陝西省涇陽縣）南泉山創建禪宇。唐文宗太和（八二七～八三五）初年，受池陽太守和宣撫使陸亘、護軍彭城劉公的請求，下山教授門徒。名聲遠播，時人尊稱為「南泉古佛」。

656. 四臣：四類賢能的臣子。指社稷之臣、腹心之臣、諫諍之臣、執法之臣。

657. 僧舉陸亘大夫問南泉：「姓什麼？」南泉云：「姓王。」亘云：「王還有眷屬也無？」南泉云：「四臣不昧。」亘云：「王居何位？」南泉云：「玉殿苔生。」問師：「玉殿苔生意旨如何？」師云：「不居正位。」詳《曹山本寂禪師語錄》。

658. 石帆衍：即杭州淨慈石帆惟衍禪師，又名明州天童石帆衍禪師。南宋臨濟宗僧，道場運庵普巖禪師的傳法弟子。咸淳八年（一二六五）八月，石帆奉詔主持杭州淨慈寺。石帆又傳弟子西澗士曇。西澗曾兩度赴日本授法，歷任日本圓覺寺、建長寺的住持，開創了日本禪宗二四流派中的西澗派，受到日本幕府和朝庭的隆重禮遇。西澗死在日本，被日本天皇賜予「大通禪師」的謚號，為日本禪宗的世祖之一。

659. 文殊：見註28。

660. 庵提遮女：釋迦牟尼佛弟子——婆羅門婆私膩迦的長女。釋迦佛到婆羅門家作客，庵提遮女不肯出來接見釋迦佛。釋迦幻化出一女孩，拿吃剩的殘食給庵提遮。庵提遮看著殘食，想念起丈夫來。說也奇怪，在她想念丈夫時，他的丈夫就來了。於是她和丈夫一同出來見佛，並和釋迦佛的弟子舍利弗，以及文殊菩薩討論生與死的道理。（參見：《佛說長者女庵提遮師子吼了義經》。）

661. 簡翁敬（活躍於一三世紀）：即明州雪竇山簡翁居敬禪師。南宋臨濟宗僧，徑山沖禪師（一一六九～一二五〇）的傳法弟子。曾任浙江杭州西湖淨慈寺第四四代住持，因此又稱杭州淨慈簡翁敬禪師。

662. 性原慧朗：即杭州靈隱（寺）性原慧朗禪師，字性原，號幻隱，又稱大明性原慧朗禪師。俗姓項，浙江台州黃岩人。宋末、元初臨濟宗楊岐派僧，徑山元叟行端禪師的傳法弟子。出家後，來到浙江台州仙居縣紫籜山，參禮竺元妙道禪師（一二五七～一三四五），請問佛法心要。因無所省發，於是又前往徑山禮謁元叟行端禪師，得法開悟。起先住五峰（在湖北宜昌），不久移住金峨（金峨禪寺，在浙江寧坡）。明洪武五年（一三七二），奉詔與季潭禪師一同入京。季潭奉旨住天界寺（在南京），請慧朗禪師為首座和尚。洪武一一年（一三七八）移住杭州靈隱寺。

663. 佛陀：見註480。

664. 天鏡元瀞（一三一二～一三七八）：即杭州天鏡元瀞禪師，字天鏡。別號樸隱，又名樸隱元瀞、靈隱天鏡。俗姓倪，會稽人。元朝僧，元叟行端禪師的傳法弟子。出家後，從天岸弘濟法師研習天臺教，盡得其學。後來聽聞元叟行端在雙徑寺（即徑山寺，位於浙江杭州餘杭）說法，於是前往拜謁為師，因而開悟得法。元至正一六年（一三六六），住持會稽（江蘇蘇州）長慶寺，後來又住浙江湖州天衣萬壽禪寺。元太祖在任時，東溟目公、碧峰金公，特召元瀞入內庭，從容問道。

665. 趙州：見註95。

666. 了幻法林（一二八四～一三五五）：又名竹泉法林。俗姓黃，杭州靈隱人。元朝臨濟宗楊岐派僧，徑山行端禪師的傳法弟子。出家後，因為參看睦州禪師的禪語而有所省悟，於是前往浙江杭州西湖西面的中天竺寺，參禮行端禪師，因而開悟得法。不久，行省左丞相禮請法林住持北京萬壽寺，後來遷住中天竺寺。元順帝至元四年（一三三八），遷住杭州靈隱寺。

667. 仲猷祖闡：即寧波府（浙江寧波）天寧（寺）仲猷祖闡禪師，又名歸庵祖闡禪師。俗姓陳，鄞縣人。元末、明初臨濟宗楊岐派僧，徑山行端禪師（一二五五～一三四一）的傳法弟子。開悟後，住持浙江餘姚蘆山寺，後來遷住河南洛陽香山寺，最後住持寧波天寧寺。

668. 剎竿：尾端安有銅造的焰形寶珠，立在寺前的竹竿。

669. 無方智普：即報恩（在南京）無方智普禪師。俗姓龍，桂陽人。元朝僧，江心了萬禪師的傳法弟子。

670. 閻羅王：閻羅王，起源於印度教神祇閻魔羅闍（梵語：Yamaraja）。或譯閻摩、閻魔、閻魔大王），是地獄的主宰。隨著佛教傳入中國，華人尊稱其為閻魔羅闍大王，簡稱閻羅王、閻王、閻君。閻羅王信仰傳入漢字文化圈，成為中國、日本、朝鮮半島、越南的民俗信仰對象之一。閻羅王的信仰已與中國本土宗教道教的信仰系統相互影響。閻羅王共有十位，演變出具有漢化色彩的「十殿閻羅王」傳說。

671. 雲門文偃：見註2。

672. 仲方天倫：即寧波佛巖仲方天倫禪師，又名金陵保寧仲方天倫禪師。俗姓張，象山人。元朝臨濟宗楊岐派僧，徑山晦機元熙禪師（一二三七～一三一九）的傳法弟子。最初拜謁蘇州虎丘東州永禪師，後來來到浙江杭州淨慈寺，禮敬晦機元熙禪師而開悟得法。元泰定四年（一三二七）住持廣德（在安徽）東泉寺，後來遷住明州（在浙江寧波）佛巖寺。笑隱禪師住浙江溫州龍翔寺時，請他當第一座。不久又住持金陵（南京）保寧寺，晚年歸住鳳臺（在安徽）新菴寺。

673. 熊耳山：位於河南盧氏南方。山的兩峰並峙如熊耳，因此稱為熊耳山。乃禪宗初祖菩提達磨紀念塔的所在地。

674. 舍利弗：舍利弗（梵語：Śāriputra），又譯為舍利子，意思是鶖鷺（母親的名字）的兒子。釋迦牟尼佛十大弟子中「智慧第一」的大阿羅漢。大乘佛教的經典中，強高智慧（般若）的佛經，許多都以舍利弗為主角。例如《（般若波羅蜜多）心經》中即說：「舍利子！色不異空，空不異色……。」舍利弗誕生於古印度摩揭陀國的婆羅門種姓家庭，因聽聞馬勝比丘（Assaji）說「因緣所生法」的偈頌，決定和好友目犍連一同加入釋迦牟尼佛的僧團。他與目犍連的弟子共兩百人，也隨之加入僧團。佛經一開頭的經文「一千二百五十人俱」，其中的二百人，即是舍利弗和目犍連的弟子。

675. 月上女：古印度毘耶離城長者毘摩羅詰的女兒。出生不久，忽然像八歲的童女，姿容端麗，各方求婚者眾。於是月上女宣告：七日後將選夫婿。到了選婿時候，月上女凌空向大眾說偈，大眾聽了偈語，立刻沒了貪欲。後來遇到舍利弗，和他問答深義。舍利弗帶她去見佛陀，月上女又與佛陀身邊的文殊師利等菩薩談論佛理，並且屢現神變奇瑞。接著轉女身成男子，隨即出家皈依佛陀。佛陀也為她授記（預言），將來必定能夠成佛。（參見：《佛說月上女經》）

676. 佛（陀）：見註480。

677. 嶺鐵〔此東〕念庵主：即蘇州陽山金芝嶺鐵〔此東〕念庵主。俗姓盧，高安人。南宋臨濟宗楊岐派僧，福州鼓山皖山正凝禪師（一一九一～一二七四）的傳法弟子。（〔此東〕字，即在「此」字的下面，加一「東」字。）

678. 九州：上古的九大行政區域，即全國。具體所指說法不一，《尚書．禹貢》稱冀州、兗州、青州、徐州、揚州、荊州、豫州、梁州、雍州。四海：指全國各地，也泛指世界各地。古人以為中國四面環海，所以稱為四海。

679. 無能教：即盧州府無為州（安徽無為縣）天寧（寺）無能教禪師。元朝臨濟宗僧，直翁圓禪師（真翁圓禪師、直翁圓藏主）的傳法弟子。

680. 竺源盛（一二七五～一三四七）：即妙果竺源永盛禪師，又作水盛禪師。元朝臨濟宗僧，天寧無能教禪師的弟子。樂平州（江西景德鎮樂平市）人。

681. 智首座：無能教禪師座下的首座弟子。生平不詳。

682. 高峰原妙（一二三八～一二九五）：即杭州天目高峰原妙禪師。俗姓徐，蘇州吳江人。，宋末、元初臨濟宗僧，雪巖祖欽禪師的傳法弟子。一八歲時習天台宗的教法，二二歲則依學斷橋妙倫禪師習禪。宋咸淳一〇年（一二七四），來到杭州天目山高峰村，擴建高峰禪院。後來隱居在天目山西峰的師子巖閉關。最後在天目山開創了師子、大覺二剎。

683. 雪嶠信（一五七一～一六四七）：即杭州徑山語風雪嶠圓信禪師，號雪嶠、雪庭、語風老人、青獅翁，世稱雲門圓信。俗姓朱，浙江鄞縣（今寧波）人。明朝臨濟宗僧，龍池幻有正傳禪師的傳法弟子。曾拜浙江會稽（今紹興）秦望山普濟寺妙禎為師，後參拜雲棲袾宏和幻有正傳。晚年住會稽雲門寺。

684. 朝宗忍：即贛州（江西）寶華（寺）朝宗通忍禪師。俗姓陳，常州人。明末、清初僧，天童密雲圓悟禪師（一五六六～一六四二）的傳法弟子。得法後，住靈祐寺。明崇禎一四年（一六四一），遷住廣東曲江縣曹溪寺。清順治五年（一六四八）春，應信眾的邀請，移住江西寶華寺。

685. 泗州大聖（六二八～七一〇）：唐代高僧，法號僧伽，唐代諡號大聖明覺普照國師，宋代諡號泗州大聖等慈普照明覺國師菩薩。因為有許多顯化的神跡，因此被民間所供奉，並尊稱為泗州佛。

686. 雪巖祖欽（一二一六～一二八七）：即袁州府仰山雪巖祖

欽禪師，號雪巖。婺州（浙江）人。宋末、元初臨濟宗楊岐派下破庵派僧，徑山無準師範禪師的傳法弟子。初參雙林泊、妙峰善、石田薰、滅翁禮等諸老。後禮無準師範而開悟。悟後，先後住持過潭洲（今湖南長沙）龍興寺、湘西（湖南湘潭）道林寺、處州（在浙江）佛日寺、台州（在浙江）護聖寺及湖州（在浙江）光孝寺等道場。南宋度宗咸淳五年（一二六九），住持袁州（在江西）仰山禪寺。

687. 鐵牛持定：即衡州（今湖南衡陽）靈雲（寺）鐵牛持定禪師，名持定，號鐵牛。俗姓王，太和磻溪（在福建寧德福鼎市）人。宋末、元初臨濟宗楊岐派下破庵派僧，雪巖祖欽禪師（一二一六～一二八七）的傳法弟子。三十歲時，依西峰肯庵禪師出家。後來聽說有「教外別傳」的法門，於是往投雪巖祖欽禪師習禪，並開悟得法。

688. 達摩：見註54。

689. 一彩兩賽：兩個骰子之面，同時出現相同數字。比喻兩者間無優劣之分。又作兩彩一賽，即在同一賽場中，得到相同的彩金。

690. 那吒：亦作哪吒，中國神話、印度神話人物，源於佛教護法神，融入中國文化後，也興盛於道教與民間信仰。佛教稱那吒俱伐羅太子、那吒矩缽羅太子、那羅鳩婆天、那拏天等，通稱哪吒太子。道教稱為太子元帥、中壇元帥、火輪天王、通天太師、威靈顯赫大將軍、三壇海會大神等。民間信仰一般尊稱太子爺、三太子。在佛教故事中，那吒是一名青少年天神，法力高強，擁護佛法，是毘沙門天王的第三個兒子。常隨毘沙門天身邊，為護法軍神。俗文學中，結合了佛教、道教說法，認為那吒是北俱蘆洲毘沙宮輪轉聖王李靖的兒子，由於戲水時誤殺了東海龍王三太子，以致毘沙宮遭四海龍王大軍圍困。那吒以自殺盡孝，避免株連親人，將自己寸磔（割解身體）而死。死前大呼：「削骨還父，割肉還母，不愧父母，恐愧如來。」由於一心念佛，蒙佛接引。佛祖同情哪吒為了孝道而枉死，其實命不該絕，以蓮花將那吒復活，終於修成正果。而在道教和民間信仰裡，佛陀這個角色，換成了太乙真人。

691. 東海龍王：又稱東海廣德王、滄甯德王。《西遊記》中稱為敖廣，《封神演義》中稱為敖光。在東、西、南、北、中這五方龍王中叫青龍。祂也是四海龍王之首，同其他三個龍王，掌管興雲布雨。住在東海龍宮中，治理東海，統領水族，黿帥、蝦兵、蟹將等是其臣屬。東海龍王的原型亦即娑竭羅龍王，屬佛教天龍八部之一。（「娑竭羅」的意思是「海」。）哪吒和龍王的第三太子敖丙，在東海玩水，起了衝突，將敖丙打死。東海龍王到哪吒父親那裡去興師問罪。為了不連累父母，哪吒割肉還母、剮骨還父，當場自戕。

692. 佛祖：見註480。

693. 雪巖祖欽：見註686。

694. 鐵山瓊：即袁州（江西宜春）鐵山瓊禪師。湘潭（湖南）人。元朝臨濟宗楊岐派下破庵派僧，雪巖祖欽禪師（一二一六～一二八七）的傳法弟子。后至袁州慈化寺大弘法化。二二歲（一說一八歲）出家，二四歲受具足戒，至仰山參謁雪巖禪師，豁然大悟。又往廬山謁禮東巖禪師，與東巖討論心性的問題，瓊師都有出人意表的回答。高麗國王欽敬瓊師之德，遣使備具禮幣，專請至高麗國弘法，得度者甚眾。因此又稱高麗　山瓊禪師。回國後，來到袁州（江西）慈化寺大弘禪法。

695. 投子（一〇三二～一〇八三）：即投子義青禪師。俗姓李，青社（安徽舒州）人。北宋曹洞宗僧，大陽警玄禪師的傳法弟子。幼於妙相寺出家，研習《華嚴經》，人稱「青華嚴」。當他讀到「即心自性」（《華嚴經‧梵行品》）一語，有省。於是開始習禪。得法後，初住福建建州白雲寺，後來遷住舒州（在安徽桐城）投子寺。

696. 絕象鑒：即絕象無鑒。南宋臨濟宗楊岐派僧，斷橋妙倫禪師（一二〇一～一二六一）的傳法弟子。生平不詳。

697. 白雲（一〇二五～一〇七二）：即舒州（安徽懷寧縣）白雲守端禪師。俗姓葛（一說俗姓周），湖南衡陽人。北宋臨濟宗楊岐派僧，楊岐派開創祖師楊岐方會禪師的傳法弟子。方會晚年以「臨濟正脈」託付守端，白雲守端的弟子五祖法演則有「中興臨濟」的美譽。守端隨侍楊岐方會多年，二八歲住持江州（今江西九江）承天寺，後遷住舒州（今安徽省太湖縣）白雲山海會禪院，世稱「白雲守端」。

698. 月庭忠：即金陵（南京）蔣山月庭忠禪師。潭州（湖南長沙）人。元朝臨濟宗僧，無學祖元禪師（一二二六～一二八六）的傳法弟子。

699. 蘇東坡：見註267。

700. 蔣山泉：即金陵（南京）蔣山法泉（寺）佛慧禪師。俗姓時，隨州（在湖北）人。北宋雲門宗僧，雲居曉舜禪師（？～一〇六四）的傳法弟子。曾住衢州（在浙江）南寺。與北宋著名政治家王安石有精彩的問答。晚年奉詔，住大相國智海禪寺。

701. 竺元妙道（一二五七～一三四五）：即紫籜竺原道禪師，號竺元、竺原，自稱東海暮翁。。俗姓陳，寧海（位於浙江）人。元朝臨濟宗虎丘派僧，橫川如珙禪師的傳法弟子。至元二年（一三三六）入居台州（在浙江）慈源寺，後住台州紫籜山（在浙江台州市）。不久，又奉仁宗的敕命，住黃巖（在浙江台州市）鴻福寺，帝並賜以「定慧圓明禪師」的封號。後來又住蘇州諸山、崑山（在江蘇）薦嚴等寺。最後歸隱紫籜山。

702. 別源：即壽昌（在浙江）別源法源禪師。元朝臨濟宗虎丘派僧，竺原妙道禪師（一二五七～一三四五）的弟子。生平不詳。

703. 唐‧李商隱〈夜雨寄北〉詩：「何當共剪西窗燭，卻話巴山夜雨時。」後以「剪燭」為促膝夜談。

704. 張拙：見註505。

705. 石霜：見註84。

706. 寶葉源（約一二〇六～一二八一）：即越州（在今浙江紹興）定水（寺）寶葉源禪師。俗姓陳，象山（在浙江省寧波）人。元朝臨濟宗僧，徑山（在浙江餘杭）虛堂智愚禪師（一一八五～一二六九）的傳法弟子。得法後，住持平江（在湖南）薦嚴寺。從來遷住福建泉州水陸寺。又遷住浙江紹興定水寺。最後住持四川重慶雲頂寺。元世祖至元辛丑示寂，世壽七五。（見：《五燈全書》卷五）根據《五燈全書》卷五的記載，寶葉禪師卒於元世祖至元辛丑年。但元世祖至元年，並無辛丑年，只有辛未（一二七一）、辛巳（一二八一）、辛卯（一二九一）。如果再從他的師父虛堂智愚的卒年一二六九，加上一〇年（假設他們的年紀差一〇歲），即一二七九，與辛巳（一二八一）接近。所以，寶葉禪師可能圓寂於至元辛巳年，即一二八一年。而《五燈全書》卷五還說，寶葉禪師世壽七五，那麼，他的生年應是一二八一扣掉七五，即一二〇六年。

707. 巖頭（全豁）：見註393。

708. 德山：見註162。

709. 雪峰：見註159。

710. 寶葉源：見註706。

711. 虛堂愚（一一八五～一二六九）：即臨安徑山（在浙江餘杭）虛堂智愚禪師。俗姓陳，四明（在浙江）人。南宋臨濟宗僧，運菴普巖禪師的傳法弟子。首參雪竇煥、中庵皎，後謁運菴巖得旨。得旨後首住浙江嘉興興聖寺，後來又遷住南京報恩、杭州皋亭山顯孝、浙江台州瑞巖、浙江寧波育王等寺。晚年詔住浙江杭州西湖淨慈寺。

712. 閒極：即蘇州虎丘閒極法雲禪師。南宋臨濟宗僧，虛堂智愚禪師的傳法弟子。在徑山（在浙江餘杭）虛堂智愚禪師座下，居第一座（首座）。曾任慶元府（今浙江寧波市）清涼禪寺住持。

713. 中峰明本（一二六三～一三二三）：俗姓孫，錢塘人。宋末、元初臨濟宗楊岐派下的破庵派僧，杭州高峰原妙禪師的傳法弟子。一五歲時立志出家，禮佛燃臂，誓持五戒，專精研讀《法華經》、《圓覺經》、《金剛經》等大乘經典。後來跟從高峰原妙禪師出家，並隨侍於高峰原妙居處浙江杭州天目山。元成宗大德八年（一三〇四）任師子院（在浙江天目山獅子巖）住持。元武宗至大元年（一三〇八），仁宗太子賜號「法慧禪師」。元仁宗延祐五年（一三一八），仁宗皇帝賜號「佛慈圓照廣慧禪師」。

714. 高峰（原）妙：見註324。

715. 白雲（智）度（一三〇四～一三七〇）：又名福林智度。名智度，號白雲。俗姓吳，浙江麗水城關鎮人。元末、明初臨濟宗僧，無見先覩禪師的傳法弟子。晚年隨侍無見先覩禪師，開悟得法。元至正一四年（一三五四）回到福林禪院（在廣東廣州白雲山），不久住持龍泉（浙江麗水）普慈寺，後來又移住茅山（指江蘇興化茅山景德禪寺？），不久遷住武峰寺（在浙江雲和縣）。明高帝（朱元璋）洪武二年（一三六九），詔徵天下高僧，建法會於蔣山（在江蘇南京），師應詔。後來還至杭州虎跑，又入浙江天臺山華頂寺。不久回到福林禪院。

716. 無見先覩：即天臺華頂（浙江天臺山主峰華頂）無見先覩禪師。俗姓葉，浙江天臺仙居人。元朝臨濟宗僧，瑞巖文寶禪師（方山文寶禪師，一二五五～一三三五）的傳法弟子。跟從古田德垕禪師出家。出家後，初參藏室珍。次謁方山文寶，開悟得法。得法後，築室在華頂。四十年來，雙足不曾越過寺門。錫號真覺禪師。

717. 祖師：指中國禪宗初祖（菩提）達磨祖師。見註54。

718. 介庵進（一六一二～一六七三）：即嘉興府（在浙江）金明寺介庵悟進禪師，字覺先。俗姓張，嘉興人。明末、清初臨濟宗僧，鴛湖妙用禪師（一五八七～一六四二）的傳法弟子。禮龍池微禪師出家，後參妙用禪師得法。歷住（浙江杭州）餘杭徑山、餘杭廣福、武康（在江西廬山）天池等寺。

719. 達摩：見註54。

720. 無見先覩：見註716。

721. 瞿曇：釋迦牟尼佛的俗家名字。梵名：Gautama 或 Gotama。為印度刹帝利種（武士族）中的之一姓，瞿曇仙人之苗裔。又作喬答摩，意譯作地最勝、地種、滅惡等。

722. 釋迦佛：見註1。

723. 夢窗智曜（一二七五～一三五一）：又名夢窓疎石。俗姓源，勢州（即伊勢國）人。宇多天王（日本第五九代天皇）的九世孫。日本臨濟宗僧，高峰顯日禪師的傳法弟子。伏見天皇正應五年（一二九二）出家。出家後，巡遊諸國，修學顯、密二教。後醍醐天皇正中二年（一三二五），應後醍醐天皇的召請，住於京都南禪寺、鎌倉圓覺寺，大揚禪風。後來為了追悼後醍醐天皇，創建天龍寺（日本臨濟宗天龍寺派的總寺院）。

724. 一山寧（一二四七～一三一七）：即一山一寧禪師，號一山。俗姓胡，浙江台州臨海人。元朝臨濟宗虎丘派僧，頑極行彌禪師的傳法弟子。出家後，先學習天臺教義，因嫌義學支離，轉而奉學禪宗。至元二一年（一二八四），一寧禪師應請住持海昌國（今浙江舟山市定海區）的祖印寺。又因如智禪師的舉薦，於至元三一年（一二九四），遷住寶陀觀音禪寺（今普陀山普濟禪寺）任住持。元成宗即位後，為實現元世祖忽必烈使日本臣服的遺願，由如智禪師的推薦，在元大德三年（一二九九），遣一寧禪師作為元朝使節赴日。日本當局迎請他到鎌倉，住持建長寺。日本當局也以一寧赴日為契機，恢復近於中斷的中日交流往來。此後，一寧禪師先後住持慈雲寺、歸一寺、圓覺寺、淨智寺，以及京都南禪寺，為日後日本五山文學的形成和發展奠定堅實的基礎。

725. 高峰日（一二四一～一三一六）：即高峰顯日禪師。日本後嵯峨天皇的皇子。日本臨濟宗無學派僧，無學派創始人無學祖元禪師（浙江寧波人）的傳法弟子。日僧南禪夢窗智曜國師的傳法師父。一六歲隨侍京都東福寺圓爾禪師，宇多天皇弘安二年（一二七九），參禪於無學祖元禪師，四年從祖元接受杭州府徑山無準師範禪師所傳的袈裟。又跟從兀庵普寧禪師（旅日四川成都人），擔任神奈川鎌倉建長寺的湯藥侍者。晚年隱居在下野（今關東栃木縣）的那須野（地名）。敕謚「佛國應供廣濟國師」。

726. 希古師頤（一三七六～一四三二）：即杭州淨慈（寺）佛鑒簡庵希古師頤禪師，字簡庵，號佛鑒。俗姓李，浙江嘉興人。明朝臨濟宗僧，時菴敷禪師的傳法弟子。明成祖永樂四年（一四〇六），朝廷開始纂修《永樂大典》，浙江杭州西湖的淨慈寺僧——祖芳道聯和師頤，都奉詔參加了修典。修典中，師頤曾居第一座。永樂一五年（一四一七），詔令住持浙江杭州西湖中天竺寺。不久，徵召到京師，校勘《永樂大典》。書成，遷住杭州淨慈寺。永樂一六年（一四一八）住持淨慈寺，為淨慈寺第八四代住持。他開堂闡法時，佛徒甚多，時稱「靈山再會」。

727. 時庵敷：即時庵曇敷禪師，又名靈隱竺曇敷。明朝臨濟宗僧，徑山古鼎祖銘禪師（一二八〇～一三五八）的傳法弟子。杭州淨慈（寺）佛鑒簡庵希古師頤禪師的傳法師父。

728. 萬松行秀（一一六六～一二四六）：號萬松老人。俗姓蔡，河內（河南懷慶）人。金、元二朝曹洞宗僧，雪巖慧滿禪師的傳法弟子。為曹洞宗第一四代宗主，與當時江南的天童如淨禪師，並稱曹洞宗二大宗匠。初禮河北邢臺淨土寺贇公為師，後來在江蘇揚州大明寺謁見雪巖，開悟得法。得法後，回到祖庭（淨土寺），創建萬壽軒用來居住。金章宗承安二年（一一九七），詔住北京西山棲隱寺。不久，遷住北京報恩、山西忻州洪濟、北京萬壽等寺，最後退居北京從容庵。著有《（評唱天童正覺和尚頌古）從容（庵）錄》六卷，至今仍為禪門重要語錄。弟子耶律楚材為之作序。

729. 千巖元長（一二八三～一三五七）：即婺州烏傷（在浙江金華義烏）伏龍（山）無明千岩元長禪師，名元長，字無明，號千岩。俗姓董，浙江蕭山人。元朝臨濟宗僧，中峰明本禪師的傳法弟子。早年從授經師學習《法華經》。一九歲時在河北邯鄲靈芝寺落發為僧。悟道後，首先隱居在浙江杭州天龍寺的東庵，後來因為諸山爭相勸請住持，因此遷居烏傷的伏龍山。元主因為仰慕他的道名，特賜「佛慧圓鑑大禪師」之號以及金襴法衣。

730. 調達：即提婆達多（梵語：Devadatta），東晉時的法顯大師，略譯作調達。義譯為天授。為釋迦牟尼佛的堂兄弟，曾經加入釋迦佛的僧團，後來因為意見不合，另外成立教派。提婆達多在佛教僧團中，犯下五逆重罪當中的破壞僧團、背叛佛教、設計謀害釋迦佛。

731. 佛：見註480。

732. 阿難：阿難（梵語：Ānanda），又稱阿難陀。古印度迦毘羅衛人。梵語「阿難」，譯曰「喜慶」或「歡喜」。阿難是白飯王的兒子、釋迦牟尼佛的堂弟，也是佛陀的侍者，是佛陀十大弟子之一，人稱「多聞第一」。阿難在佛入滅後證阿羅漢果，曾經參與第一次結集（佛弟子們，記錄佛陀所說經典、所訂戒律的集會），負責誦出佛陀所說過的話。佛經一開頭的第一句「如是我聞」中的「我」，即是阿難自稱。據說摩訶迦葉圓寂後，阿難成為僧團的領導者。

733. 千巖元長：見註729。

734. 千巖元長：見註729。

735. 法音：可能是揚州建隆（寺）法音行濼（又作行溹）禪師，又名建隆行濼，字法音，號遠峰。俗姓彭，興化（在江蘇泰州）人。清初臨濟宗僧，浮石通賢禪師（一五九三～一六六七）的傳法弟子。

736. 宋景濂（一三一〇～一三八一）：元末、明初人。明初大臣、文學家、史學家。明太祖譽為「開國文臣之首」，學者稱「太史公」。與高啟、劉基並稱「明初詩文三大家」。受業於吳萊、柳貫等古文大家，方孝孺之師。元順帝至正（一三四一～一三七〇）中，授翰林學士，修《元史》。累官至翰林院學士承旨、知制誥。

737. 千巖元長：見註729。

738. 山茨際（一六〇八～一六四六）：即南嶽（在湖南省衡陽市）山茨通際禪師，名通際，號山茨，別號鈍叟。俗姓李，通州（在江蘇南通）人。明末、清初臨濟宗僧，磬山天隱圓修禪師的傳法弟子。得法後，在磬山師父的推薦，和黃端伯居士〔（？～一六四五），官拜江西承宣佈政使司〕的邀請下，住持杭州餘杭東明禪院。不久，經過廬山到達南嶽定居。一六四四年，明朝亡。由於戰事四起，為了避難，山茨離開南嶽，遷居湖南長沙瀏陽南源寺。半年後，因食物中毒而逝，世壽僅三八歲。

739. 白雲智度：見註715。

740. 無見（先）覩：見註716。

741. 祖師：指中國禪宗初祖（菩提）達磨祖師。見註54。

742. 南嶽（六七七～七四四）：即南嶽（湖南衡陽）懷讓禪師。俗姓杜，金州安康（今陝西安康）人。中國禪宗第七祖，六祖惠能的弟子。與惠能的另一位弟子——青原行思，形成中國禪宗的兩大支派。唐武則天天授二年（六九一），在荊州（湖北當陽）玉泉寺跟隨弘景律師出家。後來經坦然禪師介紹，到河南嵩山拜謁慧安大師為師。經慧安大師的指導，抵達曹溪寶林寺（今廣東韶關南華寺），謁見六祖惠能大師，留在六祖身邊侍奉一五年。最後移居南嶽衡山觀音台。傳法弟子中，以馬祖道一最為重要。道一在洪州（在江西）弘傳懷讓的禪法，當時稱為洪州宗。他的後代弟子又開創了臨濟宗和溈仰宗兩大宗派。

743. 大鑑（惠能）：即中國禪宗第六代祖師惠能大師。「大鑑禪師」是唐憲宗給他的謚號。參見註24。

744. 馬祖：即馬祖道一禪師。參見註21。

745. 敬中普莊（一三四七～一四〇三）：即撫州（在江西）雲居（山）呆庵普莊禪師，字呆庵。俗姓袁，浙江仙居人。元末、明初臨濟宗楊岐派禪僧，天童惟一禪師的傳法弟子。很長一段時日，跟隨天童左庵禪師，在他座下出家、受具足戒（完整的僧人戒律）。後來又到撫州天寧寺，參禮了堂禪師。在天童惟一座下開悟得法後，住撫州北禪寺。有一天，忽然說：「難！難！二八嬌娘上高山，老僧扶不得。」說完就圓寂了。

746. 雪庭福裕（一二〇三～一二七五）：字好問，號雪庭。俗姓張，山西太原文水人。金、元曹洞宗僧，萬松行秀禪師的傳法弟子。出家後，遊學於燕京（北京），拜萬松行秀禪師為師，從學一〇年。宋理宗淳佑五年（一二四五），元世祖未登基即命他主持河南嵩山少林寺。一二四八年，元憲召至殿中問道。忽必烈即位之後，即授予元代最高僧官「都僧省都總統」之職，總領全國佛教，為禪宗領袖。

747. 萬松行秀：見註728。

748. 法音：見註735。

749. 萬峰時蔚（一三〇三～一三八一）：即蘇州鄧尉（山）萬峰（寺）時蔚禪師。俗姓金，浙江溫州樂清人。元末、明初僧，千巖元長禪師的傳法弟子。出家後，先是拜謁杭州虎跑（寺）止巖禪師。後來又回住明州（浙江省寧波）達蓬佛跡山。不久，拜見了千巖和尚，開悟得法。元末，移住蘇州鄧蔚山，在聖恩寺傳法三十年，道風大振。

750. 千巖元長：見註729。

751. 千巖元長：見註729。

752. 萬峰時蔚：見註749。

753. 蘇軾：見註267

754. 東林總（一〇二五～一〇九一）：即江州（江西）東林（寺）常總禪師。俗姓施，尤溪人。北宋臨濟宗黃龍派僧，黃龍派開創祖師黃龍慧南禪師的傳法弟子。洪州太守榮公請住泐潭，或謂馬祖再來，觀文殿學士王韶延主東林。學士蘇軾初遊廬山，與師契會。圓寂後，賜紫衣，謚號廣慧禪師。

755. 萬峰時蔚：見註749。

756. 西竺（一三五五～一四二二）：即建昌（今江西永修）黃龍壽昌（寺）西竺本來禪師，又名福田本來禪師。俗姓裘，江西撫州崇仁人。明朝僧，慈舟法濟禪師的傳法弟子。曾參一峰寧禪師，後謁慈舟法濟禪師，開悟待法。得法後，住福建莆田聖壽寺，受寧王之請說法，賜號「慧光普炤頓悟圓通西江西竺大禪師」。明成祖永樂三年（一四〇五），於浙江壽昌寺開堂演法。有《西竺來禪師語錄》傳世。

757. 慈舟濟：即鎮江府（在江蘇）金山（寺）慈舟法濟禪師，又名潤州（江蘇鎮江）慈舟法濟禪師。明朝臨濟宗僧，古梅正友（一二八五～一三五二）禪師的傳法弟子。傳法弟子有西竺本來禪師等。

758. 佛：覺悟者的意思，泛指佛教已證得涅槃的最高位解脫者，如阿彌陀佛、藥師如來佛、燃燈佛等。

759. 大龍：即朗州（今湖南常德）大龍山大龍智洪禪師，又名鼎州（在湖南）大龍山智洪弘濟禪師，號弘濟。宋朝曹洞宗僧，安州（湖北安陸）白兆志圓禪師的傳法弟子。

760. 太子久善：即并州太原（在山西）太子（寺）久善禪師。元朝曹洞宗僧，雪庭福裕禪師（一二〇三～一二七五）的傳法弟子。生平不詳。

761. 還源福遇（一二四五～一三一三）：即西京（陝西西安）寶應（寺）還源福遇禪師，號還源。俗姓王，霍州（山西）雲石人。元朝曹洞宗僧，嵩山少林寺住持靈隱文泰禪師的傳法弟子。元世祖至元二三年（一二八六），住持緱氏（河南洛陽）永慶寺（或河南洛陽天慶寺）。至元二八年（一二九一），住持西京龍門寶應寺。元成宗元貞元年（一二九五），住持河南嵩山少林寺。在住持少林寺期間，創建了轉輪閣（清雍正皇帝重修少林寺時改為鼓樓）。元成宗大德四年（一三一一），五六歲，退居。元武宗至大四年（一三一一），六七歲，再次住持河南嵩山少林寺，門人為他建壽塔。圓寂後塔葬少林。

762. 祖師：指中國禪宗初祖（菩提）達磨祖師。見註54。

763. 雪軒成（一三五六～一四三二）：即金陵（南京）天界寺雪軒道成禪師。俗姓趙，雲州（在江蘇鎮江）人。明朝曹洞宗僧，靈巖潔（秋江潔）禪師的傳法弟子。出家後，在青州（在山東淄博）土窟中密究禪道單傳之旨。後來聽聞秋江潔禪師大弘曹洞宗旨，於是前往禮謁。得法後，住東萊（在山東）大澤山。明太祖洪武一五年（一三八二），天下郡縣開立僧司，用來統領佛教，道成禪師應選。洪武三〇年（一三九七）秋，召師入殿，命住南京市天界寺。洪武三五年（一四〇二）七月，太宗文皇帝嗣登寶位，道成禪師奉使日本。明宣宗宣德三年（一四二八），遣內臣護送南還天界寺西菴養老。七年（一四三二）圓寂。建塔於應天府（南京）安德門外，敕賜塔所為鷲峰禪寺。

764. 秋江潔：即濟南（在山東）靈巖（寺）秋江潔禪師，又名洞上（曹洞宗的意思）靈巖（寺）秋江潔禪師、泰山（在山東）靈巖寺秋江潔禪師。明朝曹洞宗僧，少室靈隱文泰禪師（一二二九～一二八九）的傳法弟子。元代末年，秋江潔禪師住山東靈巖寺，繼續弘揚曹洞宗。弟子雪軒道成，大弘曹洞宗的默照禪。默照禪，宋朝曹洞宗天童正覺禪師（一〇九一～一一五七）所弘傳的禪法，是一種默默然、結跏趺坐、觀照心性的禪法。和同一時期臨濟宗大慧宗杲（一〇八九～一一六三）所提倡的，在行、住、坐、臥中，參究公案（話頭）——「為什麼（狗子）無（佛性）？」的「看話禪」，形成強烈對比。

765. 趙州（從諗）：見註95。

766. 大闡慧通（一四三一～一五〇一）：即甌寧（在福建）斗峰山大闡慧通禪師，又名邵武府（在福建）君峰（山）大闡慧通禪師，字大闡。俗姓邵，建寧政和（福建政和）人。明朝臨濟宗僧，雪骨會中禪師禪師的傳法弟子。明憲宗成化九年（一四七三），至燕京（北京）弘法。中官（太監）黃高，為師建寺安住，上奏賜名「正法寺」。後還住斗峰山（君峰山）。

767. 雪骨：即建寧府天界山雪骨會中禪師。明朝臨濟宗僧，西竺本來（壽昌本來）禪師的傳法弟子，大闡慧通禪師（一四三一～一五〇一）的傳法師父。生平不詳。

768. 楚山紹琦（一四〇四～一四七三）：即舒州（安徽懷寧）投子（山）楚山（寺）幻叟荊壁紹琦禪師，又名天成紹琦禪師、投子紹琦禪師，字幻叟。俗姓雷，四川唐安人。明朝臨濟宗僧，東普無際明悟（東林明悟）禪師的傳法弟子，豁堂祖裕禪師的傳法師父。得法後，初住安徽安慶天柱山，次遷安徽皖山，後又移住安徽懷寧投子山、四川成都天成寺等道場。紹琦是四川成都石經寺臨濟宗道場的開山祖師，人稱「石經祖師」。生前弘揚念佛禪，亦即借助參究「念佛者的是誰？」的話頭，得以明心見性。闡揚「禪（宗）淨（土宗）雙修」的禪法。

769. 豁堂祖裕：即順天府房山石經豁堂祖裕禪師。俗姓巨，四川成都人。明朝臨濟宗僧，楚山紹琦禪師（一四〇四～一四七三）的傳法弟子。生平不詳。

770. 隱山昌雲：即中溪（湖南省湘潭）隱山昌雲禪師，號隱山。明朝臨濟宗僧，楚山紹琦禪師（一四〇四～一四七三）的傳法弟子。生平不詳。

771. 楚山紹琦：隱山昌雲的傳法師父。見註768。

772. 臺山婆子：浙江五臺山下的一位禪修的老婆婆。生平不詳。

773. 趙州（從諗）：見註95。

774. 無明慧經（一五四八～一六一八）：即壽昌（在浙江）無明慧經禪師。俗姓裴，名經，江西崇仁人。明朝曹洞宗僧，蘊空常忠禪師的傳法弟子。出生時難產，他的祖父為之誦《金剛經》，因而分娩，所以取名「經」。年二一，閱讀《金剛經》，就像獲得了舊時本有的東西，因而決定出家。後來，又因為閱讀《景德傳燈錄》，疑情頓發，日夜參究。一日搬石頭，無法舉起，極力推之，豁然大悟。五一歲才開始出世接眾，初住江西南城寶方禪寺，後來一度遊歷各方，最後又復歸寶方禪寺。有《無明慧經禪師語錄》（弟子元賢編）傳世。

國家圖書館出版品預行編目資料

惠能南行：每日一則，《指月錄》、《續指月錄》的禪宗故事與人生智慧 / 楊惠南 著. -- 初版. -- 臺北市：商周出版, 城邦文化事業股份有限公司出版：英屬蓋曼群島商家庭傳媒股份有限公司城邦分公司發行, 2021.07
面： 公分. --
ISBN 978-626-7012-14-7（精裝）
1.禪宗 2.人生哲學
226.65 110010324

惠能南行：
每日一則，《指月錄》、《續指月錄》的禪宗故事與人生智慧

作　　者 / 楊惠南
責任編輯 / 劉俊甫

版　　權 / 黃淑敏
行銷業務 / 黃崇華、周佑潔、周丹蘋
總 編 輯 / 楊如玉
總 經 理 / 彭之琬
事業群總經理 / 黃淑貞
發 行 人 / 何飛鵬
法律顧問 / 元禾法律事務所　王子文律師
出　　版 / 商周出版
城邦文化事業股份有限公司
臺北市中山區民生東路二段141號9樓
電話：(02) 2500-7008 傳真：(02) 2500-7759
E-mail：bwp.service@cite.com.tw
Blog：http://bwp25007008.pixnet.net/blog
發　　行 / 英屬蓋曼群島商家庭傳媒股份有限公司城邦分公司
臺北市中山區民生東路二段141號2樓
書虫客服服務專線：(02) 2500-7718．(02) 2500-7719
24小時傳真服務：(02) 2500-1990．(02) 2500-1991
服務時間：週一至週五09:30-12:00．13:30-17:00
郵撥帳號：19863813　戶名：書虫股份有限公司
讀者服務信箱E-mail：service@readingclub.com.tw
歡迎光臨城邦讀書花園 網址：www.cite.com.tw
香港發行所 / 城邦（香港）出版集團有限公司
香港灣仔駱克道193號東超商業中心1樓
電話：(852) 2508-6231　傳真：(852) 2578-9337
E-mail：hkcite@biznetvigator.com
馬新發行所 / 城邦(馬新)出版集團 Cité (M) Sdn. Bhd.
41, Jalan Radin Anum, Bandar Baru Sri Petaling,
57000 Kuala Lumpur, Malaysia
電話：(603) 9057-8822　傳真：(603) 9057-6622
Email：cite@cite.com.my

封面設計 / FE設計
版型設計 / FE設計
排　　版 / 新鑫電腦排版工作室
印　　刷 / 高典印刷有限公司
經 銷 商 / 聯合發行股份有限公司
電話：(02) 2917-8022　傳真：(02) 2911-0053
地址：新北市231新店區寶橋路235巷6弄6號2樓

■2021年7月初版1刷
定價 480 元

Printed in Taiwan
城邦讀書花園
www.cite.com.tw

ISBN 978-626-7012-14-7

商周出版

廣告回函
北區郵政管理登記證
台北廣字第000791號
郵資已付，免貼郵票

104台北市民生東路二段141號2樓

英屬蓋曼群島商家庭傳媒股份有限公司　城邦分公司

請沿虛線對摺，謝謝！

商周出版

書號：BR0056　**書名**：惠能南行　**編碼**：

請於此處用膠水黏貼

商周出版

讀者回函卡

感謝您購買我們出版的書籍！請費心填寫此回函卡，我們將不定期寄上城邦集團最新的出版訊息。

不定期好禮相贈！
立即加入：商周出版
Facebook 粉絲團

姓名：＿＿＿＿＿＿＿＿＿＿ 性別：□男 □女

生日：西元＿＿＿＿＿年＿＿＿＿＿月＿＿＿＿＿日

地址：＿＿＿＿＿＿＿＿＿＿

聯絡電話：＿＿＿＿＿＿＿＿ 傳真：＿＿＿＿＿＿＿＿

E-mail ：

學歷：□ 1. 小學 □ 2. 國中 □ 3. 高中 □ 4. 大學 □ 5. 研究所以上

職業：□ 1. 學生 □ 2. 軍公教 □ 3. 服務 □ 4. 金融 □ 5. 製造 □ 6. 資訊

□ 7. 傳播 □ 8. 自由業 □ 9. 農漁牧 □ 10. 家管 □ 11. 退休

□ 12. 其他＿＿＿＿＿＿＿＿

您從何種方式得知本書消息？

□ 1. 書店 □ 2. 網路 □ 3. 報紙 □ 4. 雜誌 □ 5. 廣播 □ 6. 電視

□ 7. 親友推薦 □ 8. 其他＿＿＿＿＿＿＿＿

您通常以何種方式購書？

□ 1. 書店 □ 2. 網路 □ 3. 傳真訂購 □ 4. 郵局劃撥 □ 5. 其他＿＿＿

您喜歡閱讀那些類別的書籍？

□ 1. 財經商業 □ 2. 自然科學 □ 3. 歷史 □ 4. 法律 □ 5. 文學

□ 6. 休閒旅遊 □ 7. 小說 □ 8. 人物傳記 □ 9. 生活、勵志 □ 10. 其他

對我們的建議：＿＿＿＿＿＿＿＿＿＿

請於此處用膠水黏貼